KB212103

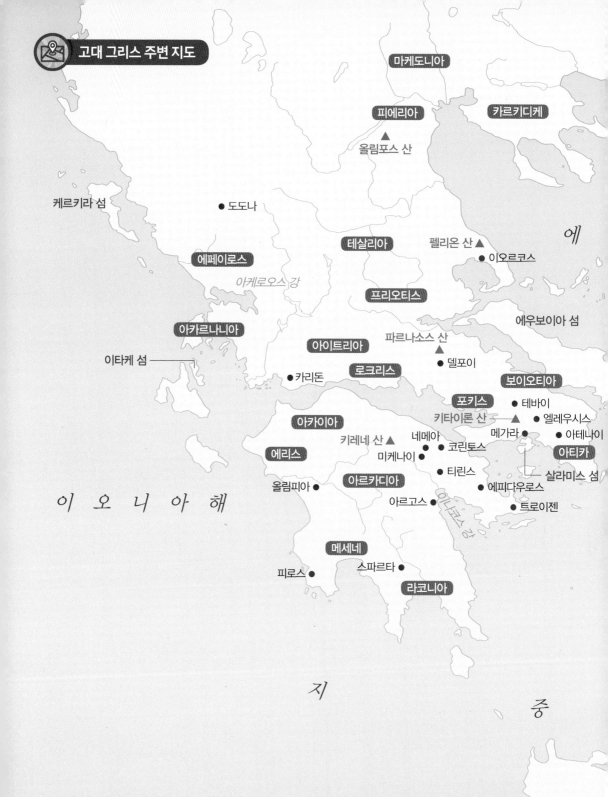

고대 그리스 주변 지도

마케도니아

피에리아

카르키디케

▲
올림포스 산

케르키라 섬

● 도도나

에

테살리아

펠리온 산 ▲
● 이오르코스

에페이로스

아케로오스 강

프리오티스

에우보이아 섬

아카르나니아

아이트리아

파르나소스 산 ▲

● 델포이

로크리스

보이오티아

이타케 섬

● 카리돈

포키스

● 테바이

키타이론 산 ▲

● 엘레우시스

아카이아

네메아

메가라

● 아테나이

키레네 산 ▲

● 코린토스

아티카

에리스

미케나이 ●

● 티린스

살라미스 섬

아르카디아

올림피아 ●

● 에피다우로스

아르고스 ●

● 트로이젠

이 오 니 아 해

메세네

피로스 ●

스파르타 ●

라코니아

지

중

🔱 포세이돈과 암피트리테

얀 호사르트의 작품. 바다의 신 포세이돈과 그의 아내 암피트리테. 두 사람 사이에는 트리톤, 로데, 벤테시키메가 태어났는데 모두 괴물이나 야만인, 말의 모습을 하고 있다. 포세이돈은 구름과 비와 바람, 파도를 마음대로 부릴 수 있는 삼지창 트리아이나(Triaina)를 갖고 있다.

🔱 파르테논 신전

지혜와 전쟁의 여신 아테나(아테나 파르테노스: '처녀신 아테나'를 나타내는 그리스어)를 모신 신전으로 아테나이 아크로폴리스에 있다. 조각가 페이디아스가 총감독을 맡고, 설계는 익티노스, 공사는 칼리크라테스의 손으로 진행되어 BC 447년에 기공, BC 438년에 완성한 도리스식 신전의 극치를 나타내는 걸작이다.

💮 제피로스와 플로라

이 그림의 배경은 비너스의 정원이다. 오른쪽에 봄이 왔음을 알리는 서풍의 신 제피로스가 두 볼을 부풀리고 바람을 불려고 하는 모습을 보이고 있다. 제피로스가 안고 있는 여인은 꽃을 만들어 낼 수 있는, 봄의 신 플로라이다.

🌸 비너스

비너스는 로마 신화에서 채소밭의 여신으로 나오는데, 그 특성이 그리스 신화의 아프로디테와 일치하므로 비너스와 아프로디테는 동일시되었다. 그림의 조각상은 밀로스 섬에서 출토되어 밀로의 비너스라고도 불린다.

🏹 에로스의 승리

미켈란젤로 메리시 다 카라바조의 작품. 아프로디테의 아들 에로스는 활과 화살을 갖고 있는 장난기 많은 연애의 신이다. 황금 화살과 납 화살을 갖고 있는데 황금 화살을 맞은 자는 격렬한 사랑을 느끼게 되고, 납 화살을 맞은 자는 모질게 미워하는 마음을 갖게 된다.

🕐 **봄(프리마베라: 봄을 의미)**
산드로 보티첼리의 작품. 서풍의 신 제피로스의 아내인 플로
라가 뿌리는 꽃 속에서 우아하게 서 있는 비너스(아프로디테)
와 여신들의 아름다움을 그린 작품이다.

⚫ 트레비 분수

이탈리아 로마에 있는 분수 가운데 가장 아름다운 것으로 1762년 완성된 바로크 양식 건축물이다. 트레비 분수 가운데에는 대양의 신 오케아노스가 서 있고, 이를 양 옆에서 바다의 신 트리톤이 보좌하는 모습이다. 트레비 분수의 왼쪽은 격동의 바다를, 오른쪽은 고요한 바다를 상징하며, 소라고둥을 불면서 해마를 조종하는 트리톤의 모습이 보인다. 분수를 등지고 동전을 던지면 로마에 다시 온다는 전설이 전해져 온다.

⚫ 포세이돈 신전

이 신전의 도리스식 원기둥은 BC 5세기 중엽의 것으로 알려져 있으며, 이탈리아 남동쪽 페스툼(그리스명 포세이도니아)에 있다. 이곳에서 북쪽으로 약간 떨어진 곳에 아테나 여신의 신전 터가 있다.

⚫ 아테나(미네르바)와 포세이돈(넵투누스)의 대결

피에트로 롬바르도의 작품. 아티카라는 지역과 그 수호신의 자리를 놓고 두 신이 대결하는 장면이다. 이 대결에서 시민들은 올리브 나무를 주는 아테나를 선택한다.

🌀 헤라와 제우스

헤라는 제우스의 누이이자 정식 아내로 크로노스와 레아가 낳은 딸이다. 헤라는 올림포스 최고의 여신으로 결혼 생활을 주관하여 많은 도시에서 숭배했는데, 신화에서는 제우스의 연인과 그 자식들을 질투하여 그들에게 끊임없이 고통을 주고 박해를 가하는 여신으로 나온다. 로마 신화에서는 유노(영어로는 주노)와 동일시된다.

🌀 페르세포네의 겁탈(납치)

잔 로렌초 베르니니의 작품. 들판에서 꽃을 꺾고 있는 페르세포네를 낚아채 자신의 왕국으로 데려가려 하는 하데스에게 페르세포네가 반항하고 있는 모습이다. 이 일을 안 그녀의 어머니이자 대지의 여신인 데메테르는 몹시 슬퍼해서 아무 일도 하지 않아 대지가 메말라갔다. 이에 제우스가 중재에 나서, 페르세포네가 지하의 세계에서 아무것도 먹지 않았다는 조건으로 다시 어머니 곁으로 보내주겠다고 한다. 그러나 페르세포네는 하데스의 꼬임에 넘어가 석류를 먹고 마는데 이 일로 4계절이 생기게 되어 1년의 3분의 1은 하데스와 지내고 나머지 시간은 어머니와 살게 된다.

❂ 아폴론과 다프네

존 윌리엄 워터하우스의 작품. 다프네는 그리스 신화에 나오는 아름다운 님프로 아폴론의 구애를 뿌리치다가 힘에 부치자 강의 신인 아버지에게 부탁해 월계수로 변했다.

❂ 아폴론

아폴론은 광명 · 의술 · 예언 · 가축의 신으로 사랑에 관한 신화들도 많아 다프네뿐만 아니라 카산드라, 히아킨토스 등과의 사랑 이야기가 유명하다.

❂ 히아신스

아폴론이 사랑했던 미소년 히아킨토스가 죽은 후 변한 꽃.

 디오니소스와 아리아드네

안니발레 카라치의 작품. 아리아드네는 테세우스에게 반해서 조국 크레타를 버리고 그를 따라 나서지만 버림을 받고 낙소스 섬에 홀로 남겨진다. 상심한 그녀 앞에 디오니소스가 나타나 아리아드네의 마음을 위로해 주고 둘은 결혼하게 된다. 호랑이가 끄는 수레를 탄 이가 디오니소스. 그 옆에 염소가 끄는 수레를 타고 하늘색 옷을 입은 이가 아리아드네이다.

디오니소스

미켈란젤로 메리시 다 카라바조의 작품. 제우스와 세멜레의 아들로, 세멜레의 죽음 이후에는 니사의 님프가 키웠다. 헤라가 그에게 광기를 불어넣어 디오니소스는 세계 각지를 떠돌아 다녔으며, 그 과정에서 포도 재배와 문명을 전파했다고 한다. 로마 신화에서는 바쿠스라고 한다.

🌀 다이달로스와 이카로스

프레드릭 레이튼의 작품. 미궁을 만들었던 뛰어난 건축가 다이달로스는 미노스 왕에 의해 미궁에 갇힌다. 하지만 새의 깃털과 밀랍으로 날개를 만들어 붙이고 아들 이카로스와 함께 하늘로 날아 탈출했는데, 이카로스는 높이 올라가지 말라는 아버지의 경고를 무시하고 계속 날아오르다가 에게해에 떨어져 죽음을 맞이한다.

🌀 크레타 섬의 크노소스 궁전

고대 에게 문명의 중심지인 크레타 섬 북쪽 기슭의 크로노스에 있었던 궁전이다. 미노스 왕이 건조한 것으로 괴물 미노타우로스가 살았던 미궁 전설의 무대가 된 크레타 섬 최대의 궁전이다. 1900년 영국의 고고학자 에번스에게 발견되어 현재까지도 복원 작업이 계속되고 있다.

그리스 로마 신화

상식으로 꼭 알아야 할

그리스 로마 신화

The Myth of Greece and Rome

김성대 편저

(주) 삼양미디어

상상력의 뿌리를 찾아
떠나는 여행!

이 책은 인류 문화의 창고이자 역사의 광맥인 신화 속에서 찾아낸 상상력의 뿌리를 탐구한 책이다. 천지개벽의 이야기부터 티탄족, 올림포스의 신, 제우스의 후손, 인간과 영웅의 이야기를 인물 위주로 담았다. 다시 말해 고대 그리스 로마의 신들과 영웅들의 이야기인 것이다.

서양에서는 예로부터 그리스 로마 신화가 깊은 문화의 전통을 형성했고 문화의 다양한 면에 녹아 있다. 그러다 보니 문학과 미술에서는 그리스 로마 신화에 대한 지식을 전제로 만들어진 작품이 많이 존재한다. 이 때문에 그리스 로마의 신과 영웅의 전설을 모르면 서양 문학과 미술 등이 의미하는 것을 제대로 이해하지 못하는 경우도 있다. 르네상스 시대에 보티첼리가 그린 '비너스의 탄생'도 단순히 나체의 미녀 모습을 나타낸 것이 아니라 문학적 배경이 녹아 있는 작품인 것이다.

그리스 로마 신화는 호메로스와 헤시오도스의 서사시에서 직접 유래되었지만 기독교의 '성서'처럼 정해져 있는 이야기는 아니다. 그뿐만 아니라 고대의 문학자, 신화학자, 계보학자, 역사가, 철학자들이 신과 영웅들의 이야기를 계속 다루어 왔고 그때마다 새로운 해석과 이야기가 덧붙여졌다. 예를 들어 그리스의 비극 작품을 읽으면 시대와 작가에 따라 신화가 재해석되어 새롭게 쓰여 있다는 것을 알 수 있다. 게다가 신화와 전설은 지역에 따라 다르게 전해져 오기도 했고, 완전히 모순된 이야기로 전해져 오기도 했다. 시인이나 역사가, 철학자 등은 이러한 모순을 이치에 맞는 이야기로 만들거나 입맛대로 해석하고 변경하여 존재하지도 않았던 영웅을 만들어 내기도 했다.

'그리스 로마 신화'에는 무수히 많은 인물이 등장하며 긴 음절의 생경한 고유명사가 줄을 잇고 수많은 지명과 복잡한 신들의 족보가 얽혀 있다. 바로 이 점이 신화를 한번 읽어 보려고 마음 먹었던 청소년들이 급기야 책을 던지고 도중하차하게 만드는 원인이 되기도 했다.

하지만 이 책은 액자 속에 있던 박제화된 이야기를 다루지 않았다. 지금 우리 일상생활 속에 여전히 살아남은 신화 속 이름과 인물, 상상력과 표현을 이야기하는 데 초점을 두었다. 이렇듯 이 책은 신화 속에 생생한 숨결을 불어넣고 현재에도 의미 있는 이야기들로 되살려 내 시공을 넘나들며 입체적으로 읽을 수 있게 했다.

서장

그리스 로마 신화
세계로의 초대

양대 서사 시인
호메로스와
헤시오도스

그리스의 최고最古 시인 호메로스

그리스 문학은 호메로스(BC 9~8세기경)의 서사시 『일리아스』와 『오디세이아』에서 비롯된다. 호메로스는 트로이아 전쟁에 얽힌 여러 가지 옛이야기에 자신의 시적 재능과 창조력을 결합하여 문학 작품으로 승화시킨 최초의 인물이다. 이 작품들은 트로이아 전쟁의 영웅을 주인공으로 하고 있지만, 신들의 이야기도 함께 포함되어 있어 그리스 신화의 원전이라 할 수 있다.

『일리아스』는 10년간에 걸친 트로이아 원정 마지막 해에 일어난 일을 노래한 것이다. 그리스군 최고의 영웅 아킬레우스와 총사령관 아가멤논의 분쟁으로부터 시작해, 트로이아군 총사령관 헥토르의 죽음에 이르기까지 약 50일간의 일화를 15,000행에 걸쳐 그리고 있다. 『일리아스』는 트로이아의 별칭인 '일리오스'의 이야기란 뜻이다. 『일리아스』에는 인간들의 애증과 우정, 그리고 치열한 전투 장면 등이 자세하고 선명하게 묘사되어 있다.

『오디세이아』는 오디세우스의 노래라는 뜻으로 총 12,000여 행으로 이루어져 있다. 트로이아 원정 후 영웅 오디세우스의 10년간에 걸친 모험과 고국으로 돌아가는 과정을 40일 동안의 사건으로 압축하여 표현하고 있다. 이 서사시 또한 옛이야기를 재구성한 것으로 호메로스의 탁월한 사건 서술과 심리 묘사가 잘 그려져 있다.

🔹 호메로스

그가 태어나서 성장한 곳으로 추측되는 곳이 7군데나 되는데, 키오스섬 혹은 소아시아의 스미르나에서 태어났다는 설이 가장 유력하다. 현존하는 그리스 문학 작품 중 가장 오래된 작품을 남긴 시인으로 그의 작품은 그리스뿐만 아니라 유럽에서도 가장 오래되었다. 『일리아스』와 『오디세이아』, 두 서사시는 고대 그리스의 국민 서사시로 훗날 문학 · 교육 · 사고思考에 큰 영향을 끼쳤다.

• 『일리아스』 – 트로이아의 별명 일리오스(Ilios)에서 유래한 것으로 '일리오스 이야기'라는 뜻이다. 10년 동안 벌어진 트로이아 전쟁 중에서 10년째 되던 해의 마지막 50일간의 일화를 그린 서사시이다. 여러 가지 비유로 자연계와 인간계의 관계를 특색 있게 묘사하였는데, 그리스의 국민 서사시가 되어 교육의 중요한 부분을 차지하고 있으며 유럽 서사시의 모범이 되어 유럽 문학에 큰 영향을 끼쳤다.

• 『오디세이아』 – '오디세우스의 노래'라는 뜻으로 트로이아 전쟁에서 활약한 무장 오디세우스의 이야기이다. 전쟁이 끝난 후 10년 동안의 고난에 찬 귀국길과 아내의 구혼자들을 처벌하는 이야기를 그리고 있다. 이 작품은 『일리아스』보다 약간 뒤늦게 나온 것으로 보이며 줄거리가 복잡하고 기교적이다. 이 시 역시 일리아스 함께 그리스 국민의 서사시가 되었으며 훗날 서유럽 문학에 큰 영향을 주었다.

신들의 계보를 정리한 헤시오도스

호메로스보다 조금 늦게 등장한 헤시오도스(BC 8~7세기경)도 그리스 신화의 원전이라 할 수 있는 2편의 서사시를 남겼다. 『신통기』와 『노동과 나날』이 그것인데, 그의 작품은 종교적이고 교훈적인 면이 두드러진다. 호메로스가 인간의 감정을 불어넣어 신들을 묘사했다면, 헤시오도스는 종교적 측면에서 신들을 그렸다.

특히 『신통기神統記』는 세상 만물의 시작과 신들의 탄생에 얽힌 옛이야기를 종합적으로 정리했기 때문에 그리스 신화 속 신들의 계보의 기초가 되었다. 300명이 넘는 신들의 복잡한 관계를 알기 쉽게 정리하고, 예로부터 전해오는 우주관에 체계를 세운 『신통기』는 신뢰할 만한 문헌으로 평가받고 있다.

🔵 헤시오도스

그리스 중부의 보이오티아 지방에서 태어났으며 호메로스와는 대조적으로 종교적·교훈적·실용적인 특징을 보인다. 농민이기도 했던 그는 성실과 근면을 강조하는 교훈적인 작품을 남겼다. 특히 농경 기술과 노동의 신성함을 서술한 『노동과 나날』은 설화성說話性과 목가적 서술이 뛰어나다.

• 『신통기』 – 천지 창조를 시작으로 신들의 탄생 및 계보 그리고 인간의 탄생에 이르는 과정을 계통적으로 서술한 작품이다. 제목이 의미하는 바와 같이 300명이 넘는 신들의 복잡한 관계를 간결하게 표현하고, 예로부터 전해오는 신화와 전설을 하나의 세계관 및 우주관에 비추어 체계를 세워 그리스 신화 속에 나오는 신들 계보의 기초가 되었다.

• 『노동과 나날』 – 아버지의 유산을 독점하려고 부당한 요구를 하는 동생 페르세스를 설득하고 그에게 경고하기 위해 쓴 것이다. 『노동과 나날』은 총 3부로 나뉘는데 제1부는 판도라 신화, 5시대 설화, 동물 우화를 인용해서 인간으로서 바르게 살아가야 하는 의무와 도리에 대해 쓰고 있다. 제2부는 농사력農事歷, 제3부는 그날그날의 길흉에 관한 훈계로 대개는 토속적·미신적 성격이 강하다.

한편『노동과 나날』은 농민의 성실함과 근면함, 농경 기술, 처세술 등을 설명한 교훈적인 시다. 프로메테우스와 판도라의 신화 등과 같은 유명한 일화가 실려 있다.

신화의 성립과 전승

역사가 헤로도토스가 말한 것처럼 호메로스와 헤시오도스에 의해 신들의 계보가 정리되고, 이름과 역할이 부여되었다. 그러나 이들의 작품을 통해 그리스 신화의 모든 것을 알 수는 없다. 그리스 신화의 기원은 호메로스나 헤시오도스의 시대보다 훨씬 거슬러 올라간다. 그리스 신화는 오래전에 형성된 이야기를 호메로스나 헤시오도스 같은 서사 시인들이 문학 작품으로 기록하여 서사시로 구전되어 온 것이다.

오늘날 우리가 알고 있는 '그리스 신화'에는 고대 여러 작가들의 작품이 포함되어 있다. 또 이른바 '정본'이 없기 때문에 많은 이설과 모순을 안은 채 후세에 전해졌으며 방대하고 복잡한 이야기가 되었다.

그리스 신화는 신들의 계보나 영웅들의 이야기만을 전하는 것이 아니라 그 내용이 여러 가지로 해석되고 변형되었다. 여러 이야기들과 자료가 합쳐져 창작된 경우도 있다. 이와 같이 그리스 신화는 갖가지 형태의 이야기들이 점차 확대되고 발전하여 하나의 커다란 물줄기를 이룬 것이다.

 로마 신화 로마 제국이 세력을 확장하면서 그리스 문화를 유입하는 과정에서 로마 고유의 신들을 그리스 신들과 동일화해 로마 제국에 전해오는 이야기를 그리스 신화를 본떠 구성한 신화(22쪽 참조).

고대 비극 시인과
로마 시인들

신화를 소재로 한 그리스 비극

호메로스와 헤시오도스 이후에도 여러 '신화 작가'에 의해 그리스 신화가 새롭고 다양하게 만들어졌다. 그리스 신화는 내용이 풍부하고 문학적 가치가 뛰어나기 때문에 비극 작품의 훌륭한 소재가 되었다. BC 5세기경 아테나이의 비극 시인들은 신화를 소재로 한 독자적 이야기를 만들기 시작했다.

그리스 비극은 원래 아테나이의 디오니소스 제례에 바치기 위해 만들어졌다고 한다. 예술 활동의 중심지이기도 했던 아테나이에서는 1년에 한 번씩 비극이 상연되었다. 주로 아크로폴리스 신전에 딸린 디오니소스 극장에서 이루어졌는데, 신관神官의 주관 하에 많은 관중이 모이는 국가적 행사였다.

비극의 주제는 대체로 신화 속 영웅들이었다. 물론 비극 시인들은 신화 내용을 그대로 상연하지 않았다. 창조력을 발휘해서 신화와 전설을 각색하고 살을 붙이거나 결말을 바꾸었다.

　같은 소재의 신화나 전설을 다루더라도 작가에 따라 차이를 보였다. 예를 들어 3대 비극 시인이라 불리는 아이스킬로스, 소포클레스, 에우리피데스는 각각 미케나이 왕의 딸 엘렉트라를 주인공으로 한 비극을 썼다. 그러나 전자의 두 시인은 옛 전설 그대로 엘렉트라를 왕궁에 머물게 한 것에 반해, 에우리피데스는 그녀가 가난한 농부에게 시집간다는 설정으로 이야기를 바꾸었다. 물론 주인공의 행동과 심경에 대해서도 독자적인 해석을 가했다.

▲ 아이스킬로스

그리스 3대 비극 시인

　그리스 신화를 가장 뛰어난 작품으로 만든 이들은 아이스킬로스, 소포클레스, 에우리피데스 등 3대 비극 시인이다(23쪽 표 참조). 고대 그리스의 서사시 전통과 온갖 신화를 바탕으로 한 그리스 비극은 이 세 명의 위대한 시인들을 통해 풍성한 열매를 맺게 된다.

▲ 소포클레스

　비극의 창시자라 불리는 아이스킬로스는 90여 편의 작품을 창작했다고 한다. 현재까지 전해지는 것은 모두 7편인데, 그중 『오레스테이아』가 걸작으로 꼽힌다. 아이스킬로스의 비극 작품은 신들의 위대함을 찬양하며, 인간의 운명은 신의 의지에 달렸다고 표현하고 있다.

▲ 에우리피데스

　소포클레스는 훌륭한 시인이자 비극의 완성자였다. 그는 동시대뿐 아니라 현재까지도 높이 평가되고 있다. 가장 중요한 작품은 『오이디푸스왕』으로, 아리스토텔레스는 이 작품을 비극의 전형典型이라고 하였다. 인간성에 중점을 둔 소포클레스의 비극은 숙명과 싸우는 인간의 무력하고 비참한 모습을 표현하고, 영웅적인 죽음으로 끝맺음으로써 관객들에게 카타르시스를 선사한다.

그리스 비극은 에우리피데스에 의해 변화를 겪는다. 17편의 다채로운 작품이 전해오는 가운데 에우리피데스의 대표작으로는 『메데이아』와 『트로이아의 여인』이 꼽힌다. 소포클레스가 비극의 완성자였다면, 에우리피데스는 정통을 벗어난 실험적 성격을 보인다. 인간의 욕망을 주제로 한 그의 작품은 새로운 극적 기법과 세밀한 묘사를 시도하고 있는데, 특히 여성 심리를 묘사하는 기법이 뛰어난 것으로 평가받는다. 그의 작품에서 신은 마지막 국면을 해결하기 위해 등장한다.

로마 신화와의 융합

헬레니즘 시대를 거쳐 그리스는 로마 제국으로 흡수된다. 그러나 신화를 비롯한 그리스의 문화유산은 로마에 계승되었다. 로마인들은 자신들의 신과 그리스의 신을 동화시켜 자국의 신화로 만들었다. 예컨대 트로이아의 영웅 아이네아스가 로마의 시조가 된다는 로마 건국 신화는 그리스와 로마의 신화적 융합을 잘 보여 준다.

로마 신화 중 후세에 가장 큰 영향을 미친 작품은 오비디우스(BC 43~AD 17)의 서사시 『변신 이야기』다. 이것은 그리스 신화에서 신과 인간이 식물과 같은 다른 무언가로 변신하는 이야기를 모아 놓은 것으로, 수선화로 변신한 나르키소스나 월계수로 변신한 다프네가 대표적이다. 『변신 이야기』에는 풍부한 신화적 상상력과 고대 서양의 인식 체계, 인간의 욕망에 대한 상징 등이 들어 있다. 오비디우스는 사물이나 자연이 인간과 관계되는 모습을 그리면서 인간의 다양한 심리를 탐색하는

◑ 디오니소스 극장

아크로폴리스 남쪽 절벽 경사면을 깎아 만든 이 극장은 고대 비극의 탄생지이다. 그리스에서 가장 오래된 극장으로 BC 6세기에 목조로 만들어졌다가 BC 4세기에 대리석으로 다시 만들어졌다. 약 1만 7천 명을 수용할 수 있는 이곳은 네로 황제 때 만든 디오니소스의 일생을 그린 대리석 모자이크 바닥이 보존되어 있다.

한편, 연애에 중점을 둔 감미롭고 낭만적인 작품으로 신화를 각색했다.

르네상스 이후의 예술가들은 『변신 이야기』를 근거로 수많은 작품을 남겼다. 오비디우스의 작품은 시대를 뛰어넘어 많은 작가와 예술가들에게 상상력을 불러일으켰다.

 3대 비극 시인

이름	특징	주요 작품
아이스킬로스 (BC 525~456)	아테나이의 귀족 출신. 대표작인 『오레스테이아 3부작』은 미케나이의 왕 아가멤논과 그 자식들의 복수를 소재로 한 이야기다.	『아가멤논』, 『공양하는 여자들』, 『자비의 여신들』
소포클레스 (BC 496~406)	『오이디푸스 왕』은 그리스 비극 최고의 걸작으로 손꼽힌다. 정치가로도 활약했다.	『오이디푸스 왕』, 『콜로노이의 오이디푸스』, 『안티고네』
에우리피데스 (BC 485~406)	아테나이의 한 상인의 집에서 태어나 당대의 풍속 문제를 날카로운 시각에서 파헤친 비극의 개혁자이다. 남성 우위 사회에서 살아가는 여성들의 고뇌 등을 잘 표현했다.	『메데이아』, 『트로이아의 여인』, 『바쿠스의 신녀』, 『히폴리토스』

신화 속 영웅과 고대 그리스인들의

운명을 좌우한
아폴론 신탁

신탁이 예언한 승리

BC 480년, 페르시아의 크세르크세스 왕(재위 BC 486~465)이 육해군 정예 군대를 거느리고 그리스를 침공했다. 고대 그리스의 역사가 헤로도 토스에 의하면 페르시아 원정군은 육군 170만 명과 함대 1,207척의 규 모였다고 한다. 실로 대단한 위용이었다. 그 기세에 눌려 일부 도시 국가 들은 항복을 하기도 했다.

그리스는 페르시아에 맞서 아테나이와 스파르타를 중심으로 폴리스(도 시 국가) 연합군을 편성했다. 당시 아테나이는 전쟁에 대비해 200여 척의 함대를 준비하고 있었고, 스파르타는 도시 국가 중 최강의 육군을 가지 고 있었다.

아폴론(Apollon) 제우스와 레토 사이에 태어난 아들로 광명·의술·예언·가축의 신이다. 훗날 태양의 신으로 도 불리는데 활과 화살이 그의 상징적 무기이다.

결전에 앞서 아테나이는 델포이의 **아폴론**(Apollon) 성지에 사자를 보냈다. 전쟁이 일어난 것을 신에게 고하고, 신탁을 받기 위해서였다. 신탁을 매개하는 무녀는 이렇게 말했다.

"나무 요새는 유일하게 함락되지 않는 성이 될 것이고, 성스러운 살라미스는 여자들로부터 태어난 아이들을 망하게 할 것이니⋯⋯"

신탁을 접한 원로 정치가들은 무녀가 말한 '나무 요새'를 도시를 둘러싼 나무 울타리로 이해했다. 그러나 아테나이의 장군 테미스토클레스(BC 528~462)는 그것을 배, 즉 함대라 해석하고, '여자들에게 태어난 아이들'은 페르시아인을 뜻하는 것으로 보았다.

그리스는 테미스토클레스의 주장에 따라 시민들을 살라미스 섬으로 피신시키고, 페르시아와 일전을 치르기 위해 살라미스 해로에 연합 함대를 집결시켰다. 전쟁 초기 페르시아군은 순식간에 아테나이를 점령했지만, 도시는 거의 텅 비어 있었다.

결전은 살라미스 해상에서 벌어졌다. 아테나이를 버리고 해상에서 페르시아와 맞서 싸운다는 작전은 멋지게 들어맞았다. 페르시아군을 폭 좁은 살라미스만으로 유인하여 격파한 것이다. 페르시아의 대함대는 전멸했고, 그리스는 빛나는 승리를 거두었다. 이것이 그 유명한 살라미스 해전이다. 이후 페르시아는 다시는 그리스 원정에 나설 수 없게 되었다.

고대 그리스 최고의 성지 아폴론 신전의 탄생

델포이의 아폴론 신전은 우여곡절 끝에 탄생했다. 제우스와 레토의 아들인 아폴론은 테미스 여신에 의해 길러졌는데, 신의 술과 음식을 먹고 며칠 만에 어른이 되었다.

아폴론은 예언을 행하기 위해 델포이로 향했다. 델포이에는 이미 예언의 힘을 가진 거대한 암뱀 '피톤'이 지키고 있었는데, 그 횡포가 심했다. 아폴론은 자신의 활로 피톤을 물리치고, 그곳에 신탁소를 세웠다. 그것이 바로 아폴론 신전이다. 델포이는 세상의 중심 또는 배꼽으로 여겨졌다. 아폴론 신전에는 상징물로 만든 원추형 돌인 옴파로스(Omphalos)가 놓였고, 아폴론은 신탁을 맡아보는 무녀를 뽑아 **피티아**(Pythia)라고 불렀다.

델포이의 아폴론 성지는 고대 그리스 최고의 신탁소로 많은 사람들을 불러 모았다. 그리스의 여러 폴리스들은 중요한 정치적 판단을 내릴 때 반드시 델포이에 사자를 보냈다고 한다. 각 폴리스의 신탁소에서도 신탁을 받을 수 있었지만, 국가의 명운이 걸린 중대한 일에 대해서는 델포이를 찾았다. 일반 시민들도 결혼이나 질병 같은 개인적인 문제의 답을 구하고자 머나먼 델포이로 발길을 옮겼다. 신탁에 의지해 미래에 일어날 불운을 피하고, 중요한 결정을 내리는 데 도움을 얻었다.

아폴론 신탁지는 아테나이에서 북서쪽으로 약 18km 떨어진 파르나소

 피티아(Pythia) 신전의 여사제로서 델포이 지역 여성 가운데서 뽑혔다. 피티아가 전하는 신탁은 신화 속 영웅들뿐만 아니라 고대 그리스인들과 도시 국가의 운명을 좌우했다.

스 산(해발 2,457m) 중턱에 위치해 있다. 파르나소스 산은 그리스인들이 세계의 중심이라고 생각했던 산이다. 신탁지 뒤에는 험준한 암벽이 깎아지를 듯 서 있고, 그 아래 협곡에는 그리스에서 가장 넓은 올리브 수림이 펼쳐져 있다.

아폴론 성지는 그리스를 대표하는 신탁소였다. 거기서 전해지는 신탁은 가장 영험한 것으로 인정되며, 절대적 권위를 가진 것으로 숭배되었다. 성지 중심의 거대한 신전 입구에는 '너 자신을 알라'와 같은 격언이 기록되어 있다.

아폴론의 신탁은 그리스 신화의 중요 장면에 자주 등장한다. 헤라클레스에게 12과업을 명령한 것도, 오이디푸스에게 '아버지를 죽이고 어머니를 범한다'는 충격적 운명을 알려 준 것도 모두 아폴론의 신탁이었다.

🕙 **아폴론 신전**
델포이에 있는 아폴론 신전으로, 가운데 부분에 여사제 피티아가 신탁을 전하던 지하방 자리가 보인다.

🕙 **아폴론 신전 상상도**
델포이에 있었던 아폴론 신전을 상상해서 그린 그림으로 당시 웅장했던 신전의 모습을 충분히 엿볼 수 있다.

올림피아 경기 대회

올림픽의 기원이 된 올림피아 경기 대회

올림피아 경기 대회는 그리스 신화에서 최고의 신으로 숭배받는 제우스에게 바쳐진 행사로, 근대 올림픽의 기원이다. 문헌상 기록에 따르면 올림피아 경기 대회는 BC 776년부터 시작되었다. 처음에는 10여 개 폴리스가 참여했지만, 이후 점차 확산되었다. BC 6세기경에는 대부분의 폴리스 대표들이 참가하여 그리스의 민족적 제전이 되었다.

경기는 4년에 한 번씩 7~9월 사이 보름달이 뜬 날을 중심으로 5일 동안 개최되었다. 초기에는 하루 만에 모든 일정이 끝났지만, 종목이 하나둘씩 추가되고 참가 인원이 늘어나면서 자연스레 행사 기간도 길어졌다. 참가 자격은 그리스 도시 국가의 시민으로서 제우스에 대한 불경을 저지른 적이 없어야 했다.

경기 종목은 5종 경기 (달리기 경주, 멀리뛰기, 창던지기, 원반던지기, 레슬링)

와 전차 경주 등이 중심이었다. 이후 횟수를 거듭할수록 종목이 계속 늘어나 전성기에는 20여 종목에 이르렀다. 당시 가장 인기 있는 종목은 5종 경기였다고 한다.

올림피아 경기 대회의 우승자에게는 영예의 월계관이 주어졌다. 또 스포츠 경기만 열렸던 것이 아니라 예술가와 철학자, 시인들도 참가하여 문예와 예술 솜씨를 겨루기도 했다. 대회 기간 동안에는 100여 개 폴리스 간의 전쟁과 적대 행위가 중단되었다. 3개월 전부터 그리스에 휴전이 선포되고, 사형도 연기되었다. 올림피아 경기를 통해 육체와 정신을 단련하는 것은 물론 그리스인들의 평화와 단합을 추구한 것이다. 이러한 정신은 고대 그리스 문화에 많은 영향을 미쳤고, 현대 올림픽의 기본 이념이 되었다.

🜂 **스타디움**
폴리스의 대표자들이 실력을 겨룬 경기장으로 약 3만 명의 관객을 수용할 수 있었다. 현재도 스타트 라인이었던 석판이 남아 있다.

헤라클레스가 창시한 제전

올림피아 경기 대회의 창시자는 영웅 헤라클레스라고 전해지고 있다. 헤라클레스는 엘리스의 왕 아우게이아스를 물리친 후 승리의 기념으로 가까운 곳에 있는 올림피아로 가서 신들의 제단을 쌓고 경기 대회를 창시했다고 한다(피사의 왕 펠롭스가 창시자라고 하는 설도 있다).

경기 대회를 치를 스타디움(경기장)의 길이를 정하기 위해 헤라클레스는 왼발, 오른발을 번갈아가며 600보를 걸었다고 한다. 훗날 파괴되었지만, 당시 올림피아는 헤라클레스가 만든 벽으로 둘러싸여 있었고, 그 안에 제우스 신전과 제단, 헤라 신전 등이 있었다고 한다. 또한 스타디움과 함께 체육관, 레슬링장, 숙소 등 각종 건물이 들어서고, 우승자의 동상이 세워졌다고 한다.

대회가 시작되면 그리스인들은 올림피아로 몰려들어 신전에 경배하였다. 경기 대회 못지않게 종교 의식도 중요한 행사였던 것이다. 올림피아 경기 대회는 신성한 경배의 장이자, 순수하게 경기를 즐기는 축제의 장이었다.

🏹 **활 쏘는 헤라클레스**
앙투안 부르델의 작품. 올림피아 경기 대회를 창시한 영웅 헤라클레스가 활을 쏘는 모습이다.

그리스도교의 물결에 억압되다

BC 146년 그리스는 로마의 속주屬州가 되었지만, 올림피아 경기 대회는 그대로 계승되었다. 그러나 4세기 들어 그리스도교가 로마 제국의 국교가 되면서 사정이 달라졌다. 392년 로마 황제 테오도시우스 1세(346~395)가 이교異敎 금지령을 선포했다. 그에 따라 제우스를 받드는 올

림피아 경기도 이교도들의 제전으로 규정되어 이듬해인 393년, 제293
회 대회를 끝으로 그 막을 내렸다. 그 후 올림피아 신전도 파괴되었다.

약 1,200년간 면면히 이어져 내려온 역사 속에서 올림피아 경기 대회
는 단 한 번도 중단된 일이 없었다. 그런데 한 남자에 의해 일정이 연기
되는 유례없는 사건이 발생했다. 로마의 악명 높은 네로 황제(37~68)가
65년에 개최될 예정이었던 대회를, 자신이 올림피아에 방문하는 해에 맞
춰 2년 뒤인 67년으로 변경했다. 그리고 자신이 직접 참가하여 예술 부
문의 각 종목에서 우승을 독점했다고 한다.

🌏 **올림피아 제우스 신전의 박공 조각**
파괴된 올림피아 제우스 신전의 지붕 서쪽 박공에 있던 조각들로 라피타이족과 켄타우로스 사이의 전투를 재현하고 있다
(올림피아 박물관 소장).

파르테논 신전

민주정의 개막과 파르테논 신전

BC 5세기 중엽, 아테나이는 세계 최초로 민주정을 확립하고 황금 시대를 맞이했다. 페르시아와의 전쟁에서 승리한 후 아테나이 시민들은 자신감을 갖게 되었다. 그리하여 민주정을 중심으로 철학, 문학, 예술 전반에서 눈부신 발전을 이루었다.

아테나이의 정치 지도자였던 페리클레스(BC 490?~BC 429)는 페르시아 군에 의해 파괴된 아크로폴리스를 부흥시킬 계획을 세웠다. 계획의 중심은 폴리스의 수호신인 **아테나**(Athena) 신전, 즉 파르테논 신전을 건설하는 것이었다. 그리스인들은 종교 중심지인 아크로폴리스를 통해 신과 인간의 교류를 시도했다. 파르테논 신전은 아크로폴리스에서도 가장 높은 곳

 아테나(Athena) 제우스와 대양의 신 오케아노스의 딸 메티스 사이에 태어났으며 전쟁과 지성知性의 여신이다. 처녀성을 끝까지 지킨 여신이지만 국가의 수호신이었기 때문에 다산多産과 풍요의 여신이기도 하다.

에 세워졌다. 파르테논은 본래 '처녀의 집'을 뜻한다고 한다. 이 신전은 두 가지 목적으로 지어졌는데, 하나는 아테나이의 수호신 아테나를 모시기 위한 것이었고, 다른 하나는 조공물을 보관하기 위한 것이었다.

파르테논 신전은 천재 조각가 페이디아스(BC 500?~432)의 총지휘 아래 BC 447년에서 BC 432년까지 15년의 세월에 걸쳐 완성됐다.

신전을 더욱 크고 아름답게 보이도록 하기 위해 신전 곳곳을 섬세한 곡선으로 다듬었다. 예를 들어, 기단(돌을 쌓아 올려 지면보다 한 층 높게 만든 부분)은 중앙을 향해 완만한 경사를 이루며 솟아올라 있고, 높이 10m의 원주는 모두 안쪽으로 6cm 정도 기울어져 있다. 그리스인들은 건축물도 하나의 조각 작품으로 여기며 아름다움과 균형에 힘을 기울였다. 파르테논 신전의 장중함은 고대 그리스 문명의 특징을 뚜렷이 보여 준다.

🌀 **파르테논 신전**

지혜와 전쟁의 여신 아테나를 모신 신전으로 아테나이 아크로폴리스 언덕에 있다. 곡선을 이용한 치밀한 설계와 뛰어난 조각품은 고대 건축물 중 최고로 뽑히며, 전체적으로 중후한 도리스 양식을 사용하고 있지만 부분적으로 우아한 이오니아 양식을 도입하고 있다. 8개의 원주로 이루어진 직사각형 건물인 이 신전은 아크로폴리스 여러 신전 중 최대 규모로 동쪽으로 전실과 본전을, 서쪽 후실에는 보물 창고를 두었다. 신전의 각 부분이 정확한 비율을 이루고 있어 세계에서 가장 균형 잡힌 건축물로 평가받는다.

아테나 상과 신전의 조각

신전 안팎에는 그리스 신화를 소재로 한 훌륭한 조각들이 장식되었고, 본전 내부의 신방에는 페이디아스가 황금과 상아를 재료로 손수 제작한 거대한 아테나 상이 안치되었다.

아테나는 올림포스 신들의 회의를 통해 아테나이의 수호신으로 결정되었지만, 포세이돈과 마찰이 있었다. 아티카라는 땅을 놓고 아테나가 포세이돈과 싸움을 벌인 것이다. 이때 포세이돈은 아크로폴리스 기슭에 소금물이 솟는 샘을 만들었는데 아테나는 이에 대적해 평화의 상징인 올리브 나무를 심은 것이다. 올리브 나무는 잘 자랐고 결국 아테나는 승리를 거두었다. 일명 '올리브와 소금의 전쟁'이라고도 불리는데 이 일이 있은 뒤 아테나는 '올리브의 여신'이라고도 불렸다. 로마 신화의 미네르바, 이집트 신화의 네이트와 동일시되고 있는 아테나는 시민들의 수호신이 되었다.

신전의 내부 장식으로는 아테나를 기리는 커다란 조각을 놓았고, 외벽에는 태고의 전쟁과 신화를 배경으로 한 작품들이 들어섰다. 특히 아테나에게 바치는 거대한 조각 작품에는 신을 포함하여 300여 명에 이르는 인물이 새겨졌다. 그리스의 조각가들은 신화에서 상상력을 얻어 신들의 모습을 재현했다. 그리스인들에게 신은 두려운 존재이기보다는 자신들의 삶과 연결된 친근한 존재였다. 신전 건물의 계단을 비롯한 바깥 공간은 시민들의 연극 무대나 토론 장소로도 이용되었다.

세계 건축에 영향을 미친 고대 그리스의 신전

고대 그리스의 신전은 건물 전체의 높이와 폭, 원주의 간격 등 건물 구성 요소 하나하나의 균형에 신경을 써서 지은 것이다. 그리스의 건축가

들은 이상적인 조화를 이룬 균형미를 추구했는데 수학적인 계산에 근거한 이러한 건축 원리는 후세의 건축물에 큰 영향을 미쳤다.

파르테논 신전은 그리스 건축 양식의 대표적 건물로, 건축적 완성도가 뛰어나 서양 건축사의 최고 위치에 자리매김하고 있다. 특히 신전의 기둥은 유선형을 띠면서 위로 올라갈수록 좁아지는 형태인데, 여기서 완벽한 미를 추구했던 그리스인의 미적 감각을 엿볼 수 있다. 이는 고전 건축의 백미로 현대에 이르기까지 많은 건축가들에게 영감을 주고 있다.

고전을 좋아했던 나폴레옹(1769~1821)은 파르테논 신전을 모방해 파리의 마들렌 사원을 짓게 했다고 한다. 또 도리스 양식, 이오니아 양식, 코린트 양식이라고 하는 그리스 신전의 3가지 건축 양식은 현재도 박물관, 법원, 대학 본관 등 다양한 건축물에 활용되고 있다.

 그리스 신전 양식의 종류 및 특징

양식	특징	주요 신전
도리스 양식	3가지 양식 중에서 가장 오래된 양식. 기둥은 굵고 묵직하며 위로 갈수록 가늘어진다. 기둥머리(기둥의 맨 윗부분)에는 장식이 없지만 전체적으로 중후한 인상이다.	아테나이의 파르테논 신전, 수니온 곶(아테나이)의 포세이돈 신전
이오니아 양식	기둥은 도리스 양식보다 가늘고 기둥머리에는 소용돌이 모양의 장식이 있어 우아한 인상을 준다.	아테나이의 에레크테이온 신전, 사모스 섬의 헤라 신전
코린트 양식	3가지 양식 중에서 가장 새로운 양식으로 BC 5세기 후반에 이오니아 양식을 이어받았지만 기둥머리에는 아칸서스 잎을 소재로 한 장식이 있어 더욱 호화스럽다.	아테나이의 올림피아 제우스 신전, 에페소스의 하드리아누스(로마 황제) 신전

※ 각 양식의 특징은 기둥머리에 있다.

지중해를 아우르는
신화의 세계

포도줏빛 바다의 신화를 간직한 지중해의 섬들

현재 그리스 국토는 발칸 반도의 남단에 위치한 본토와 에게해의 여러 섬들로 이루어져 있다. '에게'라는 이름은 전설상의 아테나이왕 아이게 우스 혹은 바다의 신 포세이돈의 성지 아이가이에서 유래되었다고 한다. 호메로스가 '포도줏빛 바다'라고 표현했던 에게해에는 2,000여 개의 크고 작은 섬들이 있는데, 하나하나 자기만의 독특한 개성을 갖고 있다.

고대 에게해의 섬들은 그리스 본토와 크레타 섬, 그리고 소아시아를 연결하는 항로의 중요한 중계 지점이었다. 특히 이집트 및 오리엔트 문화권과의 해상 교역을 통해 유럽의 다른 지역보다 일찍 고도의 문명을 꽃피웠다. BC 1,500년경부터 이 해역을 중심으로 에게 문명이 생겨났으며, 고대 후기에는 그리스 문화의 중심부가 되었다.

나침반이 없는 시대에 항해를 할 때는 에게해의 무수히 많은 섬들이

길잡이가 되었을 것이다. 이 섬들을 무대로 한 그리스 신화도 무수히 많다. 아폴론의 탄생 신화가 전해지는 델로스 섬, 주신酒神 디오니소스와 아리아드네의 이야기가 남아 있는 낙소스 섬, 영웅 페르세우스가 어머니 다나에와 함께 떠내려가다 도착한 세리포스 섬 등이 신화의 주요 무대가 되었다. 그리고 에게해에서 가장 큰 섬인 크레타 섬은 제우스의 탄생 신화와 황소 머리를 가진 미노타우로스 전설 등 수많은 신화를 간직하고 있다.

미노스 문명의 발상지 크레타 섬

그리스 최남단에 위치한 크레타 섬은 에게해는 물론 유럽, 아프리카, 아시아 3개 대륙을 잇는 교통의 요지로 번창했다. 유럽의 가장 오래된 문명인 미노스 문명의 발상지이기도 한데, BC 2,000년경에는 화려한 궁전 문화를 꽃피웠다.

미노스 문명이라는 이름은 그리스 신화에 등장하는 고대 크레타의 전설적인 왕 미노스에서 비롯되었다. 페니키아 왕

● **미궁의 전설이 남아 있는 크레타 섬**
미노스 문명의 발상지로 에번스가 발굴하였다. 신화 속에 등장하는 '미궁'을 방불케 하는 크노소스 궁전의 존재가 밝혀진 곳이다. 현재 궁전의 일부가 복원되어 극채색의 화려한 벽화 등을 볼 수 있다.

의 딸인 **에우로페**(Europe)의 미모에 반한 제우스가 흰 소로 변장해 그녀를 등에 태우고 크레타 섬으로 갔는데, 미노스는 그들 사이에서 태어난 첫째 아들이다.

크레타 왕의 자리를 놓고 경쟁이 벌어졌을 때 미노스는 해신海神 포세이돈에게 청하여 황소를 얻었고, 덕분에 왕이 될 수 있었다. 그러나 소원을 들어주면 황소를 바치겠다는 약속을 지키지 않았다. 이에 화가 난 포세이돈은 그의 아내 파시파에로 하여금 황소를 사랑하게 만들었다. 그리하여 머리는 황소이고 몸은 사람인 괴물 미노타우로스가 태어났다. 미노타우로스는 '미노스의 소'라는 뜻이다.

🕐 테세우스와 미노타우로스
머리는 황소이고 몸은 사람인 미노타우로스를 테세우스가 처치하려는 모습이다. 테세우스는 아리아드네가 준 실타래(236쪽 참조)의 도움을 받아 무사히 미궁에서 탈출한다.

전설의 미궁이 발견된 크노소스 유적

미노스 왕은 미노타우로스를 유폐시키기 위해 명장 다이달로스에게 미궁 '라비린토스'를 짓게 했다. 라비린토스는 한 번 들어가면 빠져나올 수 없도록 복잡하게 설계되었다. 미노스는 미궁 안에 미노타우로스를

 에우로페(Europe) 제우스는 에우로페에게 과녁을 빗나가는 일이 없는 투창投槍과 사냥감을 절대로 놓치지 않는 사냥개, 그리고 청동의 인간 탈로스를 주었다. 죽은 뒤 여신으로서 숭배되었고 에우로페가 흰 소를 타고 돌아다닌 곳을 그녀의 이름 Europe를 따서 유럽이라고 부르게 되었다.

가두어 놓고, 해마다 아테나이에서 7명의 소년과 소녀를 뽑아 제물로 바쳤다. 훗날 미노스의 딸 아리아드네의 도움을 얻은 아테나이의 영웅 테세우스가 미노타우로스를 물리치고 무사히 미궁을 빠져나오게 된다.

20세기 초 영국의 고고학자 에번스(1851~1941)에 의해 발굴된 크노소스 궁전의 유적은 1,300개나 되는 방이 복잡하게 얽혀 있는 '미궁'이었다. 크노소스 궁전은 가운데 커다란 마당을 둘러싸고 사방으로 수백 개의 방으로 이루어져 있었다. 층마다 방과 복도가 어지럽게 들어서 있어 궁전을 탐사하다가 자주 길을 잃었다고 한다. 신화를 방불케 하는 세계가 그곳에 실제로 존재했던 것이다.

🕐 미궁으로 들어가는 테세우스
귀스타브 모로의 작품. 미노타우로스는 성질이 매우 난폭하고 힘이 셌다. 미노스 왕은 그를 다이달로스가 만든 복잡한 미궁에 가두어 버리는데 매년 7명의 젊은 남녀를 미노타우로스에게 바쳐야 했다. 그러나 결국 영웅 테세우스에게 죽임을 당하고 만다.

 미로(Labyrinth)라는 말의 어원은 라비린토스(Labyrinthos)에서 유래했다.

유럽 폴리스의 발달과 헬레네스

유럽 문화의 바탕이 된 그리스 문명은 BC 5세기경 아테나이에서 꽃을 피웠다. 당시 그리스는 통일 국가가 아니었다. 고대 그리스에서는 BC 8세기경부터 폴리스라고 하는 도시 국가가 형성되어 각각 독립된 국가 형태로 운영되고 있었다. 폴리스의 수는 천 개를 훌쩍 넘었고 인구는 대부분 천 명 정도였는데, 전성기의 아테나이에는 약 30만 명의 시민이 살았다고 한다. 이 시기에 인류 최초의 민주주의가 생겨나고 예술과 철학을 중심으로 다양한 학문의 기초가 다져졌다.

아테나 여신이 아테나이의 수호신이었던 것처럼 폴리스에서는 각각 수호신을 따로 모시고 있었다. 키프로스 섬에서는 아프로디테 여신을 모셨고 코린토스에서는 아폴론 신을, 아르고스와 사모스 섬에서는 헤라 여신을 모셨다. 특히 정치와 경제의 중심지였으며 시민들의 사교 장소가 된 곳은 아크로폴리스였는데, 아크로폴리스 안에는 아고라라는 공공 광장이 있었고 평의회장과 법정, 스토아(화랑), 시장 등이 들어서 있었다.

폴리스에 사는 사람들은 '그리스인(헬레네스)'이라는 민족의식이 강했는데, 이러한 민족의식을 드높인 것이 올림피아와 델포이에서 행해진 경기 대회였다. 그리스인들은 이 경기 대회에서 우승하는 것을 매우 명예로운 일로 여겼다.

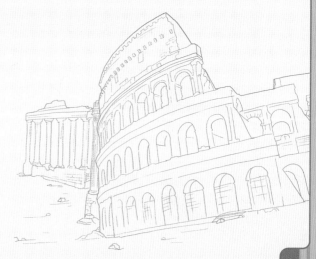

1장

천지 만물의 시작과
신들의 전쟁

세상 만물의
시작

만물의 근원은 카오스

그리스 신화에는 천지 창조에 관한 이야기(우주 개벽론)가 몇 가지 있다. 그중에서 가장 잘 알려진 것은 헤시오도스가 『신통기』에서 서술한 카오스가 만물의 시초라는 이야기다. 그는 카오스에서 모든 것이 생겨났다고 생각했다.

카오스는 본래 '입을 크게 벌리다'라는 동사에서 파생된 것으로, 그리스 신화에서는 '거대한 무한 공간' 또는 '공허'를 의미한다. 헤시오도스에 의하면 카오스로부터 어둠의 신 에레보스와 밤의 여신 닉스가 생겨났다. 에레보스는 땅 밑의 칠흑 같은 어둠을 뜻하고, 닉스는 밤하늘의 어둠을 말한다. 태초에 세상은 어둠이 지배했다.

시간이 흐르자 에레보스와 닉스 사이에서 맑은 대기의 여신 아이테르(창공)와 낮의 신 헤메라가 태어났다. 만물의 근원인 카오스로부터 모든 존재가 생성하고 변화할 터전인 어둠과 밤, 낮이 생겨난 것이다.

카오스와 혼돈

카오스는 후에 오비디우스가 쓴 『변신 이야기』에서 무질서 속에 여러 무정형의 요소가 산재되어 있는 상태, 즉 '혼돈'이라는 뜻으로 변한다. 오비디우스는 카오스를 만물의 가능성과 잠재성을 지니고 있는 씨앗들의 덩어리로 보았다. 하늘과 땅의 구별이 없고, 물질들과 에너지가 아직 분리되지 않아 모든 것이 서로 뒤엉켜 있는 상태가 바로 카오스이다.

헤브라이(유대)인의 신화 『구약 성서』에도 이와 같은 최초의 혼돈설이 있다. 구약 성서의 경우에는 혼돈을 만든 것이 신으로 되어 있다. 그러나 그리스 신화에서는 신보다 먼저 카오스가 있었고, 그 뒤에 생겨난 천지도 신이 창조한 것이 아닌 어디까지나 자연 발생적으로 나타난 것이라 말하고 있다.

고대 그리스인들은 신과 같은 절대자가 세계를 창조한 것이 아니며, 만물은 자연히 생성되어 자리를 잡고 신들도 나중에 생겨난 것으로 생각했다.

🌀 **천지 창조**
구약 성경을 주제로 한 천지 창조로 유대교인과 그리스도교인 및 천주교인 등은 신이 천지와 만물, 인간을 창조했다고 믿고 있다.

천지의 완성

카오스에서 스스로 생명을 얻은 최초의 신들이 생겨났다. 모든 신들의 어머니 격인 '가슴이 넓은' 대지의 여신 가이아가 생겼고, 땅속 깊은 곳, 즉 명계의 가장 깊은 곳에서 소용돌이치는 타르타로스가 태어났다. 그리고 모든 신들 중에서 가장 아름다우며, 사람들의 몸과 마음을 무기력하고 혼란스럽게 하는 사랑의 신 에로스가 생겼다.

대지의 여신 가이아는 별로 뒤덮인 하늘 우라노스와 산맥의 신 오레, 대지를 두를 수 있는 바다 폰토스를 혼자서 낳았다. 이렇게 해서 하늘과 땅과 바다가 갖추어졌다. 가이아는 모든 신과 인간의 시초로서, 고대 그리스인들이 제우스를 최고 신으로 숭배하기 이전에 받들던 모신母神이었다. 가이아의 아들 우라노스가 감사의 뜻으로 비를 내려 땅속에 잠자던 씨앗들이 생명을 얻게 되었다고 한다.

이 천지 창조 이야기에는 아직 인격화된 신이 등장하지 않는다. 에로스는 후대의 이야기에서 사랑과 미의 여신 아프로디테의 아들로 분명한 인격을 갖고 점차 아이의 모습을 띠지만, 이 시점에서는 '생식'이라는 근원적 힘을 나타내고 있다. 혼돈 속에서 모든 것들을 서로 결합시켜 생성을 이루어 내는 힘이 에로스다.

그리스 신화에 등장하는 신들은 대지와 하늘 등과 같은 자연을 나타내는 신들도 포함해서 모두 명확한 성별을 갖고 있다. 다만 만물의 근원인 카오스는 유일하게 중성적인 존재다.

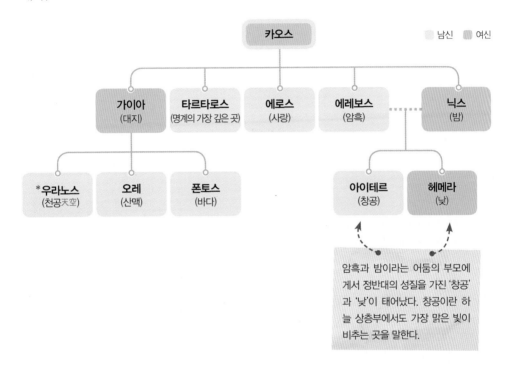

암흑과 밤이라는 어둠의 부모에게서 정반대의 성질을 가진 '창공'과 '낮'이 태어났다. 창공이란 하늘 상층부에서도 가장 맑은 빛이 비추는 곳을 말한다.

 우라노스(Uranos)는 오늘날 천왕성이라는 이름으로 쓰이며, 핵폭탄의 원료인 우라늄(Uranium)의 어원이 되었다.

티탄 신족의 탄생

티탄 신족의 탄생

가이아는 우라노스와 관계하여 이번에는 단순히 신격화된 자연이 아닌 신들을 낳았다. 먼저 남신 6명과 여신 6명을 낳았는데, 이들이 바로 티탄 신족 12남매다. 남신족은 장남 오케아노스, 코이오스, 히페리온, 크레이오스, 이아페토스, 막내 크로노스 등이고, 여신족은 테티스, 포이베, 테이아, 레아, 테미스, 므네모시네 등이다.

티탄 신족의 뒤를 이어 가이아는 키클롭스와 헤카톤케이르를 낳았는데 이들은 각각 3형제로 태어났다. 키클롭스는 이마 한가운데 눈이 있는 외눈박이 거인족이었고, 헤카톤케이르는 50개의 머리와 100개의 팔이 달린 괴물이었다.

이들 티탄 신족과 키클롭스, 헤카톤케이르는 올림포스 신족의 선조 격으로, 혼돈 상태에 있던 원시 대자연의 힘을 상징하는 신들이었다.

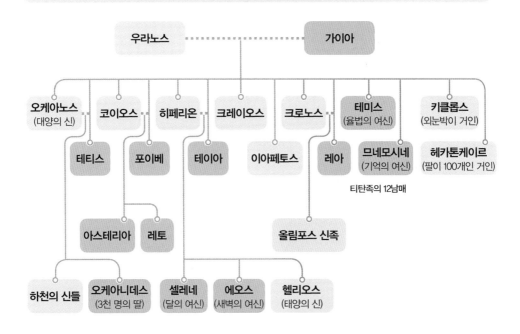

우라노스와 가이아의 자식들

우라노스 ········· 가이아

- 오케아노스 (대양의 신)
- 코이오스
- 히페리온
- 크레이오스
- 크로노스
- 테미스 (율법의 여신)
- 키클롭스 (외눈박이 거인)

- 테티스
- 포이베
- 테이아
- 이아페토스
- 레아
- 므네모시네 (기억의 여신)
- 헤카톤케이르 (팔이 100개인 거인)

티탄족의 12남매

- 아스테리아
- 레토
- 올림포스 신족

- 하천의 신들
- 오케아니데스 (3천 명의 딸)
- 셀레네 (달의 여신)
- 에오스 (새벽의 여신)
- 헬리오스 (태양의 신)

어머니 가이아의 고통

우라노스는 가이아가 낳은 키클롭스와 헤카톤케이르 형제
들을 미워하였다. 그들이 끔찍하고 무시무시한 모습을 지녔
을 뿐만 아니라, 싸움과 행패를 일삼았기 때문이었다. 그래서
우라노스는 이들을 빛이 닿지 않는 땅속 깊은 곳, 즉 타르타
로스에 가두었다.

타르타로스는 가이아의 몸속 깊숙한 곳이었으므로, 덩
치 큰 자식들이 요동을 치면 가이아는 견딜 수 없이 괴로

🔹 **우라노스의 아내 가이아**
(대지의 여신)

웠다. 가이아는 고통에 신음하며 남편의 심한 처사에 분개했다. 우라노스에게 반격을 가하려고 티탄들에게 복수를 호소했지만, 그들은 아버지를 두려워하여 고개만 숙이고 있을 뿐이었다. 그런 와중에 가장 나이 어린 막내 크로노스가 어머니의 계략에 가담하고 나섰다.

가이아와 크로노스의 복수

가이아는 강철로 큰 낫을 만들어 막내아들 크로노스에게 주면서, 우라노스가 자신의 몸 위로 올라오거든 그의 생식기를 잘라 버리라고 말했다. 크로노스는 가이아에게 받은 낫을 들고 몰래 침실에 잠복하여 우라노스를 기다리고 있었다. 밤이 되자 우라노스는 언제나처럼 가이아를 찾아와 덮치려 했다. 그때 크로노스가 아버지 우라노스의 생식기를 잘라서 멀리 던져 버렸다.

이 일로 인해 우라노스는 왕좌에서 내쫓기게 되었으며, 하늘과 땅이 영원히 갈라져 더 이상 섞이지 않게 되었다. 성기가 잘린 우라노스는 크로노스 역시 자식에 의해 쫓겨날 것이라는 저주를 남겼다. 우라노스의

🜨 에리니에스 자매

티시포네, 알렉토, 메가이라의 세 자매로, 근친近親 살해자에게 복수를 가한다. 에리니에스 자매는 날개가 있고 눈에서는 피가 흐르며, 머리에는 뱀이 휘감겨 있다. 횃불을 손에 든 무서운 처녀로 표현된다.

님프(요정) 물푸레나무는 산지에 자생하는 목성과의 낙엽 교목을 말한다. 님프는 산과 들, 하천, 수목 등의 정령이다.

아프로디테 아프로스(거품이라는 뜻)라는 이름에서 유래되었다. 호메로스는 아프로디테를 제우스와 디오스의 딸로 설명하고 있다.

상처에서 흘러나온 피는 가이아의 몸인 대지에 떨어졌고, 생식기는 바다에 떨어졌다. 대지에 떨어진 피에서는 복수의 여신 에리니에스 자매와 거인족 기간테스 형제, 그리고 멜리아스라는 물푸레나무의 **님프**(요정)들이 태어났다. 그리고 파도 치는 바다에 떨어진 생식기에서는 흰 거품이 솟아 나왔는데, 이 거품에서 사랑과 미의 여신 **아프로디테**가 탄생했다.

🕐 **아프로디테의 탄생**
산드로 보티첼리의 작품. 크로노스가 아버지 우라노스의 남근을 절단하여 바다에 던지자 그 주위에 정액 거품이 모여 여기에서 아프로디테가 탄생했다. 아프로디테의 별명인 아나디오메네는 '바다에서 올라온 것'. 키프리스는 '키프로스 섬 사람'이란 뜻이다.

이렇게 해서 크로노스는 이전까지 우라노스가 쥐고 있던 세상의 지배권을 빼앗아 자신의 수중에 넣게 되었다. 그러나 키클롭스와 헤카톤케이르는 그대로 지옥에 가둬 놓았다.

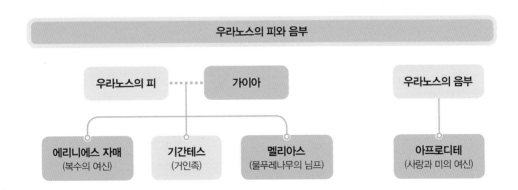

우라노스의 피와 음부

| 우라노스의 피 ····· 가이아 | | | 우라노스의 음부 |

| 에리니에스 자매 (복수의 여신) | 기간테스 (거인족) | 멜리아스 (물푸레나무의 님프) | 아프로디테 (사랑과 미의 여신) |

★티탄(Titan)은 1912년 처녀 항해에서 침몰한 호화 여객선 타이타닉(Titanic)호 이름의 유래가 되었다.
★기간테스(Gigantes)의 단수형은 기가스(Gigas)로 자이언트(Giant; 거인)의 어원이 되었다.

크로노스가 삼킨 돌의 주인공

제우스의 탄생

자식을 삼키는 크로노스

왕좌에 오른 크로노스는 자신의 누이 레아와 결혼했다. 그러나 크로노스는 아버지 우라노스 못지않게 폭정을 휘둘렀다. 더욱이 우라노스에게 "너도 네 자식에게 세상의 지배권을 빼앗길 것이다"라는 예언을 받았기 때문에 자신과 레아 사이에서 생긴 자식들을 낳는 즉시 모두 삼켜 버렸다. 어떻게든 몰락의 운명을 피해 보려는 몸부림이었다. 레아가 낳은 자식들인 헤스티아, 데메테르, 헤라, 하데스, 포세이돈 5남매는 차례차례 크로노스의 입 속으로 삼켜졌다.

레아는 자신의 아이를 잃을 때마다 깊은 슬픔에

🌀 **크로노스**
프란시스코 고야의 작품. 크로노스가 자기 자식을 잡아먹고 있는 모습이다.

잠겨 절망의 눈물을 흘렸다. 여섯 번째 아이를 가졌을 때 레아는 이번에 낳는 아이만은 무슨 일이 있어도 지키기로 마음먹었다. 자식을 매정하게 삼키는 남편을 더 이상 지켜볼 수 없었던 그녀는 어머니 가이아와 아버지 우라노스에게 아이를 구해 달라고 간청했다. 일찍이 남편 우라노스에 의해 같은 고통을 맛본 가이아는 딸의 심정을 통감할 수 있었다. 그렇지 않아도 가이아는 우라노스를 닮아가는 아들의 전횡에 화가 나 있었다.

제우스의 탄생

가이아는 딸의 소원을 들어주어 크로노스 몰래 레아를 크레타 섬으로 인도했다. 크레타 섬에서 무사히 남자아이를 출산한 레아는 아이의 양육을 가이아에게 맡기고, 크로노스에게는 배내옷을 입힌 커다란 돌을 자식이라고 속여 건네주었다. 크로노스는 아무 의심 없이 그 돌을 자식이라 여기고 삼켜버렸다.

크레타 섬에서는 레아가 낳은 남자아이가 무럭무럭 성장

🕐 **레아**
강보로 싼 돌을 크로노스에게 주는 레아. 크로노스는 그 돌이 제우스인 줄 알고 삼킨다.

하고 있었다. 아이는 크레타 섬의 이데 산 동굴에서 님프들의 보호를 받으며 산양의 젖을 먹고 자랐다. 쿠레스족들은 방패를 창으로 두드리며 춤을 추어 아이의 울음소리가 크로노스의 귀에 들리지 않도록 했다.

이 아이가 바로 나중에 온 세상을 지배하게 되는 제우스였다.

제우스, 형제들을 구출하다

성인이 된 제우스는 가이아의 가르침에 따라 크로노스에게 구토제를 먹였다. 그러자 크로노스는 마지막으로 삼켰던 돌을 제일 먼저 토해 냈다. 제우스를 대신했던 돌이었다.

뒤이어 제우스의 바로 윗형 포세이돈과 큰형 하데스, 셋째 누이 헤라. 둘째 누이 데메테르, 첫째 누이 헤스티아가 나왔다. 크로노스는 삼켰을 때와는 정반대 순서로 제우스의 형과 누이들을 모두 토해 냈다.

제우스는 자신을 대신했던 돌을 세계의 중심인 파르나소스 산에 올려 놓고 승리의 기념으로 삼았다. 그리고 크로노스를 땅의 가장 깊은 곳에 있는 타르타로스에 가두었다.

크로노스로부터 왕좌를 빼앗은 제우스는 형제들과 함께 테살리아 북부의 올림포스 산에 거처를 정하고 세력을 키워 나갔다. 이 산의 이름을 따서 그들은 올림포스 신족이라고 불리게 된다.

크로노스가 삼켰던 자식들은 제우스의 형과 누이들이지만, 크로노스가 다시 토해 낼 때 제우스는 성인이었고 형과 누나들은 갓난아기였기 때문에 제우스가 천상의 제일 윗자리를 차지하게 되었다.

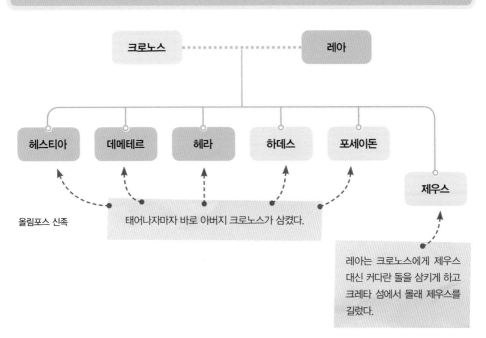

형제들을 구출한 제우스

크로노스 ········· 레아

헤스티아　데메테르　헤라　하데스　포세이돈

제우스

올림포스 신족

태어나자마자 바로 아버지 크로노스가 삼켰다.

레아는 크로노스에게 제우스 대신 커다란 돌을 삼키게 하고 크레타 섬에서 몰래 제우스를 길렀다.

 크로노스는 로마 신화의 농경 신 사투르누스(Saturnus)와 동일시되었고, 영어로는 새턴(Saturn)이라 한다. 새턴은 토성의 이름이 되었다.

티탄 신족과의 싸움

티타노마키아

크로노스를 물리치고 세력을 키운 제우스 일행의 젊은 신들은 반란을 일으켰다. 그리하여 오르튀스 산에 모여 있던 티탄 신족과 세상의 지배를 둘러싼 장렬한 전투가 시작됐다. 이렇게 시작된 올림포스 신들과 티탄 신족 사이의 전쟁을 '티타노마키아' 라고 하는데, 이는 '티탄들과의 싸움'이라는 뜻이다.

티탄 신족 가운데 제우스의 편에 선 이들도 있었다. 어머

🔵 **티타노마키아**

올림포스 신들은 인간 세상의 소유권을 두고 두 차례 큰 전쟁을 치르는데 첫 번째 싸움이 티탄족과의 싸움이다. 티타노마키아란 티탄족과 올림포스 신들과의 싸움을 말하며 이 싸움에서 제우스를 비롯한 올림포스 신들이 승리를 거뒀고 명실상부 제우스가 신들의 왕이 되었다.

니 레아는 물론, 오케아노스와 그의 딸 스틱스, 그리고 스틱스의 자식인 크라토스, 비아, 젤로스, 니케 등이 제우스의 편을 들었다. 또한 이아페토스의 아들 프로메테우스와 에페메테우스도 합세했다. 올림포스의 젊은 신들과 티탄 신족은 서로 물러서지 않고 10년간이나 엄청난 싸움을 계속했다.

제우스, 귀중한 아군을 얻다

전쟁이 계속되던 어느 날 가이아가 '땅속 깊은 곳에 유폐되어 있는 자들을 아군으로 만들면 승리할 것'이라는 비책을 제우스에게 내놓는다. 제우스는 가이아의 조언을 받아들여, 지하 깊은 곳 타르타로스에 유폐되어 있던 키클롭스와 헤카톤케이르 형제들을 당장 해방시키고 그들을 자기편으로 끌어들였다.

훌륭한 대장장이였던 키클롭스 3형제는 제우스를 위해 강력한 무기인 번개를 만들어 주었다. 이것은 불꽃 화살을 다발로 묶어 놓은 듯한 무기, 즉 벼락이었다. 그리고 포세이돈에게는 삼지창 '트라이아나'를, 하데스에게는 머리

🔱 **제우스**

신들과 인간의 아버지로 모든 권력을 주거나 빼앗는 신이자 국가의 재앙을 막는 위력을 갖고 있다. 호메로스의 서사시에 '구름을 모으는 자', '번갯불을 던지는 자' 등으로 묘사되어 있는데, 아내 헤라와 함께 결혼을 주관하기도 했다. 인간의 운명에 떨어지는 행幸과 불행은 모두가 공평무사한 제우스가 할당했다.

🔵 **제우스, 포세이돈 그리고 하데스**
미켈란젤로 메리시 다 카라바조의 작품. 독수리를 타
고 있는 제우스는 천장 맞은 편에서 마치 크리스털
볼로 하늘을 비추고 있는 듯 포세이돈과 하데스를
향해 날아들고 있다.

에 쓰면 몸이 보이지 않게 되는 황금 투구
'퀴네에'를 만들어 주었다.

한편, 팔이 100개인 헤카톤케이르 3형
제는 전장에서 놀라운 위력을 발휘했다.

제우스의 승리

헤카톤케이르 3형제는 모두 300개의 손
에 각각 거대한 바위를 들고 티탄 신족을
향해 던졌다. 티탄 신족은 이를 악물고 이
들의 공격을 버텼지만, 대지는 심하게 진동
하면서 신음 소리를 냈다. 이어 제우스가
벼락을 내리치자 대지는 불길을 내뿜었고,
강과 바다는 뜨겁게 끓어올랐다. 티탄 신족
은 세찬 번개 불빛 때문에 시력을 잃고 말
았다.

결정적 타격을 입힌 것은 헤카톤케이르
3형제였다. 더욱 기세가 오른 그들은 300
개의 팔을 이용해 잇달아 큰 바위를 던졌
다. 티탄 신족들은 많은 양의 커다란 바위
밑에 깔려 꼼짝도 할 수 없게 되었다.

제우스는 그들을 쇠사슬로 묶어 대지의 깊은 곳 타르타로스에 가두었다. 티탄 신족은 청동 문이 있는 감옥에 갇히고, 헤카톤케이르 3형제가 문을 지켰다. 그리고 아틀라스는 두 어깨로 하늘을 영원히 떠받치고 있어야 하는 형벌을 받았다.

이렇게 해서 티탄 신족들과의 전쟁은 제우스를 비롯한 올림포스 신들의 승리로 막을 내렸다. 티탄 신족을 물리친 제우스는 아버지 크로노스를 대신해 명실상부한 신들의 왕이 되었다. 크로노스의 뱃속에서 형제들을 구한 것에 이어 티탄 신족과의 싸움을 주도했기 때문이다.

또한 제우스 3형제는 제비를 뽑아 제우스가 하늘을, 포세이돈이 바다를, 하데스가 지하 명계를 통치하기로 결정했다. 올림포스와 대지는 형제들의 공동 소유가 되었다. 이로써 제우스를 주신主神으로 하는 올림포스 신들의 시대가 열렸다.

🜨 **그리스 아테나이의 제우스 신전**
그리스 역사상 최대의 건조물로 아테나이의 아크로폴리스 남동쪽으로 약 300m 떨어진 곳에 위치해 있다. 로마 황제 하드리아누스 시대(2세기경)에 완성된 것으로 보이며 원래는 104개의 원기둥이 있었다.

 제우스는 로마 신화에서 유피테르(Jupiter; 영어 발음은 쥬피터)와 동일시된다. 쥬피터는 현재 목성 이름으로 사용되고 있다.

괴물들과의 싸움

티폰과의 싸움

🔊 티폰과 싸우는 제우스 신

제우스는 티탄 신족을 물리치고 왕좌에 올랐지만, 세상의 지배권을 확고하게 다지기 위해서는 몇 차례 전쟁을 더 치러야 했다. 티탄 신족이 타르타로스에 유폐된 것은 가이아의 뜻이 아니었다. 제우스를 도와 크로노스를 제거하기는 했지만, 자식들이 지하의 깊은 어둠 속에 갇힌 것이 마음에 걸렸다. 이에 가이아는 제우스에게 복수하기 위해 타르타로스와 관계를 가진 뒤 반인반수의 괴물 티폰(또는 티포에우스)을 낳았다.

티폰은 그리스 신화에서 가장 거대하고 막강한 괴물이라고 한다. 이 괴물은 머리가 하늘에 있는 별에 닿을 만큼 거대하며, 좌우로 팔을 뻗으면 서쪽과 동쪽 끝에 이르렀다. 어깨에서는 뱀의 머리가 100개나 도사리고 있고, 하반신은 큰 뱀처럼 똬리를 틀고 있었다. 게다가 이 거대한 괴물은 움직일 때마다 쉭쉭거리며 크고 무서운 소리를 냈고 눈에서는 불을 내뿜었다. 티폰이 바다 위를 지나가면 엄청난 바람과 함께 폭풍우가 치고, 꼬리로 땅을 치면 지진이 일어났다고 한다.

어느 날 이 엄청난 괴물이 제우스의 주권을 뺏으려고 올림포스 산으로 공격해 올라왔다. 괴물의 음모를 눈치 챈 제우스가 커다란 천둥소리를 울려 상대를 위협하자, 이에 티폰도 화염을 내뿜으며 대항했다.

처음에는 제우스가 번개로 티폰에게 상처를 입혔으나, 도망가는 티폰을 뒤쫓다가 역습을 당했다. 티폰의 꼬리에 얻어맞아 심각한 부상을 당한 것이다. 티폰은 제우스의 팔과 다리의 힘줄을 끊어 버리고 동굴 속에 가두었다. 그리고 힘줄을 은밀한 곳에 숨겼다. 이때 바람과 도둑의 신 헤르메스가 나서서 제우스가 갇혀 있는 동굴과 힘줄이 숨겨진 곳을 알아냈다. 제우스는 곧 기력을 회복하고 티폰을 제거하기 위해 공격을 재개했다. 격렬한 공방 끝에 제우스가 티폰의 머리 위에 벼락을 치자 괴물은 비틀거리며 쓰러졌다. 그러자 제우스는 재빠르게 티폰의 큰 몸뚱이를 타르타로스로 던져 넣었다.

기간테스와의 싸움

제우스를 비롯한 올림포스의 신들은 우라노스의 피가 떨어진 자리에서 태어난 기간테스와도 싸워야 했다. 이 싸움이 '기간토마키아'라 불리는 '거인들과의 전쟁'이다.

🌑 **기간토마키아**
줄리오 로마노의 작품. 올림포스 신들과 인간 세상의 소유권을 두고 치른 두 번째 큰 전쟁으로 기간테스와의 싸움이다. 이 싸움을 기간토마키아라고 하는데 올림포스 신들은 영웅 헤라클레스의 도움으로 승리를 거둔다.

기간테스는 불사의 몸은 아니었지만 산을 번쩍 들어올릴 수 있을 만큼 힘이 셌고, 키가 커서 깊은 바다도 허리밖에 안 찼다. 기간테스는 커다란 나무와 바위를 무기로 올림포스를 공격해 왔다. 그 위력에 땅이 흔들리고 해일이 일어나 섬이 가라앉았으며, 강물이 범람하고 화산들은 용암을 분출했다. 온 세상이 요동치기 시작한 것이다.

올림포스 신들은 번개를 든 제우스의 지휘 아래 포세이돈, 헤파이스토스, 아폴론, 아테나, 아레스, 디오니소스 등이 방어에 나섰고, 승리의 여신 니케가 이들의 옆에 섰다. 그러나 기간테스들의 힘도 만만치 않아 치열한 전쟁이 오랫동안 계속됐다. 결국 올림포스의 신들만으로는 이 싸움에서 이길 수 없었다. 제우스는 '기간테스는 신들만으로는 쓰러뜨릴 수 없지만, 인간을 같은 편으로 만들면 쓰러뜨릴 수 있을 것'이라는 예언을 듣고 영웅 헤라클레스를 전쟁에 끌어들였다.

헤라클레스는 신들의 편에 서서 히드라의 독을 바른 화살로 기간테스들을 죽였다. 헤라클레스가 기간테스의 우두머리 알키오네우스를 죽이자 전세가 신들 쪽으로 기울기 시작했다. 게다가 포세이돈은 물론 아테나와 아폴론, 아레스와 같은 제우스의 자식들도 활약했다. 기간테스는 올림포스 신들의 연합 공격을 당해 낼 수 없었다.

결국 싸움은 올림포스 신들의 승리로 끝이 났고, 남은 기간테스들은 뿔뿔이 흩어졌다. 이제 제우스를 중심으로 한 올림포

티탄족의 몰락
올림포스 신족과 티탄족과의 싸움(티타노마키아)을 묘사하고 있다. 20세기 초 침몰한 거대한 여객선 '타이타닉'의 이름은 바로 이 티탄에서 유래한 것이다.

스 신들의 권좌가 확실해져 더 이상 위협받는 일이 없게 되었다. 이렇게 제우스를 포함한 올림포스의 신들은 상대하기 벅찬 괴물들에게 승리를 거두고, 세상의 지배권을 확고부동하게 만들었다.

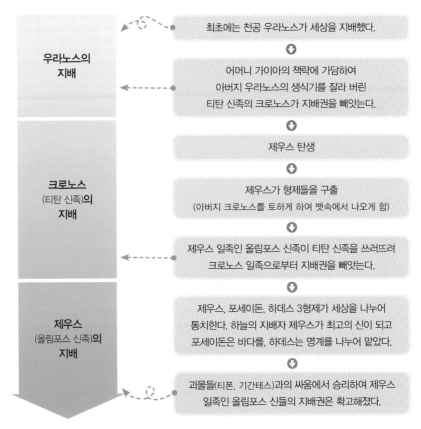

제우스의 세상 지배

우라노스의 지배
- 최초에는 천공 우라노스가 세상을 지배했다.
- 어머니 가이아의 책략에 가담하여 아버지 우라노스의 생식기를 잘라 버린 티탄 신족의 크로노스가 지배권을 빼앗는다.

크로노스 (티탄 신족)의 지배
- 제우스 탄생
- 제우스가 형제들을 구출 (아버지 크로노스를 토하게 하여 뱃속에서 나오게 함)
- 제우스 일족인 올림포스 신족이 티탄 신족을 쓰러뜨려 크로노스 일족으로부터 지배권을 빼앗는다.

제우스 (올림포스 신족)의 지배
- 제우스, 포세이돈, 하데스 3형제가 세상을 나누어 통치한다. 하늘의 지배자 제우스가 최고의 신이 되고 포세이돈은 바다를, 하데스는 명계를 나누어 맡았다.
- 괴물들(티폰, 기간테스)과의 싸움에서 승리하여 제우스 일족인 올림포스 신들의 지배권은 확고해졌다.

 엄청나게 거대한 괴물 티폰(Typhon)은 영어 타이푼(Typhoon; 태풍)의 어원이 되었다.

올림포스의
신들

올림포스의 12신

올림포스의 신들에게는 분명한 서열이 있었다. 최고의 자리는 제우스의 형제자매와 자식들로 구성되었다. 그들은 올림포스의 12신이라 불렸는데 말하자면 올림포스의 상류 계급이었다. 12신은 제우스, 포세이돈, 헤라, 데메테르, 헤스티아, 아테나, 헤파이스토스, 아레스, 아폴론, 아르테미스, 아프로디테, 헤르메스인데, 헤스티아 대신 디오니소스가 들어가는 경우도 많다. 참고로 명계의 왕 하데스는 거의 지하 세계에만 틀어박혀 있었기 때문에 올림포스의 12신으로 꼽을 수 없다.

제우스는 천상의 주인이자 신과 인간 사회를 지배하는 신이다. 포세이돈은 바다와 물의 신이다. 헤라는 올림포스 여신 중 최고의 지위에 있다. 데메테르는 대지의 생산력을 관장하는 여신이다. 헤스티아는 가정을 수호하는 여신이다.

아테나는 지혜와 전쟁의 여신이다. 헤파이토스는 대장장이 신이다. 아레스는 전쟁의 신이다. 아폴론은 태양의 신이자 궁술, 의술, 예언, 음악 등을 관장한다. 아르테미스는 달의 여신이자 사냥의 신이

● 올림포스의 12신

다. 아프로디테는 사랑과 미, 다산多産의 여신이다. 헤르메스는 전령의 신이자 상업을 주관한다. 디오니소스는 술과 포도의 신이다.

그 밖에도 올림포스에는 많은 신들이 살고 있었다. 예를 들면 아프로디테를 항상 따라다니는 사랑의 신 에로스, 헤라의 딸로 영원한 청춘을 상징하는 헤베와 출산의 여신 에일레이티아, 운명의 여신 모이라이, 계절의 여신 호라이 등이 있다.

모이라이는 제우스와 테미스의 세 딸인데, 그중 클로토는 운명의 실을 뽑아내고, 라케시스는 인간에게 운명을 나누어 주며, 아트로포스는 가위로 운명의 실을 끊는 역할을 맡는다. 호라이 역시 제우스와 테미스의 세 딸로 이름은 질서의 여신 에우노미아, 정의의 여신 디케, 평화의 여신 에이레네이다. 이들은 올림포스에서 제우스를 도와 계절의 변화를 주관하였다.

또한 티탄 신족 중에서도 제우스에게 반항하지 않은 테미스와 니케(티

탄 신족 오케아노스의 손녀) 등은 올림포스에서 제우스 일족과 함께 지냈다. 테미스는 율법의 여신으로 제우스와 관계하여 자식들을 낳았으며, 올림포스 신들의 회의를 소집하고 연회를 주관하기도 했다. 니케는 승리의 여신으로 기간테스와의 전쟁 때 제우스 편에 섰다.

신들의 생활과 올림포스 산

올림포스 신들의 궁전에서는 매일 화려한 향연이 펼쳐졌다. 그들은 신들의 음식 암브로시아(꿀과 물, 올리브유, 보리 등으로 만든 음식으로 신들이 영생할 수 있게 만드는 것이다)와 신들의 술 넥타르를 마음껏 즐겼다. 만일 이것을 인간이 먹으면 영원한 생명을 얻을 수 있다고 한다. 신들은 주로 지상에 사는 인간들을 천상에서 지켜보거나 그들에 대한 의논을 하면서 지냈다.

🔺 올림포스 산

고대 그리스인이 신들의 거처라고 생각했던 올림포스 산은 마케도니아와 테살리아 지역의 경계선에 있다. 이 산은 해발 고도 2,917m인 그리스 최고봉으로, 정상은 거의 1년 내내 눈으로 덮여 있고 구름에 가려져 있을 때가 많아 산의 전모가 잘 드러나지 않는다. 이러한 산의 위용은 신들의 거처로 걸맞는다고 할 수 있다.

제우스	올림포스의 최고 신으로 모든 기상을 주관하는 천공의 지배자. 상징은 천둥과 번개, 왕홀玉笏 등 이고 성조聖鳥는 독수리
포세이돈	제우스의 형. 바다의 지배자로 모든 샘과 지진의 신. 상징은 삼지창, 성스러운 짐승은 말, 성수聖樹는 소나무
헤라	제우스의 누이이자 아내. 결혼의 여신. 상징은 백합과 석류. 성스러운 짐승은 암소, 성스러운 새는 공작새
데메테르	제우스의 누이. 곡물, 풍양, 농업의 여신. 상징은 보리 이삭과 양귀비. 성스러운 짐승은 돼지
헤스티아	제우스의 누이. 불과 화로의 여신으로 가정생활을 수호하는 신이지만, 그녀에 얽힌 이야기는 거의 없다.
아테나	제우스가 가장 사랑하는 딸. 지혜와 전쟁의 여신. 상징은 방패, 창, 투구. 성스러운 새는 올빼미, 성스러운 나무는 올리브나무
헤파이스토스	제우스와 헤라의 아들. 불과 대장간의 신. 아내는 아프로디테. 상징은 모루와 원추형의 모자
아레스	제우스와 헤라의 아들. 아테나와 마찬가지로 전쟁의 신이지만 의로운 전쟁과는 거리가 멀다. 상징은 창과 투구
아폴론	제우스와 레토의 아들. 예언, 음악, 의술의 신으로, 태양신이라고도 불렸다. 상징은 활과 리라(수금). 성스러운 나무는 월계수
아르테미스	제우스와 레토의 딸. 수렵과 궁술의 여신. 아폴론이 태양신인데 반하여 그녀는 달의 여신이기도 했다. 성스러운 나무는 삼나무, 성스러운 짐승은 사슴
아프로디테	사랑과 미의 여신. 아버지는 우라노스라는 설도 있고 제우스라는 설도 있다. 성스러운 새는 백조와 비둘기, 성스러운 식물은 장미, 양귀비, 모과나무
헤르메스	제우스와 님프 마이아의 아들. 상업, 여행, 도둑질을 주관하는 신으로, 신들의 전령. 상징은 전령의 지팡이와 페타소스(창이 넓은 날개 달린 모자)
*디오니소스	제우스와 인간 세멜레 사이의 아들. 포도주와 연극의 신. 성스러운 나무는 포도나무, 성스러운 짐승은 산양, 돌고래, 뱀

*디오니소스 대신 헤스티아가 12신에 들어가는 경우도 있다.

*미국의 스포츠 상표 나이키(NIKE)는 승리의 여신 니케(Nike)에서 유래되었다.
*신의 술 넥타르는 과실 음료 넥타(Nectar)의 어원이 되었다.

그리스 신화를 통해 본
고대 그리스인의 세계관

고대 그리스인들이 생각하는 세계의 중심은 바로 성지 델포이다. 그들은 세계는 평평한 원반 같은 모양을 하고 있다고 믿었으며, 그 원반 모양을 한 세계의 중앙에 그리스가 있다고 믿었다. 그리고 그 그리스의 중앙이 바로 델포이였다.

그리스인들은 또한 세계 주위에는 오케아노스라 불리는 큰 강이 에워싸고 있다고 여겼다. 세상의 모든 강은 오케아노스의 물이 지하를 통해 지상으로 올라오는 것이고, 하데스가 다스리는 명계는 오케아노스의 저쪽 세상 끝에 있다고 생각했다(명계는 후에 지하에 있는 것이라고 여기게 되었다).

신화에 따르면 제우스는 세계의 중심을 찾아내기 위해 세계의 양끝에서 2마리의 독수리를 날려 보냈고, 이 2마리가 교차한 델포이 땅에 옴파로스(대지의 배꼽이라는 뜻)라는 돌을 놓았다고 한다. 이때부터 델포이는 세계의 중심이 된 것이다. 델포이는 아폴론의 신탁지로 명성을 떨쳤지만, 이 땅이 '세계의 배꼽'이었다는 사실도 신앙을 불러 모은 이유 중 하나라고 볼 수 있다.

BC 6세기경 그리스의 지리학자 헤카타이오스(BC 550? ~ BC 475?)가 만든 세계 지도도 원반 모양이며 대양에 둘러싸여 있다. 당시 헤카타이오스는 이집트와 서남 아시아 등지를 여행한 후 세계 지도를 제작했는데, 지중해나 흑해 연안이 비교적 정확히 그려져 있다고 한다. 이 지도는 그리스인의 세계관에 큰 영향을 끼쳤다. 그리스인들은 자신들의 땅을 중심으로 세계를 조망하고, 세계에 대한 인식을 확장해 나갔다. 더불어 신화의 세계를 꿈꾸고 만들었으며, 신앙의 경지로 이끌었다.

2장

프로메테우스와
인간의 탄생

인간의 편에 선
프로메테우스

인간의 은인 프로메테우스

그리스 신화에는 인류의 기원에 얽힌 이야기가 여러 가지 있는데, 일설에 의하면 프로메테우스가 물과 흙으로 최초의 인간을 만들었다고 한다. 제우스의 명령을 받은 프로메테우스는 신의 형상을 본떠 인간을 만들었다. 특히 다른 동물들과 달리 인간의 얼굴만은 하늘로 향하도록 했다.

그러나 이렇게 만들어진 인간에게는 여러 결점이 있었다. 그 때문에 제우스는 인간을 없애고 더 훌륭한 창조물을 만들려고 했다. 프로메테우스는 이

🔥 **잠자는 제우스 옆에서 불을 훔치는 프로메테우스**
제우스의 번개에서 불을 훔치고 있는 프로메테우스를 묘사하고 있다. 제우스 옆에 잠자고 있는 미소년은 주동 가뉘메데스로 그 옆에는 이름에 걸맞게 술병이 놓여져 있다.

에 반항하여 인간을 지켰을 뿐 아니라, 제우스를 비롯한 여러 신들의 반대에도 불구하고 인간에게 불을 훔쳐다 주었다.

결점이 많았던 인간은 불을 사용하게 됨으로써 다른 동물보다 뛰어난 존재가 되었다. 불을 사용하여 만든 무기로 동물들을 물리치고, 도구를 사용하여 농사를 지을 수 있게 되었다. 그 결과 인간의 수가 빠르게 늘어나기 시작했다.

이처럼 인간을 계속 보살핀 프로메테우스는 티탄 신족 이아페토스의 아들로, 지혜롭고 선견지명이 뛰어났다. '프로메테우스'는 '미리 알다(먼저 생각하는 사람)'라는 뜻으로 티탄 신족이 올림포스 신족과 싸움을 할 때는 올림포스 쪽의 승리를 미리 내다보고 제우스의 편이 되었다고 한다. 그래서 그는 티탄 신족에게 내려진 형벌을 모면하고, 올림포스에서 제우스 일족과 함께 살 수 있었다.

제우스를 속이다

프로메테우스는 제물이 된 짐승의 할당 문제로 신들과 인간 사이에 싸움이 일어났을 때 제우스를 속여서 인간들을 유리하게 만들었다.

신들과 인간은 어떤 음식을 신의 것으로 할 것인지를 정하기 위한 회합을 열었다. 여기에는 인간의 음식 중 가장 좋은 것을 제물로 정하여 인간을 굶주리게 하려는 제우스의 의도가 숨겨져 있었다.

프로메테우스는 제물로 쓰인 큰 황소를 고기 부분과 내장, 뼈 부분으로 나눈 후, 맛있는 고기와 내장을 위장으로 싸서 맛이 없게 보이도록 만들었다. 그리고 뼈를 두꺼운 지방으로 감싸 맛있는 것처럼 보이도록 만들어 제우스 앞에 내놓았다. 제우스는 이에 속아 겉보기에 맛있어 보이는 쪽을 골랐는데, 안에 든 것이 뼈라는 것을 알고 크게 화를 냈다. 나머지 맛있는 부분은 인간들의 몫이 되었다.

프로메테우스에게 가해진 형벌

🜨 **결박당한 프로메테우스**
페테르 파울 루벤스의 작품. 제우스를 속이고 인간에게 불을 준 대가로 프로메테우스가 꽁꽁 묶인 채 독수리에게 간을 쪼아 먹히고 있다.

제우스는 분노의 화살 끝을 프로메테우스가 옹호하는 인간들을 향해 겨누어, 그들로부터 불을 빼앗아 버렸다. 하지만 프로메테우스도 그냥 물러서지 않았다. 헤파이스토스의 대장간에서 불을 훔쳐 다시 인간에게 준 것이다.

이것을 알게 된 제우스의 분노는 정점에 이르렀다. 제우스는 프로메테우스를 잡아 인간으로부터 멀리 떨어진 오케아노스 강 끝의 카우카소스 산 암벽에 쇠사슬로 묶어 놓았다. 그리고 매일 독수리가 간을 쪼아 먹게 하는 끔찍한 벌을 내렸다. 게다가 쪼아 먹힌 간은 밤새 다시 회복되었기 때문에 다음 날도 또 그 다음 날도 계속 고통이 되풀이되었다.

프로메테우스는 훗날 영웅 헤라클레스가 구해 줄 때까지 이 고통에서 해방될 수 없었다.

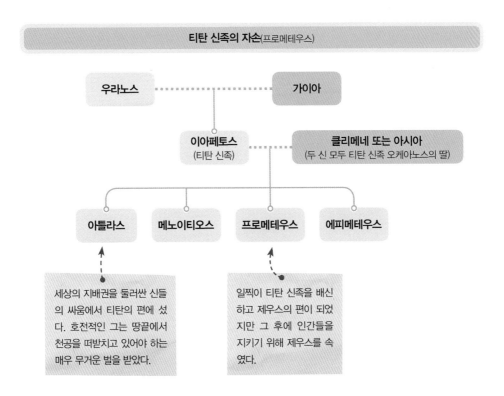

티탄 신족의 자손(프로메테우스)

우라노스 ······ 가이아

이아페토스 ······ 클리메네 또는 아시아
(티탄 신족) (두 신 모두 티탄 신족 오케아노스의 딸)

아틀라스   메노이티오스   프로메테우스   에피메테우스

세상의 지배권을 둘러싼 신들의 싸움에서 티탄의 편에 섰다. 호전적인 그는 땅끝에서 천공을 떠받치고 있어야 하는 매우 무거운 벌을 받았다.

일찍이 티탄 신족을 배신하고 제우스의 편이 되었지만 그 후에 인간들을 지키기 위해 제우스를 속였다.

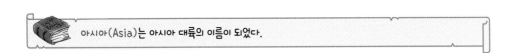

아시아(Asia)는 아시아 대륙의 이름이 되었다.

판도라의 탄생

매혹적인 인간 여성의 탄생

🕐 **헤파이스토스**

불과 대장간의 신으로 가장 아름다운 여신 아프로디테를 아내로 둔 탓에 눈앞에서 군신 아레스와 아내가 부정을 저지르는 모습을 지켜봐야 했다. 손에 쇠망치와 연장을 들고 있다.

프로메테우스에게 가혹한 형벌을 내린 제우스는 공범자인 인간에게도 직접 벌을 주기로 했다. 제우스는 대장간의 신 헤파이스토스에게 명을 내려 여신에 버금가는 아름다운 여성을 만들게 했다. 이렇게 해서 인간 최초의 여성이 탄생하게 되었다.

헤파이스토스가 아름다운 여성의 몸을 만들자 여러 신들이 선물을 주었다. 아름다운 옷을 차려입은 그 여성은 기예의 여신 아테나에게 베짜는 기술을 부여받았다. 또 사랑과 미의 여신 아프로디테는 남자를 홀리는 성적 매력과 거부할 수 없는 욕망을 불어넣어 주었고, 교활한 헤르메스는 간교함과 남을 속이고 거짓말하는 법을 알려 주었다.

그리하여 이 여성은 온갖 선물을 받았다는 의미를 가진 '판도라'라는 이름을 갖게 되었다. 일설에 의하면 신들이 판도라의 외모만 아름답고 매혹적으로 만들고, 온갖 나쁜 성질을 주었다고도 한다.

🕐 인간을 빚는 프로메테우스

호기심을 못 이긴 판도라

헤르메스는 제우스의 명령대로 판도라를 프로메테우스의 동생 에피메테우스의 곁으로 데려 갔다. 에피메테우스는 '나중에 생각하는 사람'이라는 뜻이다. 에피메테우스는 형으로부터 '제우스의 선물은 절대로 받아서는 안 된다'는 충고를 들었음에도 불구하고, 너무나 아름다운 판도라의 매력에 반해 그녀를 아내로 맞이하고 만다.

판도라는 에피메테우스의 아내가 되어 지상에서 살게 되었다. 에피메테우스의 집에는 큰 항아리(후에 상자로 바뀜)가 있었다. 이 항아리는 원래부터 에피메테

🕐 판도라
로런스 알마 타데마의 작품. 호기심에 찬 판도라가 조심스레 항아리 뚜껑을 열고 있다. 이때부터 인간에게는 재앙이 닥쳐 오기 시작했다.

우스의 집에 있었다는 설도 있고, 올림포스의 신들이 판도라에게 들려 보낸 것이라는 설도 있지만, 어쨌든 그 속을 들여다보는 것은 엄격하게 금지되어 있었다.

그런데 판도라는 그 속에 무엇이 들었는지 점점 더 궁금해졌다. 호기심을 못 이긴 판도라는 결국 항아리 뚜껑을 열고 말았다. 그 순간 항아리 속에서 슬픔과 고통, 가난과 질병, 시기와 의심, 증오 등 온갖 재액災厄이 넘쳐 나와 지상으로 흩어졌다. 깜짝 놀란 판도라는 재빨리 뚜껑을 닫았지만 때는 이미 늦었다.

그때까지 지상의 인간들은 죽음을 부르는 병과 슬픔, 재난 등을 모르고 살았지만, 이때부터 지상에 '악'과 '재난'이 생겨났고 인류의 증가와 더불어 점점 더 퍼졌다. 하지만 마지막 에르피스(희망)만은 항아리 밑바닥에 남아 있었다. 이로 인해 인간은 갖가지 불행과 고통 속에서도 희망을 갖고 살게 되었다고 한다.

판도라의 다른 이야기

판도라와 관련된 다른 이야기가 있다. 판도라는 제우스가 인간을 벌하기 위해 만든 것이 아니라, 그와 반대로 인간을 축복하기 위해서 보내졌다는 것이다. 결혼할 때는 여러 신들이 선물한 물건이 든 상자를 받았는데, 무심코 그 상자를 열었다가 신들의 선물이 모두 날아가고 오로지 희망만이 남았다는 것이다.

또 다른 이야기에 따르면 판도라의 상자는 본래 프로메테우스의 것이었다고 한다. 그가 인간을 위해 모은 선물들이 상자 속에 들어 있었다는 것이다. 판도라가 상자를 발견하고 호기심에 상자를 열자 모든 선물이 날아가 버리고, 다만 희망만은 상자 맨 밑에 있었기 때문에 그대로 남았다고 한다.

 지상에 재앙을 가져온 판도라

구약 성서의 이브와 마찬가지로 그리스 신화에서도 여성은 인류를 불행하게 만든 존재로 그려져 있다.

인류 최초의 여성
판도라 출현

➡

호기심을 못 이긴 판도라는
온갖 재난이 들어 있는
항아리 뚜껑을 열었다.

➡

인간은 항상 '재난'을 두려워하며
마지막으로 남은 희망만을 안고
살아가게 되었다.

제우스가 일으킨
대홍수

데우칼리온과 피라

데우칼리온과 피라의 이야기는 구약 성서에 나오는 '노아의 방주'와 비슷하다. 구약 성서 속 '노아의 방주'는 인류의 타락에 절망한 신이 그들을 멸망시키려고 대홍수를 일으켰는데, 신앙심이 깊은 노아 일가만 구원을 받아 그때부터 인류의 새로운 역사가 시작된다는 내용이다.

그리스 신화의 경우도 거의 같은 내용인데, 구약 성서의 노아에 해당되는 인물이 프로메테우스의 아들 데우칼리온이다. 그리고 데우칼리온의 아내 피라는 최초의 여성 판도라와 에피메테우스 사이에서 태어난 딸이다.

최고의 신 제우스는 안 그래도 못마땅하게 여기던 인간들이 폭력과 전쟁을 일삼자 그들에게 더욱 정나미가 떨어진다. 그래서 인간 모두를 멸망시킬 수 있는 대홍수를 일으키기로 결정한다. 이때 프로메테우스는 제우스의 의도를 예견하고, 아들 데우칼리온에게 대홍수에서 살아남는 방법

을 가르친다. 그는 데우칼리온
에게 커다란 배를 만들도록 권
했다. 데우칼리온은 프로메테
우스의 말에 따라 배를 만들어
짐을 싣고 아내 피라와 함께 올
라탔다.

이윽고 제우스가 큰 비를 내
리자 순식간에 모든 땅은 물로
뒤덮여 온통 바다가 되었다. 데
우칼리온과 피라 두 사람은 9
일 동안 바다 위를 떠다니다 겨
우 파르나소스 산에 도착했다.

◐ 데우칼리온과 피라
조반니 마리아 보탈라의 작품. 물이 온 세상을 뒤덮고 있을 즈음 데우
칼리온과 그의 아내 피라는 조그만 배를 타고 파르나소스 산에 이르렀
다. 제우스의 도움으로 홍수가 끝나자 산을 내려와서 옷으로 머리를 가
리고 띠를 느슨하게 풀어 헤친 다음 돌을 주워 던졌다. 이 돌에서 새로
운 인류의 조상이 태어났다.

새로운 세대의 탄생

배에서 내린 데우칼리온은 맨 먼저 제우스에게 산 제물을 바쳤다. 제
우스는 이에 응답하여 무슨 소원이든 들어주겠노라고 약속했다. 데우칼
리온이 새로운 인간이 태어났으면 좋겠다고 간청하자, 제우스는 "어머니
의 뼈를 대지에 던지거라"라고 일러 주었다. 데우칼리온은 궁리 끝에 제
우스가 말한 '어머니의 뼈'가 만물의 어머니인 대지의 뼈, 즉 돌이라고 생
각했다. 그리고는 피라와 함께 대지에 돌을 던졌다. 그러자 데우칼리온
이 던진 돌에서는 남자가, 피라가 던진 돌에서는 여자가 생겨났다. 돌에

서 태어난 이들은 새 인류의 시초가 되었다. 이렇게 해서 다시 인간이 늘어난 것이다.

데우칼리온과 피라 사이에서는 맏아들 헬렌이 태어났는데, 헬렌은 그리스인의 시조가 되었다고 한다. 그리스인들은 자신을 헬렌의 후손이라는 뜻에서 스스로 헬레네스라 일컬었다. 헬레니즘도 그 이름에서 유래하였다. 헬렌은 후에 님프 오르세이스와 결혼하여 아이올로스, 크수토스, 도로스 3형제를 낳았다. 아이올로스는 아이올리스인의 시조가 되었고, 크수토스의 아들 이온은 이오니아인, 아카이오스는 아카이아인의 시조가 되었다. 그리고 도로스는 도리스인의 시조가 되었다.

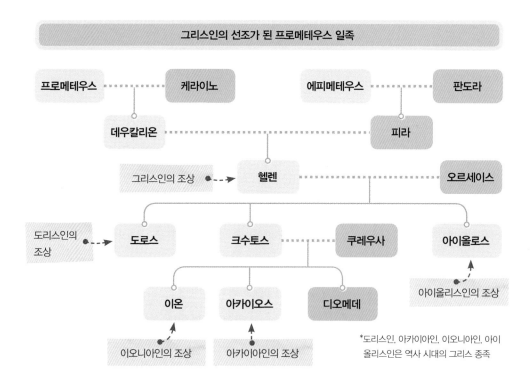

그리스인의 선조가 된 프로메테우스 일족

*도리스인, 아카이아인, 이오니아인, 아이올리스인은 역사 시대의 그리스 종족

인류의 기원에 얽힌 그리스 신화 중에는 프로메테우스를 중심으로 한 이야기와는 별개로 헤시오도스가 말한 인간의 5세대 신화가 있다. 헤시오도스에 따르면 인간은 신들에 의해 만들어져 이후 5종족으로 교체되었다고 한다.

종족	특징 및 생활
황금 종족	맨 처음에 만든 사람들로 이 시대 사람들은 아무런 고민이나 걱정, 재난을 모르고 살았다. 이들은 늙지도 않았으며 수명은 정해져 있었지만 죽음을 두려워하지 않았다. 임종할 때는 잠들 듯 평온하게 죽었으며 죽은 후에도 정령이 되어 인간을 지키고 인간에게 행운과 부를 안겨다 주었다. 이 시대에는 인간이 땅을 경작하지 않아도 대지 스스로 필요한 것들을 때맞추어 생산했기 때문에 사람들은 욕심을 부리지 않았고 서로를 믿으며 평화롭게 살았다.
은의 종족	두 번째 종족으로 이들은 황금 종족에 비해 한참 뒤떨어진 종족이다. 신을 공경할 줄 몰랐고 제사를 올리지도 않았으며 폭력적인 기질을 가지고 있었다. 이 때문에 이들의 모습에 분노한 제우스에 의해 소멸되었다.
청동 종족	세 번째 종족으로 무기와 농기구, 집 등을 모두 청동제로 만들었으나 검은 철을 갖고 있지는 않았다. 이 종족은 은의 종족보다 더욱 폭력적이고 무도한 짓을 일삼았으며 게다가 부끄러워할 줄도 몰랐다. 청동 종족은 결국 서로가 서로를 죽여 멸망했다.
영웅 종족	네 번째 종족으로 테바이와 트로이아를 둘러싼 전쟁에 과감하게 도전한 종족이다. 선대 종족보다 올바르고 뛰어났으며 대부분 반인반신으로 도덕과 명예를 알고 있었다. 이들은 전쟁으로 인해 멸망했지만, 일부는 죽음을 면하여 대지의 끝에 있는 행복의 섬에서 평화롭고 윤택하게 살았다.
철의 종족	다섯 번째로 만들어진 종족으로 이들은 밤낮으로 힘든 노역과 고뇌에 시달리며 산 가장 불행한 사람들이었다. 신의와 정의가 땅에 떨어지고 거짓된 말과 악행이 판치는 세상은 배반과 탐욕으로 얼룩져 있어서 이 종족들은 끊임없이 걱정과 고통을 견디며 살아야 했다. 헤시오도스는 자신이 살았던 시대가 바로 이 종족의 시대라고 했는데, 머지않아 철의 종족도 멸망할 것이라고 예언했다.

 헬렌(Hellen)은 그리스를 의미하는 헬라스(Hellas)와 그리스인을 의미하는 헬레네스(Hellenes)의 어원이 되었다.

그리스 신화에 등장하는 기묘한 생물들

그리스 신화에는 반인반수의 기묘한 생물이 많이 등장한다. 그중에서 자주 등장하는 것이 반은 사람이고 반은 말의 형상을 한 켄타우로스족이다.

켄타우로스족은 테살리아의 왕 익시온의 자손이라고 한다. 의붓아버지를 살해하는 중죄를 범한 익시온은 제우스의 도움으로 죄를 씻을 수 있었다. 하지만 은혜와 분수를 모르고 제우스의 아내 헤라를 연모한 나머지 자신이 여신의 사랑을 받고 있다는 말을 퍼뜨렸다. 제우스는 사실을 확인하기 위해 구름을 여신의 모습으로 변장시켜서 익시온의 곁으로 보냈다. 이 기묘한 관계에서 태어난 것이 켄타우로스다.

켄타우로스는 익시온의 특징을 그대로 물려받아 난폭한 성질의 호색한이었다고 한다. 하지만 켄타우로스족 중에서도 심성이 착하고 올바른 성품을 지닌 현명한 자도 있었으니, 그가 바로 케이론이다. 케이론의 겉모습은 켄타우로스족과 똑같았지만, 출생은 다른 켄타우로스족과 달랐다. 그의 아버지는 크로노스이고 어머니는 오케아노스의 딸 필리라이다. 다른 여인과의 사랑을 아내에게 들키는 것을 두려워한 크로노스가 말로 변신해서 필리라와 관계를 가졌는데, 그 때문에 반은 인간이고 반은 말의 형상을 한 아들이 태어났다고 한다. 케이론은 의술, 음악 등 여러 학문에 뛰어났고, 운동 경기와 무술, 수렵의 재능도 빼어났다. 이러한 이유로 그는 훗날 영웅으로 활약하는 이아손이나 아킬레우스 등과 같은 훌륭한 제자들을 맡아서 가르쳤다.

The Myth
of Greece
and Rome

3장

대신 제우스와
해신 포세이돈,
명계의 왕 하데스

바람둥이 제우스

제우스의 바람기

제우스는 여신과 님프, 그리고 여성들을 상대로 많은 사랑을 나누었다. 하지만 그에게는 질투가 심한 아내 헤라가 있었기 때문에 아무리 최고의 신이라 해도 공공연하게 연애를 할 수는 없었다. 그래서 제우스는 뛰어난 변신 능력을 발휘하여 바람을 피웠다. 어떤 때는 백조나 황소로, 또 어떤 때는 황금 비로 변신하여 여신과 여성들에게 다가가기도 했다. 그 결과 제우스를 아버지로 둔 자식들이 엄청나게 많이 태어났다.

그리스 신화에서는 제우스의 자식으로 태어나서 훗날 올림포스 신족의 일원이 된 경우와 영웅으로 활약한 경우의 이야기가 많이 등장한다(85쪽 표 참조). 이처럼 제우스가 바람기로 인해 많은 자손을 둔 신으로 자리매김하게 된 데에는 그만한 배경이 있다. 고대 그리스의 여러 왕가와 귀족들이 자신들의 조상을 최고의 신인 제우스로 삼아 가풍의 권위를 세우려 했기 때문이다. 이는 제우스가 신들 가운데 최고의 위치에 있었다는 것을 반증한다.

바람둥이의 여인과 자식들

제우스는 다양한 지위의 여인들과 관계를 가져 신화의 주요 등장인물이 되는 자식들을 낳았다. 제우스는 에우리노메와의 사이에서 우아함을 주관하는 카리테스 세 자매를 낳았다. 또 데메테르와 관계를 맺어 하데스의 아내 페르세포네를 낳았고, 기억의 여신 므네모시네와의 사이에서 음악을 주관하는 9명의 무사이를 낳았다.

그리고 레토와 관계하여 아폴론과 아르테미스가 태어났으며, 마이아와의 사이에서 헤르메스가, 세멜레와의 사이에서 디오니소스가 태어났다.

제우스는 님프와 인간 여성들과도 관계를 맺었다. 안티오페로부터 테바이의 영웅 암피온과 제토스를 낳았으며, 칼리스토로부터 아르카디아인의 조상 아르카스를 낳았다. 이오에게서는 이집트의 왕 에파포스가 태어났고, 에우로페에게서는

🜨 다나에

구스타프 클림트의 작품. 제우스와 다나에가 사랑을 나누는 장면을 그린 그림이다. 이때 제우스는 다나에를 덮치기 위해 황금 비로 변했다.

크레타의 왕 미노스가, 다나에에게서는 영웅 페르세우스가 태어났다.

아르고스인의 시조인 아르고스는 제우스와 니오베의 아들이며, 그리스 최대 영웅 헤라클레스는 제우스와 알크메네의 아들이다. 그리고 가장 아름다운 여인으로 트로이아 전쟁의 빌미가 된 헬레네는 제우스와 레다 사이에서 태어났다.

여신들과의 결혼

제우스의 최초 아내는 사려 분별思慮分別의 여신 메티스(티탄 신족 오케아노스와 테티스 사이의 딸)였다. 메티스는 제우스를 피하기 위해 짐승의 모습으로 변신했지만 결국 제우스의 끈질긴 구애를 물리치지 못했다. 하지만 제우스는 자신의 아이를 임신한 메티스를 삼켜버렸다. 그 이유는 아내에게서 제우스를 대신할 지배자가 태어난다는 예언을 들었기 때문이다. 아버지 크로노스와 똑같은 짓을 했지만, 제우스가 삼킨 상대는 오히려 그에게 도움이 되었다. 메티스를 삼킨 제우스는 세상의 지배자에게 걸맞는 지혜와 분별력을 갖게 되어 지배권을 더욱 확고하게 유지할 수 있었다. 머지않아 달이 차자 제우스의 머리에서 여신 아테나가 무장한 채 튀어나왔다. 이 여신은 메티스의 소질을 이어받아 사려 깊은 지혜와 전쟁의 여신이 되었다.

그 후 제우스는 율법과 질서의 여신 테미스(우라노스와 가이아의 딸로 티탄 신족 중 한 명)와 결혼하여 자식을 두었다. 계절의 여신인 호라이 세 자매와 운명의 여신 모이라이 세 자매가 그들이다. 제우스는 최종적으로 자신의 누이이기도 한 헤라를 정실로 맞이했다.

애인	자식
에우리노메	카리테스(미와 우아함을 주관하는 3여신)
데메테르(곡물의 여신)	페르세포네(훗날 하데스의 아내가 됨)
므네모시네(기억의 여신)	무사이(음악을 주관하는 9여신)
레토	아폴론과 아르테미스
마이아	헤르메스
세멜레(테바이의 왕녀)	디오니소스(포도주의 신)
안티오페	암피온(테바이의 영웅)과 제토스
칼리스토(님프)	아르카스(아르카디아인의 조상)
이오(헤라의 여신궁)	에파포스(이집트의 왕)
에우로페(티로스의 왕녀)	미노스(크레타의 왕)
다나에(아르고스의 왕녀)	페르세우스(메두사를 퇴치한 영웅)
니오베	아르고스(아르고스인의 시조)
알크메네(페르세우스의 자손)	헤라클레스(그리스 신화 최대의 영웅)
레다(스파르타의 왕녀)	헬레네(인간계 제일의 미녀)
메티스(사려 분별의 여신)	아테나(지혜와 전쟁의 여신)
테미스(율법의 여신)	호라이(계절의 3여신), 모이라이(운명의 3여신)
헤라(결혼의 여신), 헤라는 정실이 된다.	헤파이스토스(불과 대장간의 신), 아레스(전쟁의 신), 헤베(청춘의 여신), 에일레이티아(출산의 여신)

※ 티탄 신족 또는 그 자손, 제우스의 남매, 인간 여성 등 주요 관계만을 표기했으며, 제우스에게는 이 밖에도 많은 애인과 자식이 있다.

 ★호라이(Horai)의 단수형은 호라(Hora)로 아워(Hour; 시간)의 어원이 되었다.
★무사이(Musai)의 단수형은 무사(Musa)로 뮤직(Music; 음악), 뮤지엄(Museum; 미술관, 박물관)의 어원이 되었다.

결혼의 여신
헤라

제우스의 '뻐꾸기' 구혼

아름답고 위엄 있는 헤라에게 연정을 품은 제우스는 헤라와 관계를 맺

🕐 독수리 모습을 한 제우스에게 물을 주는 가뉘메데스

베르텔 토르발센의 작품. 가뉘메데스는 신들을 위해 물을 따르는 미소년으로, 제우스가 독수리로 변해 그를 납치했다. 그림은 가뉘메데스가 제우스에게 물 시중을 드는 모습이다.

으려 했으나, 평소 제우스의 바람기를 잘 알고 있던 헤라는 이를 허락하지 않았다. 자유롭게 변신할 수 있는 제우스는 헤라에게 구혼할 때도 뻐꾸기로 변신해서 다가갔다고 한다. 그날은 매우 추운 날이었다. 헤라는 추위에 떨고 있는 뻐꾸기를 불쌍히 여겨 가까이 다가가 따뜻하게 품어 주었다. 그러자 갑자기 제우스가 원래의 모습으로 나타나 여신에게 구애를 하기 시작했다.

정숙한 헤라는 처음에는 바람둥이 제우스를 거절했다. 정식 결혼을 하겠다는 약속을 받아내기 전까지는 관계를 맺지 않겠다는 것이었다. 이에 제우스가 헤라를 정실로 맞아들이겠다는 약속을 하여 마침내 둘의 결혼이 이루어졌다. 올림포스에서는 제우스와 헤라의 결혼식이 성대하게 열렸다.

올림포스의 여왕 헤라

그리스 최고 신의 아내가 된 헤라는 결혼과 자녀, 여성 생활의 수호신이 되어 올림포스의 여왕으로 군림했다. 제우스와의 사이에서 낳은 자식으로는 대장장이 신 헤파이스토스, 전쟁의 신 아레스, 그리고 청춘의 여신 헤베, 출산의 여신 에일레이티아 등이 있다.

헤라는 귀부인 또는 보호자를 뜻한다. 헤라는 키가 크고 흰 얼굴에 범접할 수 없는 위엄과 정숙을 지니고 있

🔵 **헤라와 제우스**
제우스의 끊임없는 바람기로 인해 헤라와 제우스 사이는 원만하지 못했다.

었다. 머리에는 왕관을 쓰고 손에는 홀을 들고 있었다고 한다. 헤라는 결혼과 가정의 수호신답게 정숙한 아내의 귀감으로 일컬어졌다.

정실 부인을 얻은 뒤에도 제우스의 바람기는 전혀 수그러들지 않았는데, 헤라는 이런 제우스의 행동을 그냥 넘기지 않았다. 헤라의 증오와 분노의 시선은 언제나 제우스가 아닌 그의 애인과 자식들을 향했다. 올림포스의 왕비라 해도 세상의 지배자인 제우스에게 벌을 내릴 수는 없었던 것이다. 헤라의 질투로 인해 제우스가 관계를 맺은 여인과 그 자식들에 대한 복수 이야기는 신화 곳곳에 나온다.

헤라의 질투를 받은 레토

태양신 아폴론과 달의 여신 아르테미스의 어머니 레토(티탄 신족 코이오스와 포이베의 딸)도 헤라의 질투로 인해 고초를 당한 여성 중 하나다. 제우스의 아이를 가진 레토는 헤라에 의해 모든 땅에서 내쫓기게 된다. 질투심 많은 헤라는 자기 자식보다 레토가 낳을 아이들이 더 위대해질 것을 알고, 출산 장소를 내주지 말라고 명령했기 때문이다. 레토는 만삭의 몸으로 육지와 바다를 헤매고 다녔지만, 헤라의 보복이 두려워 그 누구도 땅을 내주지 않았다.

출산 장소를 찾아 헤매던 레토는 마침내 바다를 떠다니는 작은 섬에 간신히 들어갈 수 있었다. 하지만 여기에서도 헤라는 출산의 여신 에일레이티아를 붙잡아 출산을 방해했다. 에일레이티아가 도착하지 않으면 그 누구도 출산을 할 수 없기 때문에 레토는 며칠 동안 극심한 고통을 견

녀야 했다. 결국 9일 동안이나 산고를 겪은 끝에 가까스로 아이를 출산했는데, 그 아이들이 아폴론과 아르테미스이다.

레토에게 출산 장소를 제공한 작은 섬은 그 후 4개의 기둥으로 단단히 바다 밑바닥에 고정되어 델로스 섬(빛나는 섬이란 뜻)이라 불리게 되었다고 한다.

🔥 그리스 아테나이의 헤라 신전

헤라는 그리스의 많은 지역에서 숭배를 받았다. 아르고스와 크레타 지역뿐 아니라, 소아시아 연안의 사모스 섬, 시칠리아 섬의 셀리누스 등지도 헤라를 숭배하는 중심지 중 하나였다. 헤라 신전은 도리스 양식의 원기둥을 볼 수 있는 신전으로 근대 올림픽의 성화 점화식이 바로 이곳에서 행해진다.

 헤라는 로마 신화의 유노(Juno; 영어 발음은 쥬노)와 동일시된다. 6월 June은 헤라의 달로 6월의 신부가 행복해진다는 말도 여기에서 유래된 것이다.

암소가 된 이오

암소가 된 이오

제우스와 관계를 맺은 여성들에 대한 헤라의 박해는 더욱 무시무시했

◉ 제우스와 이오를 발
견한 헤라
피터르 라스트만의 작
품. 암소로 변한 이오와
헤라의 상징인 공작새를
묘사하고 있다.

다. 언젠가 제우스는 헤라를 섬기는 시녀 이오에게 빠져들어 그녀를 유혹하고 말았다. 헤라의 눈을 가리기 위해 제우스는 구름으로 변신했으나, 감시의 눈초리를 피하기는 어려웠다. 헤라에게 바람피운 것을 들킨 제우스는 얼른 이오를 하얀 암소로 바꾸고 결백을 주장했다.

하지만 남편의 거짓을 간파한 헤라는 짐짓 모른 척하고 그 암소를 선물로 달라고 했다. 헤라의 말을 들어주지 않으면 더욱 의심을 받을 것이므로 제우스는 암소를 내줄 수밖에 없었다.

헤라는 아르고스라는 눈이 100개나 달린 괴물에게 암소를 감시하도록 했다. 이 괴물은 잠든 동안에도 몇 개의 눈을 뜨고 있어 감시하기에 안성맞춤이었다. 암소가 된 이오는 꼼짝없이 갇혀 있는 수밖에 없었다.

제우스는 이오를 구출하기 위해 총애하는 아들 헤르메스를 보냈다. 헤르메스는 특기인 갈대피리를 연주하여 아르고스를 잠들게 했다. 그리고 드디어 100개의 눈이 모두 감겼을 때 재빠르게 아르고스의 목을 베고 이오를 구출했다. 헤라는 아르고스의 100개의 눈을 빼내 총애하던 공작의 날개 장식으로 삼고 세상에서 가장 아름다운 새로 만들었다고 한다.

이집트까지 도망간 이오

헤라의 박해는 거기서 끝나지 않았다. 헤라는 아직 암소로 변신된 채로 있던 이오에게 쇠파리를 보냈다. 쇠파리의 집요한 추적 때문에 반은 미치다시피 한 이오는 여러 나라를 도망 다니다, 마침내 바다 건너 이집트에 당도했다. 암소가 건넌 바다는 이오의 이름을 따서 이오니아해라고 부르게 되었다.

이오는 이집트 땅에서 겨우 쇠파리로부터 해방되었다. 그리고 제우스를 만나 원래의 모습을 되찾은 뒤 나일 강 근처에서 에파포스를 낳을 수 있었다. 그 후 이오는 이집트의 왕 텔레고노스와 결혼하여 행복하게 살았으며, 죽은 뒤에는 이집트 최고의 여신인 이시스로 널리 추앙되었다. 한편 아들 에파포스는 왕위를 이어받아 이집트의 왕이 되었다.

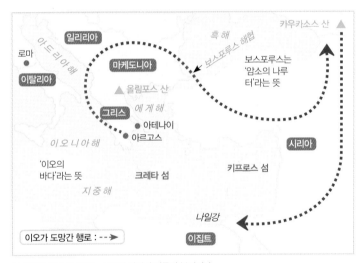

헤라가 보낸 쇠파리에 쫓겨 이집트까지 도망가는 이오

※ 이오가 거쳐 간 길에는 그녀와 관련된 이름이 붙여졌다.

헤라에게 박해받은 여인들

그 밖에도 곰으로 변한 칼리스토나 생명을 잃은 세멜레 등 헤라의 질투에 희생된 여인들이 많다. 님프 칼리스토는 제우스의 사랑을 받아 아들 아르카스를 낳았다. 이에 헤라는 저주를 내려 그녀를 곰으로 변하게 만들었다.

제우스와 관계하여 디오니소스를 낳은 세멜레에게 의심의 마음을 품게 한 것도 헤라였다. 세멜레는 제우스에게 본모습을 보여 달라고 조르다 활활 빛나는 제우스의 실체를 보자마자 불에 타 죽고 만다. 게다가 헤라는 디오니소스를 맡아 기른 세멜레의 자매 이노마저 광기에 휩싸이게 만들었다.

또한 헤라의 질투의 화살은 애인의 자식을 향하기도 했다. 그중에서도 가장 집요한 괴롭힘을 당한 것은 제우스와 알크메네 사이에서 태어난 헤라클레스다.

 천상의 바람둥이 제우스의 여자들

🜨 레다와 백조

페테르 파울 루벤스의 작품. 백조로 변한 제우스가 레다에게 다가가 사랑을 나눈다. 그 둘 사이에서 트로이아 전쟁의 빌미가 된 인간계에서 가장 아름다운 여인 헬레네가 태어났다.

🜨 다나에

안토니오 다 코레조의 작품. 제우스가 황금 비로 변해 다나에에게 다가간다. 그 둘 사이에서 괴물 메두사를 퇴치한 영웅 페르세우스가 태어났다.

바다의 신
포세이돈

바다의 신을 성나게 하면

해신 포세이돈은 바다와 샘의 지배자이면서 대지를 뒤흔드는 지진의 신이기도 하다. 포세이돈이 바다의 짐승들이 끄는 전차를 타고 바다를 달리면 고요했던 바다는 큰 폭풍을 일으켰고, 반대로 큰 폭풍이 일던 바다가 고요히 평정되기도 했다. 바다의 날씨는 포세이돈에 의해 결정되었기 때문에 항해에 나선 자들은 모두 그를 두려워했다.

🌀 **포세이돈과 트리톤**
삼지창을 손에 든 포세이돈의 조각상은 볼로냐의 상징이 되었다. 소라고둥을 부는 그의 아들 트리톤의 모습도 보인다.

포세이돈은 성정이 거칠고 집념이 강한 성격이었다. 트로이아 전쟁의 영웅 오디세우스는 끝을 뾰족하게 깎은 나무 기둥으로 그의 아들 폴리페모스의 눈을 멀게 했다. 장님이 된 폴리페모스는 아버지에게 복수를 간청했다. 이 때문에 포세이돈의 노여움을 산 오디세우스는 트로이아 전쟁이 끝난 후에도 고향으로 돌아가는 것이 허락되지 않아 무려 10년 동안이나 힘든 항해를 했던 것이다.

🔱 **포세이돈 신전**
아테나이 인근의 수니온 곶에 위치해 있다. BC 5세기경 당대 유명한 건축가인 익티누스가 건설했다.

폭풍 같은 성격과 힘에 비해 지략이 모자랐던 포세이돈은 여러 신들과의 영토 분쟁에서 좋은 결과를 얻지 못했다. 제우스에게 아이기나 섬을 양보했고, 아테나 여신에게 아티카를 넘겨야 했다. 또한 아르고스 땅이 헤라에게 넘어가는 것도 눈앞에서 지켜봐야 했다. 화가 난 포세이돈은 홍수를 일으키거나 가뭄이 들게 하여 복수를 하곤 했다.

포세이돈의 자식들

포세이돈은 그의 가족과 함께 바다 밑에 있는 황금 궁전에서 살았다. 그 궁전은 에우보이아 섬에 위치한 아이가이 앞바다 속에 있었다고 한다. 포세이돈은 아내 암피트리테(네레우스의 딸. 가이아와 폰토스의 자손에 해당한다)와의 사이에 1남 2녀의 자식을 두었다.

암피트리테는 포세이돈에게 납치되어 그의 아내가 되었다고 한다. 그러나 또 다른 이야기도 전해져 온다. 암피트리테가 포세이돈의 구애를 거절하고 바다 깊숙한 곳 아틀라스에 숨었는데, 포세이돈이 그녀를 포기하지 않고 바다의 모든 동물들에게 찾아내라고 명령했다. 이때 여러 동물 중 돌고래가 그녀를 찾아내 포세이돈에게 데려다주어 결혼하게 되었다고 한다.

상반신은 인간이고 하반신은 인어인, 반인반어의 모습으로 자주 표현되는 트리톤은 둘 사이에서 태어난 아들이다. 트리톤은 아버지의 능력을 이어받아 잔잔한 파도를 높이거나 거친 파도를 진정시킬 수 있었지만, 대개는 해마를 타고 소라고동을 불면서 놀았다. 르네상스 시대 이후

🌐 키클롭스

키클롭스는 거대한 몸집에 털이 많은 외눈박이 괴물이다. '키클롭스(Cyclops)'라는 말은 '동그란 눈'이라는 뜻이다. 크로노스에 의해 땅속 깊은 타르타로스에 갇혔을 때 그들을 구해 준 것은 제우스였다.

포세이돈과 트리톤은 도시의 광장 분수대 조각으로 많이 표현되었다.

포세이돈도 제우스와 마찬가지로 여신과 님프, 인간에 걸쳐 수많은 애인을 두었지만, 그로부터 태어난 자식들은 이상하게도 모두 괴물이나 난폭한 자들뿐이었다. 그들의 운명은 순조롭지 못했고, 대부분 헤라클레스나 테세우스 같은 영웅들에게 죽임을 당하였다.

앞에서 말한 폴리페모스는 외눈박이 거인인 키클롭스족으로서 무척 난폭한 자였다. 수렵의 명수 오리온도 포세이돈의 아들이었다고 한다. 그의 어머니는 미노스 왕의 딸 에우리알레인데, 굉장한 거인이어서 깊은 바다에 들어가도 어깨까지밖에 물이 차지 않았다고 한다. 그도 결국 아르테미스 여신의 화살에 맞아 죽었다.

포세이돈은 로마 신화에서 넵투누스(Neptunus)와 동일시되며, 영어로 표기하면 넵튠(Neptune)이 된다. 넵튠은 해왕성의 이름으로 사용되고 있다.

암흑의 왕 하데스

이름을 부르는 것조차 꺼렸다

🕐 **죽은 자의 신이자 저승의 지배자인 하데스**

하데스는 죽은 자의 혼이 가는 지하의 나라, 즉 명계의 지배자로 그 특성상 신들을 포함한 모든 사람들이 몹시 꺼렸다. 확실히 그는 한 번 명계에 발을 들인 자는 절대 이승으로의 귀환을 허락하지 않는 엄격함을 지니고 있었다. 그는 때로 냉혹하고 비정한 결정을 내렸으나 결코 사악하고 부정한 신은 아니었다.

하지만 고대 그리스인은 하데스의 이름을 부르는 것 자체가 불길하다고 여겨 종종 그를 '부를 가져다주는 자'라는 뜻의 플루톤이라 불렀다. 이 이름은 지하의 신인 그가 땅속에서 싹터 오르는 식물을 포함해 지하의 모든 자원을 소유하고 있다고 여겼기 때문에 생긴 것으로 보인다. 그래서 로마 신화에서는 이 이름을 따서 플루톤이라고 불렀다.

하데스란 '눈에 보이지 않는 자'를 의미한다. 하데스의 세계는 암흑의 세계이기 때문에 그렇게 불렀을 것이다. 또한 그것을 쓴 사람을 보이지 않게 만드는 투구 퀴에네를 지니고 있었기 때문으로도 볼 수 있다.

한편, 그리스 신화에서 직접 인간의 죽음을 결정하는 것은 운명을 주관하는 모이라이 여신들이었다. 그리고 죽은 자의 영혼을 명계로 안내하는 역할은 헤르메스가 맡고 있었다.

명계의 풍경

하데스의 지하 세계는 '저승의 강'이라고 하는 스틱스 강을 경계로 하고 있었다. 이 강은 돌이킬 수 없는 죽음을 의미하는데, 카론이라는 뱃사공이 배를 타고 기다리다가 죽은 자들을 명계로 인도했다. 명계의 입구에는 케르베로스라는 개가 지

🕭 카론

뱃사공 카론이 죽은 자들을 명계로 이동시키고 있는 모습이다.

🔵 탄탈로스

🔵 티티오스

🔵 시시포스

🔵 다나이스

키고 있어 한 번 들어간 이는 다시 나올 수 없었다. 신이라 해도 명계에서는 하데스의 뜻에 따라야 했다.

예외적으로 명계에서 지상으로의 귀환을 허가받은 경우는 헤라클레스와 오디세우스, 오르페우스 등 극소수의 영웅들에 불과했다. 이들은 뛰어난 능력과 재능을 인정받았기에 지상으로 되돌아올 수 있었다. 헤라클레스는 문지기 개 케르베로스를 잡으러 갔다 귀환했고, 오디세우스는 예언자 테이레시아스의 망령을 만나러 갔다 돌아왔다. 또한 오르페우스는 아내 에우리디케를 데리러 갔다가 되돌아왔다.

하데스가 지배하는 명계는 죽은 자들이 거처하는 곳일 뿐 지옥은 아니었다. 불교에서 말하는 지옥이나 그리스도교의 연옥과는 그 성격이 다르다.

무간지옥 타르타로스와 엘리시온 평원

명계보다 더욱 깊은 곳에는 타르타로스가 있는데, 여기는 영겁의 벌을 받은 자가 가는 곳이다. 앞서 자주 등장한 것처럼 신들을 모독한 중죄인은 이 무간지옥에서 영원한 고통을 받는다. 지상에서 타르타로스까지의 깊이는 지상에서 하늘까지의 거리와 같다고 한다. 타르타로스에서 벌을 받는 죄인은 티탄 신족과 탄탈로스, 티티오스, 시시포스, 익시온, 다나이스 등이다.

반면, 제우스를 비롯한 신들이 총애하는 극히 일부의 사람들은 사후에 엘리시온 평원으로 가서 행복하게 살았다. 눈과 비, 폭풍도 없는 이곳은 말하자면 극락정토, 즉 파라다이스인 것이다. 여기에는 테바이 왕국의 시조 카드모스나 트로이아 전쟁의 영웅 아킬레우스와 같은 영웅들이 살고 있다고 한다. 헤시오도스는 엘리시온 평원을 '지복자들(더없이 행복한 사람들)의 섬'이라 일컬었다.

 타르타로스에 던져진 자들

이름	죄	타르타로스에서의 벌
탄탈로스 (리디아의 왕으로 제우스와 플루토의 자식)	신들의 지혜를 시험해 보려고 자신의 아들 펠롭스를 요리해서 신들에게 먹였다.	머리 위에 당장이라도 떨어질 듯한 큰 바위를 매달아 공포심이 계속 엄습하도록 했다. 게다가 눈앞의 물과 과일을 먹으려고 하면 모두 손이 닿지 않는 곳으로 멀어져 영원한 굶주림과 갈증에 시달렸다.
티티오스 (가이아의 자식)	아폴론과 아르테미스의 어머니 레토를 범하려 했다.	2마리의 독수리에게 영원히 간을 쪼아 먹힌다.
시시포스 (에피레의 창건자로 아이올로스의 자식)	제우스의 비밀을 폭로하였고 형제 살모네우스에게 원한을 품고 그의 딸을 범했다.	경사가 급한 고개에서 바위를 밀어 올리는데 정상에 다다르면 바위가 굴러 떨어져 버려 처음부터 다시 밀어 올려야 하는 벌을 되풀이해서 받고 있다.
익시온 (라피테스족의 왕)	헤라 여신을 범하려 했다.	손과 발이 불 수레바퀴에 묶여서 계속 돌고 있다.
다나이스 (다나오스의 50명의 딸들)	결혼 상대를 살해했다.	구멍 뚫린 그릇에 물을 계속 길어 넣고 있지만 물이 채워지지 않는다.

※ 제우스에게 도전한 크로노스 일족인 티탄 신족, 괴물 티폰, 기간테스 등도 타르타로스에 있다. 일설에 의하면 티탄 신족들은 훗날 제우스에게 용서를 받아 행복의 섬 혹은 엘리시온 평원에서 살게 되었다고 한다.

 엘리시온(Elysion) 평원은 파리의 유명한 거리 샹젤리제(Champs Elysees)의 어원이 되었다. Champs는 프랑스어로 평원을 뜻한다.

페르세포네
납치 사건

하데스, 페르세포네를 납치하다

하데스는 어두운 명계에만 틀어박혀 있었기 때문에 다른 신들과는 달리 연애와 인연이 없었다. 그런 그가 제우스와 데메테르의 딸 페르세포네에게 사랑을 느끼게 되었다. 그로서는 드문 일이었다. 하지만 진지하게 청혼을 한다 해도 자신의 딸을 애지중지하는 데메테르가 반대할 것은 뻔한 일이었다.

그래서 하데스는 페르세포네를 납치하기로 마음먹었다.

🌀 페르세포네를 납치하는 하데스

물론 제우스의 묵인 하에 일을 진행시켰다. 어느 날 여느 때와 같이 들판에서 꽃을 따고 있던 페르세포네는 다른

꽃보다 눈에 띄게 아름다운 수선화에 이끌려 그 꽃에 다가섰다. 그때 갑자기 대지가 갈라지고 어둠 속에서 하데스가 나타났다. 하데스는 울부짖는 그녀를 강제로 껴안고 대지 아래 있는 세상 명계로 사라졌다.

하데스는 페르세포네를 안심시키고, 마음을 얻기 위해 갖은 노력을 기울였지만 그녀는 두려움에 떨기만 했다. 더욱이 지상에서 자신을 걱정하고 있을 어머니 데메테르를 생각하며 눈물만 흘렸다.

석류를 준 까닭

데메테르는 식음을 전폐하고 잃어버린 딸을 찾아다녔다. 그러나 아무도 딸의 행방을 가르쳐주지 않았다. 제우스의 묵인 아래 이루어진 일이었을 뿐만 아니라, 모두들 하데스의 미움을 살까 두려워했기 때문이다.

🌑 **페르세포네**

단테 가브리엘 로세티의 작품. 하데스가 준 석류를 먹은 페르세포네는 1년 중 3분의 1은 저승에 머물게 된다. 저승과 이승을 연결해 주는 붉은 석류의 유혹, 달콤하지만 신맛도 갖고 있어 이중성을 느끼게 한다.

딸을 찾아 헤매던 데메테르는 마침내 태양신 헬리오스(낮 동안 천상에서 모든 것을 내려다보고 있기 때문에 중요한 사건의 목격자로 자주 등장한다)에게서 사건의 진상을 듣게 된다. 격노한 여신은 그 이후 올림포스 집회에도 모습을 나타내지 않고, 가난한 노파로 변신하여 인간들의 세계에 몸을 감췄다. 곡물의 여신이 일을 포기하자 곧 대지는 황폐해지고 곡식은 말라 죽기 시작했다. 사람들과 동물들은 굶주림에 고통받게 되었다.

데메테르는 제우스를 찾아가 딸을 구해 달라고 부탁했다. 사태를 방관하던 제우스는 데메테르의 요청을 거절할 수 없었다. 점점 더 대지가 말라 가고 인간들은 기근에 시달렸기 때문이다. 제우스는 페르세포네가 명계에서 아무것도 먹지 않았다면 데려올 수 있고, 무언가 조금이라도 먹었으면 데려올 수 없다는 원칙을 내세웠다. 그리고 비밀리에 헤르메스를 하데스에게 보내 이 사실을 전했다.

소식을 들은 하데스는 페르세포네에게 석류를 주면서 이것을 먹으면 집으로 돌려보내 주겠다고 했다. 페르세포네는 기쁨에 들떠 앞뒤 가릴 것 없이 덥석 석류를 받아먹었다. 하데스의 계략에 말려든 것이다.

4계절의 시작

곡물이 열리지 않기 때문에 사람들은 굶주림에 고통받는다.

⬇

제우스가 사태 조정에 나서 페르세포네는 어머니 곁으로 귀환한다. 하지만 1년 중 3분의 1은 하데스의 아내로 명계에서 지내게 되었다.

⬇

페르세포네가 명계에 있는 동안은 곡물이 열리지 않고 어머니 데메테르 곁으로 돌아와 있는 동안은 열매가 열렸다. 즉 계절의 구분이 생긴 것이다.

사계절을 만든 데메테르의 기쁨과 슬픔

제우스는 짐짓 하데스에게 페르세포네를 지상으

로 돌려보내도록 명했지만, 그녀가 명계의 석류 열매를 먹었기 때문에 이미 명계의 주민이 되어 있었다. 하지만 이것으로는 데메테르의 분노가 진정되지 않아 지상의 기근도 끝나지 않았다. 사태의 중대함을 깨달은 제우스는 할 수 없이 쌍방이 납득할 수 있는 중재안을 내놓았다.

그 결과 페르세포네는 1년 중 3분의 1은 명계에서 하데스와 지내고, 나머지 기간은 땅 위에서 어머니와 살게 되었다. 데메테르는 딸이 돌아오면 기쁜 마음으로 열심히 일을 했기 때문에 지상에는 꽃이 만발하고 초목이 무성해졌으며 곡물은 열매를 맺었다. 하지만 딸이 명계에 있는 동안에는 데메테르의 슬픔으로 인해 지상에 겨울(지중해성 기후인 그리스는 겨울에 비가 내리는데, 비가 내리지 않고 풀이 시들어 버리는 한여름이 페르세포네가 하데스와 함께 사는 시기라는 해석도 있다)이 찾아와 꽃과 초목이 시들고 곡식이 자라지 않게 되었다. 데메테르의 기쁨과 슬픔에 따라 계절이 변하게 된 것이다.

페르세포네의 유괴

```
제우스 ·········· 데메테르
                      ↑
하데스 ─약탈혼─ 페르세포네   딸을 유괴당한 데메테르는 자신
                           의 일을 포기한다.
```

 데메테르는 로마 신화에서 케레스(Ceres; 영어 발음은 시리즈)와 동일시되어 곡물 또는 콘플레이크나 오트밀과 같은 곡물식을 의미하는 시리얼(Cereals)의 어원이 되었다.

그리스 신화에서
유래된 말들

오 이디푸스 콤플렉스, 아킬레스건, 히아신스에는 공통점이 있다. 바로 그리스 신화에서 유래된 말들이라는 것이다. 일상생활에서 쓰는 말이나 상징 중에는 그리스 신화에서 파생되어 나온 것들이 생각보다 많다. 그러한 말들은 일반 용어에서부터 학술 개념에 이르기까지 두루 사용되고 있는데, 신화에서의 의미를 거의 그대로 지니고 있다.

'미다스의 손'은 무엇이든 손을 대면 성공한다는 뜻으로 주로 경제 방면의 성공을 상징하는데, 이는 미다스가 만지는 것이 황금으로 변한다는 이야기에서 유래된 것이다.

진심으로 바라면 이루어진다는 심리학 용어 '피그말리온 효과'는 조각상을 사랑한 청년 피그말리온의 일화와 관련이 있다. 피그말리온의 소망이 너무도 간절하여 조각상은 생명을 갖게 되었다.

모든 것을 자기 식으로만 재고 판단한다는 뜻으로 쓰이는 '프로크루테스의 침대'라는 말이 있다. 이는 프로크루테스가 자기 침대 길이에 맞지 않는 사람들을 자르거나 늘렸다는 이야기에서 나온 말이다.

'아가페'는 자식을 너무 사랑한 나머지 그 자식을 모두 잃은 그리스 왕비의 이름인데, 지금도 여전히 맹목적인 사랑을 의미하고 있다.

또한 잘 알려져 있듯 '아킬레스건'은 트로이아 전쟁의 최고 영웅 아킬레우스의 약점, 즉 발뒤꿈치에서 비롯된 말이다. 지금도 발뒤꿈치를 아킬레스건이라 부른다.

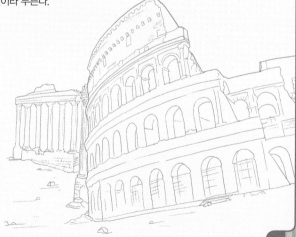

The Myth

of Greece

and Rome

4장

사랑과 미의 여신
아프로디테

아프로디테와
그녀의 남편

연애戀愛를 주관하는 사랑의 여신

아프로디테는 사랑과 미의 여신으로 너무나 유명하다. 그녀의 특권은 누가 뭐라 해도 유례없이 빼어난 미모였다. 헤라와 아테나를 비롯한 올림포스의 여신들은 모두 고상하고 아름답지만, 아프로디테의 경우는 그 완벽한 용모와 더불어 남자들을 사로잡는 관능적 아름다움까지 갖추고 있었다. 그녀는 자신보다 더 아름답다고 말하는 자는 신이든 인간이든 그냥 두고 보지 않았다.

본래 아프로디테는 풍요와 다산의 상징이었는데, 점차 사랑의 여신으로서의 성격이 짙어졌다. 아프로디테는 신

☀ **아프로디테의 대리석 상**
밀로스 섬에서 발견된 아프로디테 상. BC 1세기경 작품.

과 인간들의 사랑을 주관하며, 육체의 쾌락을 긍정한다. 그녀는 인간은 물론 올림포스의 세 처녀신, 즉 아테나, 아르테미스, 헤스티아를 뺀 모든 신들에게 사랑의 마음과 욕정을 품게 할 수 있는 힘을 가지고 있었다.

거품에서 태어난 아프로디테

아프로디테는 크로노스가 낫으로 베어 버린 우라노스의 생식기가 바다에 떠다닐 때 생긴 거품에서 태어났다. 그리고 그 상태로 펠로폰네소스 반도의 남쪽 앞바다에 있는 키테라 섬으로 흘러들어 갔다가, 또다시 지중해 동쪽 끝의 키프로스 섬으로 흘러갔다. 이 두 섬은 아프로디테를 숭배하는 중심지로 특히 키프로스 섬의 파포스에는 가장 오래된 아프로디테 신전이 세워져 있다.

키프로스 섬으로 흘러간 이 아름다운 여신은 이윽고 올림포스 신들의 영접을 받게 된다. 그녀가 섬에 오르자 신들이 마중 나와 옷을 입혀 주고, '거품에서 태어난 신'이라 해서 아프로디테라고 이름 붙였다.

🕐 비너스의 탄생

윌리암 아돌프 부그로의 작품. 물거품에서 태어난 아프로디테는 서풍의 신 제피로스에 의해 키테라 섬으로 보내졌다. 가리비 위에 서 있는 아프로디테 (로마 신화의 비너스와 동일 신)의 모습을 볼 수 있다.

🕐 아프로디테의 축제

티치아노 베첼리오의 작품. 아프로디테는 사랑과 미美의 여신으로 풍요와 다산多産의 상징이다.

아프로디테 곁에는 수행자로서 에로스가 항상 따라다녔다. 이 둘은 모두 사랑을 주관하는 신으로 함께 수많은 사랑을 탄생시켰다. 하지만 그것이 반드시 행복한 사랑만은 아니었다. 여신의 노여움을 산 자는 사랑으로 인해 고통을 받기도 했다.

어머니의 사랑을 받지 못한 헤파이스토스

아프로디테의 결혼 상대는 올림포스의 추남 **헤파이스토스**였다. 헤파이스토스는 제우스와 헤라의 아들로, 신들 중에서도 태생이 올바른 존재였다. 하지만 태어날 때부터 절름발이에다 못생긴 외모 때문에 헤라의 사랑을 받지 못했다. 더욱이 헤라가 그를 하계下界로 떨어뜨려 불행한 성장 과정을 겪는다.

하계로 떨어진 헤파이스토스는 바다의 여신 테티스와 에우리노메 밑에서 성장한다. 어머니로부터 버림받은 아이를 불쌍하게 여기고 구해 준 것인데, 이때 대장장이 기술을 배우게 된다. 그들과 함께 9년 동안 지내면서 헤파이스토스의 마음속에는 자신을 버린 어머니에 대한 증오가 점점 커져 갔다.

헤파이스토스 다른 이야기로 제우스와 헤라가 다툴 때 헤파이스토스가 헤라 편을 들어, 화가 난 제우스가 그를 떨어뜨렸는데, 이때 절름발이가 되었다고도 한다. 그가 떨어진 렘노스 섬은 헤파이스토스의 성지聖地가 되었다.

포박당한 헤라

성장한 헤파이스토스는 근사한 황금 의자를 만들어 어머니에게 선물로 보냈다. 헤파이스토스는 대장장이 신으로 무엇이든 만들 수 있었는데, 그 황금 의자는 누가 보아도 탐낼 만한 물건이었다.

🕐 **헤파이스토스와 아프로디테**
프랑수아 부셰의 작품. 대장장이의 신 헤파이스토스는 추남에다 절름발이였지만 팔 힘이 좋고 손재주가 빼어나 마음만 먹으면 만들지 못할 물건이 없었다. 게다가 물건에 스스로 움직이는 힘을 부여하는 재간도 있었다. 아프로디테와 헤파이스토스의 결합을 '미녀와 야수'의 원조라 부르는 학자도 있다.

그런데 헤라가 그 의자에 앉자마자 가는 쇠사슬이 나와 그녀를 옭아맸다. 헤파이스토스가 의자에 속임수를 써놓았던 것이다. 헤라는 이러저리 방법을 찾아보았지만 끝내 쇠사슬을 풀지 못해 꼼짝도 할 수 없게 되었다. 헤파이스토스만이 헤라를 풀어 줄 수 있기 때문에 신들은 그를 올림포스로 불러들이려고 했다. 그러나 어머니를 원망하는 마음이 가시지 않은 그는 쉽사리 오려 하지 않았다. 그래서 주신酒神 디오니소스가 아직 술에 취해 본 적이 없는 헤파이스토스에게 술을 먹여 그가 잔뜩 취했을 때 억지로 올림포스로 데리고 왔다. 그러나 헤파이스토스가 완전히 취한 것은 아니었다. 헤라를 풀어 주는 조건으로 아프로디테와의 결혼을 요구한 것이다.

 아프로디테는 로마 신화에서 베누스(Venus; 영어 발음 비너스)와 동일시되었다. 비너스는 금성의 이름으로 사용되고 있다.

군신 아레스와
미소년 아도니스

헤파이스토스의 덫

헤파이스토스의 아내가 된 아프로디테는 결코 정절을 지키는 아내가 아니었다. 자신의 의사와 상관없이 강제로 혼인한 아프로디테는 헤파이스토스와의 결혼 생활에 만족하지 못했고, 더욱이 사랑과 정욕의 여신이라는 본래 성격상 많은 스캔들을 일으켰다.

그녀와 바람을 피운 상대는 많이 있었지만, 그중에서도 가장 친밀한 관계를 가

🌑 **신들에게 밀회 현장을 들킨 아레스와 아프로디테**
요아킴 브테바엘의 작품. 전쟁의 신 아레스는 힘이 천하장사였지만 헤파이스토스가 만든 정교한 그물의 힘은 어찌해 볼 도리가 없었다. 결국 아레스에게 사과와 보상의 약속을 받아주겠다는 포세이돈의 중재로 풀려날 수 있었다.

졌던 것은 군신 아레스다. 아레스는 제우스와 헤라의 아들이기 때문에 헤파이스토스와는 형제뻘이었다. 아프로디테는 틈만 나면 남편의 눈을 피해 아레스와 정을 통했다. 세상 만사를 지켜보는 헬리오스는 보다 못해 헤파이스토스에게 이 사실을 알렸다.

이 둘의 밀회를 알게 된 헤파이스토스는 본때를 보여 주기로 결심했다. 그래서 한 가지 계략을 고안하여 둘이 사용하는 침대에 눈에 보이지 않는 촘촘한 그물을 씌웠다. 급기야 둘이 함께 침대에 누워 사랑을 나누기 시작하자마자 갑자기 그물이 덮쳤다. 아프로디테와 아레스는 침대 위에서 꼼짝도 할 수 없게 되었다. 외도 현장을 포착한 헤파이스토스는 다른 신들에게 이 둘의 추태를 낱낱이 보이며 서슬 퍼런 얼굴로 아내의 부정을 비난했다.

올림포스 신들 중에는 아내가 다른 남자와 정을 통한 헤파이스토스를 동정하는 이도 있었고, 헤르메스처럼 아프로디테와 친밀하게 지낸 아레스를 부러워하는 이도 많았다고 한다. 헤르메스는 아무리 그물이 몸을 얽어맨다 해도, 또 신들의 구경거리가 된다 해도 아프로디테와 사랑을 나누고 싶어 했다.

이 사건은 포세이돈의 중재로 일단락되었다. 아프로디테는 키프로스 섬의 파포스 샘물

🌀 **헤파이스토스의 대장간**
디에고 벨라스케스의 작품. 대장간에서 열심히 일하고 있던 헤파이스토스(왼쪽에서 두 번째)가 자신의 아내 아프로디테와 아레스 사이의 간통에 대해 말하는 아폴론(월계관을 쓴 신)을 놀란 눈으로 쳐다보고 있다.

에서 몸을 씻고 다시 처녀가 되어 돌아왔다. 하지만 이처럼 남편의 반격을 받았다고 해서 기가 꺾일 아프로디테가 아니었다. 이후에도 아레스와 변함없이 밀애를 즐기며 자식까지 낳았다.

아프로디테와 아레스 사이에서 4명의 자식이 태어났다. 부모의 성격을 그대로 물려받은 에로스, 테바이의 왕 카드모스와 결혼한 하르모니아, 포보스, 데이모스 등이 그들이다.

☽ 아프로디테와 미의 세 여신에 의해 무장 해제되는 아레스
자크루이 다비드의 작품. 구름이 떠받드는 천상의 궁궐에서 가장 아름다운 여자와 가장 용감한 남자가 사랑을 나누려고 한다. 르네상스 시대에는 이 주제의 그림이 신혼부부를 위한 선물로 그려졌는데 간통을 권장한다는 의미보다는 강한 사랑의 힘을 믿고 어떤 어려움이 닥치더라도 극복해 내라는 의미에서였다.

난폭한 아레스

아프로디테의 애인 아레스는 매우 난폭한 전쟁의 신이다. 같은 전쟁의 신이라도 사려 깊고 정의롭게 전쟁을 이끄는 아테나에 비해 아레스는 단지 폭력적 살육과 피를 좋아했다. 그는 전쟁이 있는 곳에 항상 에뉘오, 에리스, 포보스, 데이모스 등 싸움과 관련된 신들을 거느리고 다녔다. 이들은 갑옷과 무기로 완전 무장한 채 전차를 몰고 다니며 닥치는 대로 싸움을 벌였다. 그의 난폭한 성질은 신들도 꺼려 아버지 제우스조차 그를 어쩌지 못하였다.

　이처럼 아레스는 난폭하고 호전적이었으나 뛰어난 외모 덕분에 아프로디테의 애인이 되었다. 훗날 아레스는 자신의 딸 알키페를 범한 포세이돈의 아들 할리로티오스를 살해하고 신들로부터 재판을 받았다. 이때의 재판은 '아레스의 언덕'이라는 뜻의 아레오파고스로 불리며, 아테나이 아레오파고스 회의의 유래가 되었다고 한다.

　아레스는 그리스 신화에서는 별다른 활약이 없는 신이지만, 로마 신화에서는 군신 마르스로 나온다. 로마 신화의 마르스는 유피테르(제우스)에 버금가는 인기를 자랑한다. 로마 건국자 로물루스와 레무스 형제는 마르스의 아들이라고 한다.

저주받은 아도니스

　아프로디테는 **아도니스**의 아름다움에 푹 빠졌다. 그녀는 다른 신들이 이 귀여운 아이를 못 보게 하려고 상자에 넣어 명계의 여왕 페르세포네에게 맡겼다. 하지만 페르세포네 또한 아도니스의 매력에 반해 곁에 두고 몹시 귀여워했다.

　이를 알게 된 아프로디테는 아이를 돌려 달라고 했으나, 페르세포네가 순순히 돌려줄 리 없었다. 마침내 아도니스를 둘러싼 두 여신의 싸움이

아도니스　키프로스 왕의 딸 미라는 친아버지 키리나스를 사랑하게 된다. 격렬한 사랑에 빠진 그녀는 자신이 바라는 대로 신들의 도움을 받아 한 그루 나무로 변하게 된다. 미라는 이미 아버지의 아이를 임신하고 있었는데, 10개월 뒤 나무의 갈라진 틈에서 아주 아름다운 남자아이가 태어났다. 그 아이가 바로 아도니스이다. 아도니스는 자라면서 점점 더 아름다운 모습을 갖게 되었다.

일어났는데, 이를 지켜보던 제우스가 중재에 나섰다. 그 결과 아도니스는 1년 중 3분의 1은 혼자서 자유롭게 지내고, 다른 3분의 1은 페르세포네와 지내며, 나머지 3분의 1은 아프로디테와 살게 되었다.

아도니스는 허락받은 자유의 시간에도 아프로디테와 함께 지내며 여신의 사랑을 받았다. 명계의 페르세포네보다는 아름답고 관능적인 아프로디테와 지내는 것이 즐거웠기 때문이다. 아프로디테 역시 아도니스 곁을 한시도 떠나지 않았다.

그러나 둘이 함께 하는 시간은 길지 않았다. 여신이 잠시 올림포스에 올라간 사이 아도니스가 사냥을 하던 중 멧돼지에 치여 생명을 잃고 말았다. 아프로디테는 늘 아도니스에게 위험한 동물을 사냥하지 말라고 충고했으나, 순식간에 일어난 일이라 손쓸 겨를도 없었다. 소식을 들은 아프로디테가 한달음에 달려왔지만 이미 때는 늦었다.

아프로디테는 아도니스의 상처에서 흘러나온 피에 넥타르를 뿌리면서 그를 추모했다. 여기서 붉은 꽃이 피어났는데 그 꽃이 바로 아네모네이다. 아도니스 곁으로 사나운 멧돼지를 보낸 것이 아프로디테의 애인 아레스였다고도 하고, 또는 수렵의 여신이면서 순결한 처녀신인 아르테미스였다고도 한다.

🌑 **사랑과 미의 여신 아프로디테**
미와 사랑의 여신으로 바다의 거품에서 태어났으며 로마 신화의 베누스에 해당된다.

아프로디테의 저주

저주받은 자	저주받은 이유	저주(벌)	말로
에오스 (새벽의 여신)	아프로디테의 애인 아레스와 관계를 맺음	항상 슬픈 사랑만 하게 된다.	에오스는 많은 연인을 만나지만 모두 슬픈 결말을 맞이한다.
렘노스 섬의 여자들	아프로디테 숭배를 게을리함	여자들에게 악취를 풍기게 했다.	남편들은 다른 섬의 여자들을 아내로 맞이했다. 이런 모욕에 화가 난 렘노스 섬의 여자들은 남자들을 참살한다.
히폴리토스 (아테나이 왕 테세우스의 아들)	처녀신 아르테미스를 숭배하고 연애를 무조건 싫어함	계모 파이드라의 끊임없는 욕정의 대상이 되었다.	파이드라를 거부한 히폴리토스는 오명을 뒤집어쓰고 나라 밖으로 추방된다.

🌀 **비너스와 아도니스**

페르디난드 볼의 작품. 아도니스는 보통 미소년을 가리키는 말로 쓰이는데 아프로디테(비너스)가 사랑한 남자 중 하나이다. 아네모네는 아도니스가 죽을 때 흘린 피에서 생겨난 꽃으로 바람이 불면 지고 마는 허무한 꽃이다. 고대 그리스인은 아도니스의 너무나도 덧없는 일생과 꽃의 이미지를 함께 떠올렸다.

 아레스는 로마 신화에서는 마르스(Mars)로, 고대의 전쟁이 겨울에 중단되었다 봄에 재개된 데서 마치(March; 3월)의 어원이 되었다. 또한 마르스는 화성의 이름으로 사용되고 있다.

프시케를 구박하는 아프로디테

사랑의 화살을 쏘는 에로스

🌀 **비너스와 큐피드**
로렌초 로토의 작품. 큐피드(에로스)는 사랑의 신으로 보통 나체에 날개가 달리고 활과 화살을 가진 아이의 모습으로 그려진다. 큐피드 옆에 그의 어머니 비너스(아프로디테)의 모습이 보인다.

에로스는 로마 신화에서 아모르(연애) 또는 쿠피도(Cupido, 욕망)라 하고, 영어로는 큐피드(Cupid)이다. 회화 작품 등에서는 원래 아름다운 청년의 모습으로 그려졌지만 아프로디테의 아이라는 설이 정착하면서 소년이나 꼬마 신으로 표현되는 경우가 많아졌다. 또한 그 캐릭터도 '변덕스럽고 장난을 좋아하는 신'으로 바뀌어 갔다.

이 꼬마 신은 대개 어깨에 날개를 달고 활과 화살을 휴대하고 있다. 그의 황금 화살을 맞은 자는 마음에 격렬한 애정이 싹트고 반대로 납으로 된 화살을 맞은 자는 혐오감이 일어나게 된다. 이처럼 에로스는 신들과 인간들의 마음을 지배할 수 있었다. 에로스는 가끔 장난끼가 발동해 순간적인 감정으로 화살을 쏘아 비극을 가져오기도 했다. 아폴론과 다프네의 비련도 에로스가 쏜 사랑의 화살이 가져온 것이다.

🕐 **첫 키스**

윌리암 아돌프 부그로의 작품. 꼬마 프시케가 나비의 날개를 달고 있는 모습을 볼 수 있는데 프시케는 그리스어로 나비를 뜻하며 동시에 영혼 또는 정신을 의미한다. 고대 그리스인들은 묘지 주변을 날아다니는 나비가 죽은 사람의 영혼이라고 생각했고 인간의 영혼이 죽음을 통해 자유로워지는 것을 나비에 비유했다.

에로스와 프시케의 결혼

미의 여신 아프로디테는 자신보다도 아름답다고 소문난 프시케라는 공주에게 질투를 느껴 아들 에로스에게 그녀를 불행한 사랑에 빠뜨리라고 명했다. 그런데 프시케의 아름다움은 사랑의 신 에로스의 마음까지도 흔들었다. 에로스는 그녀의 아름다운 모습을 넋을 잃고 바라보다 그만 마법의 화살로 자신의 손가락에 상처를 내고 사랑의 포로가 되고 말았다.

한편 프시케는 너무나도 아름다운 까닭에 결혼과는 인연이 없었다. 이에 부모가 신탁을 청했더니 "딸에게 신부 옷을 입히고 산 정상에 두고 떠나거라. 그녀의 남편은 신들마저도 두려워하는 자이다"라는 대답을 들었다. 부모는 딸의 불행을 슬퍼하면서도 신탁에 따랐다.

산 정상에 혼자 남겨진 프시케는 바람의 도움으로 호화스러운 궁전으로 인도받았다. 궁전 안에는 아무도 없고 소리만 들릴 뿐이었다. 프시케는 모습이 보이지 않는 하인이 안내하는 대로 호화스러운 식사를 하고 목욕을 한 후 잠자리에 들었다. 그날 밤 프시케는 신탁이 일러주었던 남편이 옆에 있는 것을 느끼고 눈을 떴다. 남편은 부드럽게 포옹하며 신부를 맞이하더니 절대 자신의 모습을 보아서는 안 된다는 말을 남기고 떠났다. 남편은 밤마다 나타나서 날이 새기 전에 돌아가는 것이었다. 그래도 프시케는 궁전 안에서 흡족한 생활을 보내고 있었다. 하지만 그녀의 행복을 시기한 언니들이 "네 남편은 틀림없이 괴물일 테니 확인해 보아라"라고 부추겼다. 불안해진 프시케는 어느 날 밤 마침내 램프의 불빛을 비추어 남편의 모습을 보고 말았다. 그런데 거기에는 사랑의 신 에로스가 있었던 것이다. 놀란 프시케는 그만

🔵 **프시케와 에로스**

프랑수아 제라르의 작품. 프시케와 에로스의 이야기는 숱한 시련을 극복하고 사랑과 영혼(마음)이 맺어진다는 함축성 깊은 우화로 받아들여져 수많은 회화 작품이나 문학 작품의 소재로 사용되고 있다. 프랑스 영화와 디즈니 영화로 우리에게 익숙한 '미녀와 야수'는 보몽 부인의 작품이 원작이지만, 그 기본 원형은 프시케와 에로스 이야기에 있다.

램프의 뜨거운 기름을 그의 어깨에 흘리고 말았다. 에로스는 화상을 입고 그 아픔에 눈을 뜨더니 그대로 사라져 버렸다.

 **큐피드의 정원으로 들어가는 프시케**
존 윌리엄 워터하우스의 작품. 프시케가 들어간 곳은 상아를 댄 높은 천장과 황금 기둥으로 받쳐져 있는 벽, 보석 모자이크로 꾸며져 있는 바닥으로 되어 있었다. 이곳에서 꿈같은 사랑을 나누던 프시케는 언니들의 질투로 깊은 슬픔의 나락으로 떨어진다.

점점 어려진 에로스

BC 8세기경 (헤시오도스 시대)	가이아(대지)와 함께 원초의 신이었고, 강대하고 두려운 신으로 여겨졌다.
BC 5세기경 (고전기)	에로스를 아프로디테의 아이로 여겼다. 그림과 문학 등에서는 아름다운 청년으로 표현될 때가 많았다.
BC 3세기경 (알렉산드리아 시대)	에로스를 아프로디테의 아이로 여기는 경향이 더욱 강하게 나타나 장난기 많은 어린아이라는 이미지가 부여된다. 그림 등에서도 어린아이로 표현되기 시작해 어깨에 날개를 달고 활과 화살을 들고 있는 모습으로 정착했다.
16세기경 (르네상스 시대)	종교적인 그림에서는 에로스를 기본 원형으로 한 어린 모습의 천사가 그려졌다.

※ 시간이 지나면서 에로스의 모습은 다르게 구전된다.

시어머니 아프로디테의 며느리 구박

프시케는 아무것도 없는 초원에 있었다. 에로스와 함께 궁전도 사라져 버린 것이다. 프시케는 남편을 찾아 세상을 헤매고 다녔지만 도저히 찾을 수가 없었다. 그녀는 용기를 내서 아프로디테를 찾아가 남편이 있는 곳을 물었다. 그러나 아프로디테의 분노는 엄청났다. 여신은 프시케를 호되게 다그치고 매를 때렸으며, 게다가 여러 가지 시련을 안겨 주었다. 그 시련이란 단 하루 만에 보리, 조, 수수 등이 뒤섞인 곡물 더미를 종류별로 골라서 나누어 놓는 일이었다.

🜨 **아모르(에로스)와 프시케**
안토니오 카노바의 작품. 아모르는 사랑을, 프시케는 영혼을 뜻한다. 이 작품은 영원히 맺어진 사랑과 영혼의 모습을 표현하고 있다. 또한 사랑을 다룬 이야기이기 때문에 에로스는 어린아이가 아닌 청년의 모습으로 그려져 있다(파리 루브르 박물관 소장).

게다가 흉폭한 숫양의 황금 털도 밀어 와야 했고 또 생명의 샘에서 물을 떠 와야 하는 등 도저히 그녀 혼자서는 해 낼 수 없을 것 같은 일들뿐이었다. 그러나 매번 개미나 독수리와 같은 불가사의한 협력자들이 나타나 그녀를 도와주었다.

이렇게 3가지 시련을 완수한 프시케는 또다시 네 번째 시련을 겪게 된다. 그것은 명계의 왕비 페르세포네에게서 '미'의 상자를 받아오라는 명이었다. 이번에도 불가사의한 협력자가 나타나 도와준 덕택에 상자를 갖고 나오는 데 성공했다. 그런데 상자를 갖고 돌아가는 도중에 호기심 반, 초라해진 자신을 치장하고 싶다는 마음 반으로 상자 안을 들여다보았다.

그러자 프시케는 그 자리에 쓰러져 깊은 잠에 빠지고 말았다. 상자 안에 들어 있던 것은 '미'가 아닌 '잠'이었던 것이다. 프시케가 잠든 곳에 화상이 다 치유된 에로스가 다가와 화살 끝으로 살짝 건드려 잠을 깨우고 그녀를 데리고 올림포스로 올라갔다. 에로스는 제우스에게 하소연을 하며 자신의 아내와 어머니를 중재해 달라고 했다. 아프로디테는 결국 프시케의 한결같은 마음에 지고 말았다. 프시케는 신의 술 넥타르를 마셔 불사신이 되었고 올림포스에서 행복하게 살았다고 한다.

*에로스(Eros)는 에로틱(Erotic) 등과 같이 주로 성애나 호색적인 것을 표현하는 말의 어원이 되었다.
*프시케(Psyche; 영어 발음은 사이키)는 사이콜로지(Psychology; 심리학) 등의 어원이 되었다.
*아프로디테(Aphrodite)의 이름에서 최음제(Aphrodisiac; 성욕을 촉진시키는 약물)라는 말이 파생되었다.

그리스 신화를 되살린
이탈리아 르네상스

이탈리아 르네상스의 대표적 화가 보티첼리가 '비너스의 탄생'을 발표했을 때 그 관능적인 모습에 많은 사람들이 큰 충격을 받았다고 한다. 그도 그럴 것이 이전까지 그리스도교 관점의 테두리 안에서는 인체에 대한 사실적 묘사가 불가능했기 때문이다.

중세 유럽에서는 교회가 절대 권력을 갖고 있었고, 예술이나 학문도 모두 그리스도교의 교리에 얽매여 있었다. 당연히 여성의 누드를 그리는 것도 금기시되었다. 그러나 14세기 들어 이탈리아를 중심으로 금욕적 사회에서 벗어나 인간성을 회복하려는 움직임이 일었다. 이른바 인간주의 사상이 생겨나, 신앙 위주의 삶과 예술을 인간 위주로 변화시키려고 하였다. 이에 따라 종교적 속박에서 벗어나 인간과 자연의 아름다움을 긍정하고, 개성적이고 새로운 시각과 표현을 존중하게 되었다. 그리스와 로마 문화의 가치를 재발견하고, 적극적으로 고전 양식을 모방하기도 했다. 이렇게 해서 르네상스(문예 부흥)의 막이 열린 것이다.

보티첼리가 르네상스의 발상지인 피렌체의 명문 메디치가의 의뢰로 '비너스의 탄생'을 그린 것은 그 무렵이었다. 그리스도교가 대두하면서 그리스 신화는 5세기경 이후 거의 예술 작품의 소재로 다루어지지 않았다. 하지만 한번 예술 작품의 주제로 다루어지기 시작하자, 그 매력적인 소재는 많은 예술가들의 창작 의욕을 불러일으켰다. 회화뿐 아니라 조각, 건축에까지 큰 영향을 미쳤는데, 이탈리아 조각가들은 고대 조각의 이상을 추구하여 나체상을 많이 제작하였다. 이탈리아에서 시작된 르네상스는 이후 프랑스, 독일, 영국 등으로 전파되어 16세기에 정점을 이루었다. 르네상스 이후 그리스 신화는 서양 예술 작품의 테마로 정착하여 지금까지도 새로운 발상의 원천이 되고 있다.

5장

젊은 신들의 이야기

원치 않는 아이를 당당하게 키운

지혜와 전쟁의 여신
아테나

전쟁과 기예技藝의 여신, 아테나

아테나는 제우스의 머리에서 태어날 때부터 이미 갑옷과 투구를 입고 창과 방패를 들고 있었다. 무장한 모습에서 나타나듯이 그녀는 전쟁의 여신이다. 하지만 아레스처럼 피비린내 나고 난폭한 전투를 즐긴 것은 아니다. 아테나는 '전쟁으로 인한 정의'를 상징하고, 또한 전술과 전략 같은 지적인 부분을 주관했다.

🌐 **고대 도시 국가 아테나이의 수호신**
원래는 이집트 네이트 여신이 뿌리라서 검은 색깔의 '블랙 아테나'로 출발했다.

 아테나 '자기 자식에게 왕위를 빼앗긴다'는 예언을 받은 제우스는 아테나를 임신한 메티스(사려思慮라는 뜻)를 삼키지만, 달이 차자 자신의 머리에서 아테나가 태어난다.

126 상식으로 꼭 알아야 할 그리스 로마 신화

헤라클레스, 페르세우스, 오디세우스 등과 같은 영웅들이 모험과 전쟁에서 이름을 떨친 것도 아테나 여신의 도움에 힘입은 결과다. 아테나는 영웅들이 어려움에 처했을 때마다 든든한 보호막이 되어 주었고, 조언을 아끼지 않았다.

또한 아테나는 전쟁과 영웅들의 일뿐만 아니라 인간들의 일상 생활에도 지혜를 발휘하였다. 아테나는 실뽑기와 직물, 건축, 조각, 조선造船 등과 같은 분야를 주관하는 기예의 여신이기도 했다. 그녀는 다양한 기술을 인간에게 가르치고 은혜를 베풀었다고 한다.

거미가 되어 영원히 베를 짜게 된 아라크네

아테나의 베짜기 기술과 관련된 일화가 있다. 아테나가 거미로 만들어 버린 아라크네 이야기가 그것이다.

아라크네의 베짜는 솜씨가 매우 뛰어나 사람들은 아테나 여신이 직접 그녀를 가르쳤을 거라고 했다. 하지만 아라크네는 자신이 여신보다 훨씬 솜씨가 나을 거라고 오만하게 자랑하고 다녔다. 어느 날 아테나는 노파로 변장한 채 아라크네를 찾아가 신에게 도전하지 말라고 충고했다. 교만했던 아라크네가 그 말을 들을 리 없었고, 실체를 드러낸 아테나 앞에서도 고개를 숙이지 않았다.

결국 둘은 시합을 벌이게 되었다. 여신은 아테나이를 놓고 포세이돈과 경쟁하는 장면과 올림포스 신들의 신성한 모습을 짜 넣었다. 더 늦기 전에 아라크네에게 암시를 준 것이지만, 아무 소용이 없었다.

아라크네의 베 짜기 솜씨는 실로 놀라웠다. 아테나 마저 흠 잡을 수 없을 만큼 완벽한 기술이었다. 그러나 그 내용은 신들의 실패와 과오를 나타내는 불경스럽고 비웃는 듯한 그림들로 가득 차 있었다.

🕐 **아라크네의 우화**
디에고 벨라스케스의 작품. 아라크네는 거미를 의미한다. 아테나보다 훨씬 베를 잘 짠다고 뽐내다가 결국 그녀에게 화를 당한다. 스스로 죽을 수 있는 권리마저 허락되지 않고 영원히 베를 짜는 거미가 되어 자자손손 실을 잣는 벌을 받는다.

아테나는 그녀의 기술에 감탄했지만, 그 태도는 용서할 수 없었다. 이에 그녀의 직물을 갈기갈기 찢자 아라크네는 목을 매려 했다. 이때 여신은 자기 몸에서 줄을 뽑아 그녀를 베를 짜는 거미로 만들어 버렸다. 아라크네는 거미가 되어 영원히 실을 짜는 운명에 처해진 것이다.

이성을 잃은 헤파이스토스

그리스 신화의 신들이 모두 다양한 상대와 사랑을 나누지만, 아테나는 이성과의 사랑에 담을 쌓고 일생을 처녀로 일관했다. 그렇다고 해도 아테나는 미의 여신 아프로디테와 경쟁할 정도의 빼어난 미모를 소유하고 있었기 때문에 결코 남성들에게 인기가 없었던 것은 아니다. 대장간의 신 헤파이스토스도 아테나에게 연정을 품은 신 중 하나다.

어느 날 아테나는 무기 제작을 부탁하기 위해 헤파이스토스의 대장간을 찾았다. 그는 아테나의 부탁을 기꺼이 받아들였다. 그런데 아내인 아프로디테가 상대를 해 주지 않아서인지, 일을 하던 헤파이스토스가 갑자기 아테나를 덮쳤다.

놀란 아테나는 거칠게 저항했다. 헤파이스토스는 뜻을 이루지 못했지만, 서로 티격태격하는 사이에 아테나의 다리에 정액을 흘리고 말았다. 화가 난 여신은 이것을 양털로 닦아 땅 바닥으로 내던졌다. 그런데 이 정액이 대지에 의해 잉태되어 아이가 태어났다. 이 아이가 바로 훗날 아테나이의 왕이 될 에리크토니오스였다. 정의감이 강한 아테나는 아버지야 어떻든 간에 이 아이의 어머니임을 인정하고 스스로 양육을 맡았다.

🕐 **파르테논 신전**
지혜와 전쟁의 여신 아테나를 모신 신전으로 아테나이의 아크로폴리스 언덕에 있다. 신전 중앙에 아테나 상이 안치되어 있는데, 이 신전은 아테나 여신을 숭배하는 중심지였다.

그리스에 올리브를 가져오다

아테나와
포세이돈의 싸움

아티카의 수호신이 되다

아테나는 고대 그리스의 많은 도시나 지역에서 수호신으로 섬겼다. 그

🔵 **에레크테이온 신전**
BC 421~393년경에 세워졌으며 아크로폴리스에서 가장 성스러운 장소에 위치해 있다. 우아하고 장식적인 이오니아 건축 양식과 여인상 기둥물로 유명하며 몸채의 중앙부에 포세이돈과 에레크테우스의 내실이 있고 동쪽 부분에 아테나의 내실이 있다.

녀의 보살핌을 가장 자랑스러워했던 곳은 아티카 지방의 수도 아테나이다. 아테나이는 고대 그리스의 도시들 중에서도 가장 번영하고 문명화된 도시였다. 따라서 아테나 여신에 대한 숭배도 널리 전파되었다.

아테나이라는 도시 이

름도 여신의 이름에서 유래된 것이다. 아테나이의 가장 신성한 성역은 아테나를 경배하기 위해 지었던 파르테논 신전이다. 이 신전은 연애나 결혼을 하지 않아 '아테나 파르테노스', 즉 처녀 아테나라 불린 여신을 위해 고대 아테나이인들의 염원과 기술을 모아 지은 것이다. 지금도 시 중앙의 아크로폴리스 언덕 위에는 아테나를 모셨던 파르테논 신전이 남아 변함없이 당당하고 아름다운 모습을 보여 주고 있다.

올리브와 소금의 전쟁

아테나가 주인 없는 땅에 깃발을 꽂듯 그리 수월하게 아테나이 땅의 수호신이 된 것은 아니다. 이미 다른 신들이 각각 자신의 담당 지역을 정해 놓았을 때 아테나는 해신 포세이돈과 아티카 지방을 둘러싸고 싸움을 해야 했던 것이다. 둘의 싸움은 쉽게 결판이 나지 않았다.

싸움을 계속 두고만 볼 수 없었던 올림포스의 신들은 평화적인 방법으로 문제를 해결하자고 제안했다. 그것

🕐 **아테나와 포세이돈의 경쟁**

안토니오 롬바르도의 작품. 아테나와 포세이돈이 아티카 지방을 놓고 경쟁하자 신들은 인간에게 가장 유용한 선물을 준 자에게 그 도시를 주겠다고 선언한다. 올리브 나무를 준 아테나가 승리해 그 땅을 차지하게 된다.

은 두 신 중 시민들에게 가장 좋은 선물을 하는 쪽에게 땅을 맡기겠다는 제안이었다. 아테나와 포세이돈은 신들의 중재안을 받아들이고 선물을 준비했다.

포세이돈은 자신의 상징인 삼지창으로 아크로폴리스 언덕의 땅을 쳐서 소금물이 나오는 샘을 솟아나게 했다. 이에 아테나도 지지 않으려고 창으로 땅을 찔러 올리브 나무가 자라나도록 했다.

이제 신들은 판정을 내려야 했다. 신들이 모여 협의한 결과는 이러했다. "건조가 심한 아테나이 땅에는 올리브 나무가 주민들을 위해 더 필요한 선물이 될 것이다." 결국 아테나에게 승리의 깃발을 올려 준 것이다. 시민들도 소금물의 샘보다는 올리브 열매가 더 유용하다고 생각하여 그 판정을 받아들였다. 아테나를 자신들의 수호신으로 택한 것이다.

싸움에 져 화가 난 포세이돈은 이에 승복하지 않고 아티카 지방에 홍수를 일으켰다. 그러나 시민들이 아테나에 버금가는 신으로 모시겠다고 하자 곧 홍수를 평정하고, 아테나의 기득권을 인정했다.

🌀 **여인상**
에레크테이온 남쪽 포치(Porch)에 사용된 여인상으로, 아크로폴리스 박물관에 소장되어 있다.

여신의 선물, 올리브 나무

이렇게 해서 아테나는 아티카 지방과 아테

나이의 수호신이 되었다. 그리고 올리브 나무라는 훌륭한 선물을 내린 여신으로서 더욱더 사람들의 숭배를 받게 되었다.

올리브는 예나 지금이나 그리스 가정에서 빠질 수 없는 식자재이다. 그 열매는 식용으로 사용하고, 기름은 요리에 이용된다. 게다가 등유와 향유로도 쓰이고, 비누와 의약품의 재료로도 사용된다. 올리브는 그리스의 귀중한 수출품이기도 하다. 원래 그리스는 평지가 적고 메마른 토지가 많은데, 건조에 강한 올리브 나무는 그야말로 신이 내린 은혜의 선물이었던 것이다.

재능이 풍부한 젊은 신 아폴론

광명과 예언의 신

🕐 **아폴론 상**
제우스와 레토의 아들로 여신 아르테미스와 쌍둥이 동기간이다. 올림포스 12신의 하나로 그의 어머니 레토는 헤라의 질투로 출산할 장소를 찾지 못하다가 델로스 섬으로 도망쳐 그곳에서 아폴론을 낳았다.

아폴론은 지성과 재주, 용모를 모두 겸비한 이상적인 신으로 고대 그리스 청년이면 누구나 동경했던 이상적인 모습이라고 한다. 그는 많은 재능을 타고나 음악, 시 등의 예술을 주관할 뿐만 아니라 의술, 궁술 등을 담당하는 신이 되었다. 그야말로 못하는 것이 없는 팔방미인이었다.

또 눈부시도록 아름답게 빛나는 존재라는 뜻에서 광명의 신, 즉 포이보스라고 불렸으며, 동시에 태양신(태양 그 자체를 나타내는 것은 티탄 신족 히페리온의 자식 헬리오스다)과 동일시될 때도 있었다. 이는 그리스 문화의 정수인 젊음과 아름다움의 이상을 상징하는 것이다. 그만큼 젊은이들에게 있어 숭배의 대상이었다.

아폴론은 또한 예언의 신이기도 했다. 그는 왕뱀 피톤을 죽이고 델포이 신전을 세웠다. 델포이의 아폴론 신탁은 가장 권위 있는 신탁으로 여겨졌는데, 신화에서는 운명의 기로에 놓인 영웅들이 이 땅을 찾아와 그의 신탁에 따라 행동하는 장면이 여러 번 등장한다.

무녀를 통해 일러주는 아폴론의 신탁은 앞서 소개한 것처럼 실제로 고대 그리스의 정치와 군사 작전을 움직였다는 역사적 사실도 있다. 델포이는 아폴론 숭배의 중심지였는데, 그리스인들은 개인적 문제뿐 아니라 국가의 운명이 걸린 중대한 일에 대해서도 델포이를 찾아와 신탁을 구했다.

아폴론 숭배는 이후 로마에까지 이어져 거대한 신전이 세워졌다. 로마 신화에서는 아폴로와 동일시된다.

마르시아스와의 연주 시합

그런데 그리스의 지성과 이상적인 미의 상징이라고 칭송받는 아폴론에게도 무섭고 음울한 면이 잠재해 있었다. 아폴론은 다면적인 성격을 지니고 있는 신이다. 그는 치유의 신이면서도 동시에 전염병이나 유행병을 일으키게 하는 사악한 힘도 갖고 있었다. 또한 평상시에는 시를 읊고 악기를 연주하지만, 그를 적으로 대하는 자에게는 가차없이 혹독한 보복을 가했다.

예를 들어 사티로스(산양의 발굽과 뿔을 가진 숲의 정령)인 마르시아스에게 아주 잔혹한 형벌을 내린 일이 있다. 마르시아스는 자신의 피리 솜씨가 아폴론의 키타라(대형 수금) 연주보다 뛰어나다고 생각했다. 급기야 그는 오만하게도 음악의 신 아폴론에게 연주 실력을 겨루어 보자고 도전한다.

그리하여 연주 시합이 열렸다. 둘은 한 번씩 악기를 연주했지만 승부가 나지 않았다. 그때 아폴론이 악기를 거꾸로 들고 겨뤄 보자고 제안하였다. 하지만 피리를 거꾸로 든 채 연주한다는 것은 불가능하기에 마르시아스도 어찌할 수 없었다. 승부에서 패한 마르시아스는 나무에 매달려 산 채로 가죽이 벗겨지는 끔찍한 보복을 당하고 말았다. 이처럼 아폴론은 잔혹한 성향을 동시에 지니고 있었다.

● 아폴론과 연주 실력을 겨루는 마르시아스

팔마 지오바네의 작품. 어느 날 마르시아스는 아테나가 버린 피리 하나를 줍게 된다. 피리를 불어 보고 자신에게 엄청난 재능이 있다는 것을 알게 된 마르시아스는 아폴론에게 도전하는 만용을 부린다. 하지만 최고의 신을 이길 수는 없는 일이었고 결국 죽임을 당하게 되는데 그가 죽을 때 토해 낸 비명조차 뮤즈들은 음악 소리로 들었다.

한편, 프리기아의 미다스 왕은 아폴론과 목동신 판이 피리 경연을 했을 때 심판을 보게 되었다. 그는 이때 판의 승리를 주장하여 화를 자초하고 말았다. 아폴론은 이에 분개하여 피리 소리도 분간 못하는 미다스의 귀가 어리석고 미련스럽다고 하면서 '당나귀 귀'로 바꾸어 버렸다. 그 유명한 '임금님 귀는 당나귀 귀'는 이 미다스 왕의 이야기에서 유래한 것이다.

🏛 **아폴론 신전**
델포이의 아폴론 신전 유적은 BC 4세기에 지어진 것이다. 신전에는 38개의 도리스식 기둥이 전실, 내실, 후실을 둘러싸고 있다.

아폴론(Apollon)은 로마 신화에서는 아폴로(Apollo)로 등장하며, 미국의 달 탐사 계획의 이름으로도 쓰이고 있다.

아폴론의 비련

여성과 미소년들과의
비극적인 사랑

다프네와 비련의 시작

아폴론과 다프네
잔 로렌초 베르니니의 작품. 아폴론이 다프네를 쫓아가 드디어 손으로 붙잡았을 때 다프네의 신체 일부는 벌써 월계수로 변하기 시작했다.

아폴론은 올림포스 최고의 미남이었기 때문에 그만큼 사랑 이야기가 많이 남겨져 있다. 외모뿐 아니라 다방면에 뛰어난 재능을 갖고 있는 그가 여성들에게 인기가 좋은 것은 당연한 일이었다. 하지만 이렇듯 완벽한 조건을 가졌음에도 의외로 사랑의 결실을 맺지 못하고, 비극적 결말을 본 경우가 많다.

그중에서도 유명한 것이 미술 작품으로도 많이

그려지고 있는 다프네와의 슬픈 사랑이다. 다프네는 강의 신 페네이오스의 딸로 눈부시게 아름다운 처녀였다. 그런데 그녀는 남자에게 관심이 없었다. 그녀의 아버지는 숱한 구혼자들 중 한 사람을 골라 결혼할 것을 권했지만, 그녀는 처녀로 남기를 원했다. 다프네는 숲과 들을 뛰어다니며 자유롭게 살기를 원했던 것이다.

아폴론이 그런 그녀를 사랑하게 된 것은 사랑의 신 에로스 때문이었다. 이 사랑 이야기는 아폴론이 자신의 화살과 에로스의 작은 화살을 비교하며 조롱한 데서 비롯되었다. 화가 난 에로스는 앙갚음을 하기 위해 아폴론에게 사랑을 불러일으키는 황금 화살을 쏘고, 다프네에게는 사랑을 거부하는 납으로 된 화살을 쏘았다.

월계수가 된 다프네

에로스의 장난으로 인해 아폴론은 다프네에게 마음을 온통 빼앗기고 말았다. 아폴론은 온종일 그녀를 찾아다녔지만, 사랑을 거부하는 화살을 맞은 다프네는 달아나기에 바빴다. 아폴론은 어떻게든 다프네의 마음을 얻기 위해 그녀를 뒤쫓았다. 반면 그

🕐 **월계수로 변해 가는 다프네**
점점 힘이 빠져 가는 다프네는 서서히 월계수로 변하기 시작했고, 결국 아폴론의 성수聖樹가 되었다.

녀는 뒤도 돌아보지 않고 붙잡히지 않으려고 달아났다. 아폴론이 걸음을 빨리 하면 할수록 그녀는 더욱 빠른 걸음으로 있는 힘껏 도망쳤다.

하지만 다프네는 점점 힘이 빠졌고, 체력이 한계에 이르렀다. 이제 막 아폴론의 손에 붙잡히려고 할 때 그녀는 아버지에게 도움을 청했다. 그러자 다프네가 뻗은 양 팔은 초록 잎이 달린 가지가 되었다. 몸통은 나무 껍질로 뒤덮여 갔으며, 다리는 단단하게 대지에 뿌리를 내렸다. 딸의 비통한 절규를 들은 페네이오스가 그녀를 한 그루의 월계수로 바꾼 것이었다. 월계수의 그리스어는 다프네(현대식 발음은 다프니)이다.

실의에 빠진 아폴론은 월계수가 된 다프네에게 마지막으로 부탁을 했다. "하다못해 나의 성수聖樹라도 되어 주었으면 좋겠구나." 다프네는 이제 막 생겨난 가지를 흔들어 그의 뜻을 받아들였다고 한다.

신의 사랑 대신 인간을 택한 마르페사

아폴론은 인간 남성에게 여성을 빼앗긴 적도 있다. 군신 아레스의 자손인 마르페사를 놓고 인간 중에서도 가장 강하다는 이다스라는 자와 경쟁을 했던 것이다. 이다스는 힘이 무척이나 셌으며, 지기 싫어하는 성격을 가졌다고 한다. 아폴론이 자신의 애인에게 눈독을 들이고 있다는 것을 알게 된 이다스는 마르페사를 납치했다. 이에 뒤쫓아간 아폴론과 이다스 사이에 싸움이 벌어졌다. 이때 중재에 나선 제우스가 마르페사에게 선택권을 주었다. 마르페사는 생각 끝에 이다스를 남편으로 택했다. 그녀는 머지않아 나이가 들어 늙었을 때 아폴론에게 버림받는 것이 두려워

신 대신 인간 이다스를 남편으로 선택했던 것이다.

히아신스 꽃이 된 미소년 히아킨토스의 비극

아폴론의 사랑의 대상은 여성만이
아니었다. 그는 미소년들에게도 사
랑을 느끼고 그들과 어울렸다. 그중
에서도 미소년 히아킨토스는 아폴론
이 누구보다도 애정을 기울인 상대
였다고 한다. 히아킨토스는 아름다
운 소년으로 원반던지기와 같은 운
동도 썩 잘했다.

아폴론은 수금과 활을 손에서 내
려놓고, 히아킨토스와 어울려 산이
며 들로 돌아다녔다. 소년에 대한 사
랑도 나날이 깊어져만 갔다. 서풍의
신 제피로스 또한 이 소년을 사랑하
고 있었지만, 히아킨토스는 아폴론

🔵 **히아킨토스의 죽음**
조반니 바티스타 티에폴로의 작품. 아폴론이 던진 원반은 서풍
제피로스의 질투의 바람을 타고 히아킨토스의 이마를 맞혔다.

만을 한결같이 우러러보고 제피로스는 거들떠보지도 않았다.

어느 날 아폴론과 히아킨토스가 한참 즐겁게 원반던지기를 하며 놀고
있었다. 이것을 멀리서 지켜보던 제피로스는 둘의 다정한 모습에 질투를
느꼈다. 질투의 불꽃이 활활 타올랐을 때 제피로스는 심술궂은 바람을

🌸 히아신스
대지에 스며든 히아킨토스의 피에서 히아신스가 탄생했다. 히아신스의 꽃말은 '슬픔을 초월한 사랑'이다.

불러일으켜 아폴론이 던진 원반을 히아킨토스의 이마에 맞혔다.

소년의 이마에서는 엄청난 피가 흘러나왔다. 아폴론은 히아킨토스를 살리려고 열심히 손을 써 보았지만 어쩔 도리가 없었다. 의술의 신인 자신의 힘으로도 소년을 살릴 수가 없었던 것이다. 아폴론은 매우 슬퍼하면서 탄식했다.

그때 대지에 떨어진 소년의 피는 순식간에 색을 바꾸어 아름다운 꽃을 피웠다. 이 꽃은 소년의 이름을 따서 히아신스라고 부르게 되었다.

🌲 삼나무(사이프러스)
아폴론이 사랑했던 키파리소스는 영원히 슬퍼하는 몸, 삼나무가 되었다.

삼나무가 된 키파리소스

미소년 키파리소스도 아폴론의 사랑을 받았다. 이 소년은 금빛 수사슴을 한 마리 키웠는데, 늘 데리고 다니면서 풀을 먹였다. 그런데 어느 날 키파리소스가 잘못하여 실수로 던진 창에 수사슴이 맞고 말았다. 수사슴이 죽어 가는 모습을 본 소년은 슬픔을 이기지 못해 자신도 따라 죽으려고 했다.

아폴론이 키파리소스를 달래 보아도 아무 소용이 없었다. 소년의 몸은

갈수록 점점 말라갔다. 소년은 아폴론에게 영원히 슬퍼하는 몸이 되도록 해 달라고 부탁했다. 아폴론은 소년의 소원을 들어주어 그를 삼나무(사이프러스)로 변신시켰다. 이 나무는 죽음을 상징한다고 한다.

동성애가 예사롭던 고대 그리스

고대 그리스에서는 연상의 중년과 소년 사이의 동성애가 유행했다. 소년애라고 하는 것이 오히려 적당할지도 모른다. 그런데 이는 쾌락을 탐하는 성적 관계에 그치는 것이 아니라, 소년들의 정신과 육체를 지도하는 일종의 교육 과정이라고 여겼다.

🌀 **어른과 소년의 사랑**

고대 그리스에서는 동성애가 깊은 사랑과 신뢰로 맺어진 이상적 사제 관계라고 간주되었다. 연륜 있는 성인이 아직 미성숙한 소년에게 지혜와 경험을 전달해 주는 통로로서의 역할을 한 것이다. 스파르타와 테바이 등의 군대에서는 이러한 동성애를 적극 장려할 정도로 제도화되었다는 역사적 기록도 있다.

아폴론과 히아킨토스가 원반던지기를 할 때 사실 이 둘은 알몸이었다. 하지만 이것은 이상한 의미가 아니었다. 고대 그리스에서는 전라로 운동을 하는 것이 일반적이어서 올림피아 경기에서도 선수들은 모두 알몸이었다. 경기 대회에 선수로 참가할 수 있는 것은 남성뿐이었고, 여성은 미혼의 경우 관전할 수 있지만 기혼자는 관전이 허락되지 않았다고 한다.

순결의 여신 아르테미스

니오베의 비극과
별자리가 된
칼리스토 모자

수렵의 여신 아르테미스

아폴론의 쌍둥이 누이동생 아르테미스는 젊고 아름다운 수렵의 여신으로 활쏘기의 명수였다. 아폴론이 태양신이라면 아르테미스는 달의 여신이었다. 또한 그녀는 처녀의 수호신으로 순결의 상징이었는데, 그녀를 따르는 님프들도 평생 순결을 지켜야 했다. 아르테미스는 산과 들에서 님프들과 사냥개, 아기 사슴 등을 데리고 수렵을 즐겼으며, 강이나 샘물에서 목욕을 하는

◀ 순결의 여신 아르테미스

아르테미스는 자신의 처녀성을 지키고 자신을 따르는 님프들에게도 순결을 지키게 했다. 그 때문에 스스로 사랑을 구가하고 신들과 인간들의 사랑을 주관하는 사랑의 여신 아프로디테와 대립 관계에 있었다.

등 목가적인 일상을 보냈다고 한다.

하지만 아폴론처럼 가끔 냉혹하고 잔인한 일면을 보여 주기도 했다. 아르테미스를 모독하거나 뜻에 반하는 행동을 한 이들에게는 가차없이 형벌을 내렸던 것이다.

아르테미스와 아폴론에게 자식을 참살당한 니오베

테바이의 왕비 니오베에게는 많은 자식들이 있었는데, 아들과 딸이 각각 일곱씩이나 되었다. 그녀는 그런 자식들을 무척 아끼고 자랑스러워했다. 그런데 자식 자랑이 지나친 나머지 니오베는 해서는 안 될 말을 하고 말았다. "나에게는 14명이나 되는 자식이 있으므로 자식을 둘밖에 출산하지 못한 레토(티탄 신족으로 제우스의 사랑을 받아 아르테미스와 아폴론을 출산했다) 여신보다 내가 행복하다."

레토는 바로 아르테미스와 아폴론의 어머니다. 화가 난 레토는 앙갚음으로 아르테미스와 아폴론에게 니오베의 자식들을 죽이도록 명했다. 아르테미스 남매도 어머니의 명예를 더럽힌 니오베를 용서할 수

🔵 **니오베 자녀들의 죽음**
아브라함 블루마르트의 작품. 니오베는 14명이나 되는 자식이 있다며 레토를 상대로 오만을 부리다가 많은 자식들을 잃었다.

없었다. 둘은 곧바로 니오베의 자식들이 있는 곳으로 가서 한 명씩 잇달아 화살로 쏘아 죽였다.

그제야 자신의 잘못을 깨달은 니오베는 마지막 남은 딸 하나만은 살려달라고 애원했지만, 아폴론과 아르테미스는 사정을 봐 주지 않았다. 자식을 모두 잃은 니오베는 밤낮으로 울며 슬퍼하다 그대로 돌이 되었다고 한다.

사냥개에게 물어뜯긴 악타이온

아르테미스는 아테나와 마찬가지로 평생 처녀신으로 지냈다. 그런 그녀의 목욕 장면을 우연히 목격한 악타이온에 대해서는 불행이라고밖에 달리 표현할 길이 없다.

악타이온은 지혜로운 사람으로 사냥 실력도 뛰어났다. 그날도 그는 사냥개 무리를 거느리고 깊은 산속에서 사냥을 하고 있었다. 그러다 어느 맑은 샘에 이르렀는데, 거기서 그만 아르테미스 여신이 목욕하는 모습을 보게 되었다.

님프들이 서둘러 여신의 몸을 에워쌌지만 이미 때는 늦었다. 부끄럽고 당황하여 크게 화가 난 여신은 악타이온을 꾸짖었다. "나의 알몸을 보았다고 어디 한번 떠들고 다녀 보아라. 그리만 할 수 있다면 말이다." 그 순간 악타이온의 머리에서는 두 개의 뿔이 돋아났고, 손발은 굽이 달린 다리가 되었으며, 입고 있던 옷은 알록달록한 털가죽이 되었다. 여신이 악타이온을 사슴으로 바꾸어 버린 것이다.

불행은 여기서 끝나지 않았다. 사슴으로 변한 악타이온이 당황하며 숲을 헤매고 있을 때 개 짖는 소리가 점점 크게 들려왔다. 그가 데리고 온 50마리의 사냥개들이 사슴으로 변한 주인을 사냥감으로 생각하고 추격해 온 것이다. 악타이온을 발견한 사냥개들은 주인의 몸을 갈기갈기 물어뜯고 말았다.

아르테미스의 분노를 산 님프, 칼리스토

칼리스토는 아르테미스의 시중을 드는 아름다운 님프로 여신을 따라 영원히 처녀를 지키겠다고 맹세한 터였다. 아르테미스도 그런 그녀를 아껴함께 사냥을 다니는 등 늘 가까이 두었다. 그러나 대신 제우스의 바람기가 그녀에게 돌이킬 수 없는 비극을 가져다주었다.

순결한 칼리스토는 제우스의 사랑을 완강하게 거부했다. 하지만 제우스는 끈질기게 그녀에게 수작을 걸었다. 결국 제우스는 그

🌀 **아르테미스로 변신한 제우스와 칼리스토**
프랑수아 부셰의 작품. 칼리스토라는 이름의 어원은 '가장 아름다운'이라는 의미를 가지고 있다. 제우스는 그녀를 보고 한눈에 반해 아르테미스로 변신해 즐거운 시간을 갖는다. 수상하게 여긴 칼리스토가 빠져나가려 발버둥을 쳤지만 이미 때는 늦었다.

의 특기인 변신술을 써서 아르테미스의 모습으로 변한 뒤 칼리스토에게 다가갔다. 그리고 그녀의 순결을 빼앗고 말았다.

칼리스토는 처녀를 잃은데다 제우스의 아이까지 임신했지만 여신에게는 비밀로 하고 있었다. 하지만 목욕을 하려고 무심코 옷을 벗었을 때 비밀이 탄로나고 말았다. 사실을 알게 된 순결의 수호신 아르테미스는 "이 더러운 것!" 하고 화를 내며, 이것저것 사정을 묻지도 않은 채 그녀를 님프들의 무리에서 추방시켜 버렸다.

그 후 칼리스토는 홀로 남자아이를 출산했는데, 이름이 아르카스였다. 칼리스토는 이번에는 제우스의 아내인 헤라의 질투를 받게 되었다. 헤라는 그녀에게 저주를 내려 커다란 곰으로 변하게 했다. 이는 남편의 바람기를 자극한 칼리스토의 아름다움을 없애기 위한 것이었다. 칼리스토는 엎드려 용서를 빌려 했으나 벌써 곰으로 변한 뒤였다.

일설에 의하면 순결의 맹세를 어긴 죄가 드러났을 때 아르테미스가 곧바로 칼리스토를 곰으로 변신시켰다고도 한다.

큰곰자리와 작은곰자리가 된 칼리스토와 아르카스

칼리스토의 아들 아르카스는 어머니의 일을 모른 채 성장하여 사냥을 하러 다니게 되었다. 어느 날 그는 숲 속에서 곰 한 마리와 마주쳤는데, 그 곰은 바로 칼리스토였다. 칼리스토는 한눈에 자신의 아들 아르카스를 알아보았다. 그녀는 너무 기쁜 나머지 팔을 벌리고 아들에게 다가갔지만, 아르카스에게 그것은 큰 곰으로밖에 안 보였다. 곰이 자기를 공격한다고 여겼기 때문에 무서워서 견딜 수가 없었다.

아르카스는 떨리는 손으로 창을 꽉 쥐고 용기를 내서 곰에게 다가갔다. 그리고 곰을 찌르려고 날카로운 창을 겨누었다. 순간 이를 보고 있던 우스가 얼른 제지시켰다. 아들이 어머니를 죽이는 비극을 두고 볼 수만은 없었던 것이다. 제우스는 두 모자를 천상으로 올려보내 별자리로 만들었는데 어머니 칼리스토는 큰곰자리가, 아들 아르카스는 작은곰자리가 되었다.

그러나 질투의 화신 헤라는 연적이 별자리가 되어 천상에 있는 것조차 부아가 치밀어 올랐다. 여신은 대양의 신 오케아노스에게 "이 두 별자리에게 휴식을 주지 마세요!"라는 부탁을 했다. 이 때문에 북두칠성을 포함한 큰곰자리와 북극성을 포함한 작은곰자리는 수평선 밑으로 지지 않고 끊임없이 밤하늘을 돌며 반짝이게 된 것이다.

🕐 **큰곰자리**

하늘에 올려진 칼리스토는 큰곰이 되기 전보다 더 아름답게 빛났다. 이것을 질투한 헤라 여신 때문에 이들 모자는 영원히 북극의 하늘만 맴돌게 되었다.

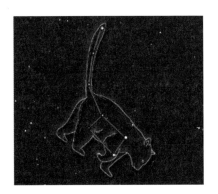

🕐 **작은곰자리**

 ★ 아르테미스는 로마 신화에서 디아나(Diana)와 동일시된다. 영어 발음은 다이아나로 여성들의 이름으로 많이 쓰인다.
★ 오케아노스는 로마 신화에서 이름 오케아누스(Oceanus)를 거쳐 오션(Ocean; 해양)의 어원이 되었다.

태어날 때부터 남달랐던

신들의 전령사 헤르메스

◀ **헤르메스 상**

날개 달린 모자와 샌들, 그리고 2마리의 뱀이 휘감겨 있는 전령의 지팡이가 헤르메스의 상징이다.

헤라의 젖을 먹은 헤르메스의 탄생

헤르메스는 제우스와 마이아(티탄 신족의 피를 이은 아틀라스와 플레이오네의 딸)의 아들로 아르카디아 키레네 산(현재 키리니 산)의 한 동굴에서 태어났다. 마이아에게 반한 제우스는 헤라의 눈을 피해 키레네 동굴로 찾아가 사랑을 나누곤 했다. 마이아는 '어머니' 혹은 '유모'라는 뜻을 가지고 있다.

헤르메스가 태어났을 때 이들 모자는 드물게도 헤라의 박해를 받지 않았다. 헤르메스는 헤라의 박해를 피하기 위해 헤라의 무릎에 앉았는데, 이때 헤라가 자신의 젖을 먹였다. 그래서 헤라는 헤르메스를 자기 아들처럼 여겼다고 한다.

헤르메스는 태어나자마자 혼자 힘으로 요람을 기어 나오더니 그리스 북방 마케도니아에 있는 피에리아까지 갔다. 물론 인간의 걸음으로는 도저히 하루 만에 당도할 수 없는 거리였다.

그리고는 아폴론의 소 50마리를 훔쳐 원래 있던 곳으로 되돌아왔다. 게다가 돌아오는 길에 소의 행방을 감추기 위해 소를 뒤로 걷게 하고, 자신의 발자국을 남기지 않으려고 조그만 발에 큰 샌들을 신는 등 기지를 발휘했다. 갓난아이답지 않은 대담하고 주도면밀한 면모를 보였던 것이다. 그런 엄청난 일을 벌이고도 헤르메스는 침착하게 소들을 다른 곳에 숨겨 놓고, 아무 일 없다는 듯 요람에서 잠들었다.

🔹 신들의 전령사 헤르메스

제우스도 놀란 아들의 말솜씨

하지만 아폴론도 예언의 신인지라 그 사실을 금방 알게 되었다. 곧 범인을 밝혀내더니 키레네 동굴로 찾아가 헤르메스를 엄하게 추궁했다. 그러자 헤르메스는 시치미를 딱 잡아뗐다. "아기인 제가 그런 일을 어떻게 하겠어요. 발바닥이 아직 이렇게 연약해서 울퉁불퉁한 땅바닥을 밟을 수도 없는 걸요."

말문이 막힌 아폴론은 헤르메스를 제우스에게 데려갔다. 그러나 제우

🌀 신들의 사자使者 **헤르메스(머큐리라고도 한다)**

야콥 반 캄펜의 작품. 헤르메스는 갓난아기 때 거북을 잡아 그 귀갑龜甲에 양의 창자로 현絃을 매어 하프를 발명했다. 그 음색의 아름다움에 감동한 아폴론은 하프를 얻는 대신 소를 훔친 것을 용서했다. 헤르메스는 죽은 자를 명계로 인도하는 영혼의 안내자이기도 했는데 그 때문에 그는 이승과 저승을 자유롭게 왕래할 수 있었다. 페르세포네를 돌려달라는 일을 맡아 명계로 내려가 하데스를 만난 것도 그였고 영웅 헤라클레스가 12과업을 수행하려고 명계로 갔을 때도 안내했다. 음악가 오르페우스가 명계에 있는 아내 에우리디케를 찾으러 갔을 때 도와주기도 했다.

스 앞에 나와서도 태연하게 거짓말을 늘어놓는 것이었다. "저는 거짓말하는 방법도 모릅니다. 어제 막 태어난 제가 힘 센 소를 훔칠 수 있다고 보시나요?" 사건의 진상을 알고 있는 제우스는 자기 아들의 교활한 말솜씨에 탄복하면서 재미있게 지켜보았다. 그렇다고 언제까지나 아폴론의 체면을 구길 수는 없는 일이었다. 제우스는 웃으면서 소가 있는 장소로 아폴론을 안내하도록 헤르메스에게 명했다. 결국 헤르메스는 소를 훔친 일을 자백하고 아폴론에게 소를 돌려주었다.

그러나 빈틈이 없는 헤르메스는 이번에는 수금을 능숙하게 연주해 아폴론의 마음을 끌었다. 이 수금은 헤르메스가 거북이 등껍질과 양의 창자를 이용해 만든 악기였다. 수금의 아름다운 소리에 반한 아폴론은 그것을 갖고 싶어 했다. 이를 눈치 챈 헤르메스는 기회를 놓치지 않고 소와 교환하자고 말을 꺼냈다. 이렇게 해서 헤르메스는 결국 정당한 거래로 소떼를 손에 넣는 데 성공했다.

상업의 신, 여행자의 수호신, 영혼의 안내자

헤르메스의 교활함, 기민함, 말솜씨는 천성적으로 타고난 것이었다. 그래서 그는 자신의 성격과 재능에 맞게 웅변가, 도둑, 상인 등의 수호신이 되었다. 후에 로마 신화에서는 상업의 신 메르쿠리우스와 동일시되기도 한다.

또한 헤르메스는 여행자의 수호신이기도 하다. 그는 날개 달린 모자와 신발을 착용하고, 손에는 두 마리 뱀이 몸을 휘감고 있는 지팡이를 들고 온 세상을 빠르게 돌아다녔다.

이 때문에 옛날 그리스의 길거리에는 통행인과 여행자를 보호하는 헤르마이 상이 세워져 있었다. 헤르마이 상은 머리는 헤르메스이고, 몸체는 기둥으로 되어 있었다. 이는 이정표 역할을 하는 것으로, 헤르메스는 이러한 상이 신격화된 것이라고 여겨지기도 한다.

헤르메스의 성격과 재능은 신들의 사자 역할을 하기에 안성맞춤이었다. 그는 신화 속에서 주역으로 나오는 일이 많지 않지만, 사자의 역할로는 자주 등장한다. 예를 들면 제우스의 명을 받아 판도라를 지상으로 보냈고, 영웅 페르세우스에게는 고르곤을 퇴치할 때 필요한 무기를 주었다. 그리고 트로이아 전쟁의 발단이 된 미의 심판을 할 때는 여신들을 심판자 파리스의 곁으로 안내해 주기도 했다.

 마이아(Maia)는 메이(May; 5월)의 어원이 되었다.

디오니소스의 탄생과 신앙

디오니소스의 탄생

세멜레는 테바이의 왕 카드모스와 하르모니아의 딸이었다. 그녀는 제우스에게 사랑을 받고 아이를 갖지만, 예외없이 질투심 많은 헤라가 그녀를 파멸의 길로 이끈다. 세멜레의 유모로 변신한 헤라는 그녀에게 애인이 정말 제우스가 맞는지 의심을 품도록 꼬드겼다.

다음날 제우스가 나타났을 때 세멜레는 어떠한 부탁이라도 들어달라고 간청했다. 제우스는 그렇게 하겠노라고 하면서 스틱스 강에 걸고 맹세를 했다. 그러자 세멜레는 이런 부탁을 하는 것이었다. "그럼, 제우스님이 헤라 왕비님을 찾아가실 때와 똑같은 모습을 하고 제게 와 주세요." 이 모든 것이 헤라가 짜낸 계략이었다.

제우스는 당혹스러웠다. 세멜레의 부탁을 들어준다는 것은 그녀의 몸을 파멸시키는 것이기 때문이었다. 하지만 스틱스 강에 맹세한 것은 신이라 해도 취소할 수 없었다. 어쩔 수 없이 제우스는 번개와 천둥으로 둘러싸인 본래의 모습을 하고 나타났다. 이를 본 세멜레는 제우스의 강렬한 빛과 열을 견디지 못해 타 죽고 말았다.

제우스는 참혹하게 죽어 있는 세멜레의 태내에서 6개월밖에 안 된 미숙한 태아를 꺼냈다. 그리고는 자신의 허벅지 안에 넣고 꿰맸다. 헤라의 눈을 피하기 위한 것이었다. 달이 차자 제우스의 허벅지를 뚫고 아이가 태어났는데, 이가 바로 디오니소스다.

● **병에 걸린 바쿠스**
미켈란젤로 메리시 다 카라바조의 작품. 헤라의 저주를 받아 미친 디오니소스(바쿠스)는 레아의 치료를 받은 후부터 신성을 지니게 되었다.

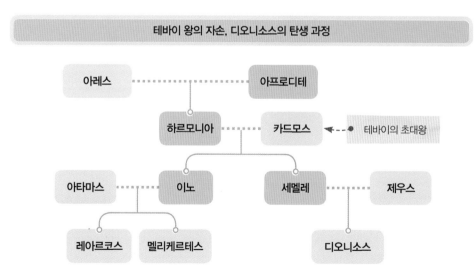

테바이 왕의 자손, 디오니소스의 탄생 과정

아레스 ········· 아프로디테

하르모니아 ········· 카드모스 ◄--- 테바이의 초대왕

아타마스 ········· 이노   세멜레 ········· 제우스

레아르코스   멜리케르테스   디오니소스

헤라의 질투는 디오니소스가 태어난 후에도 계속되었다. 어린 디오니소스는 세멜레의 자매 이노에게 맡겨졌는데, 그녀는 헤라에게 들키지 않기 위해 아이에게 여자 옷을 입혔다. 그러나 이를 알게 된 헤라는 이노와 그녀의 남편 아타마스를 미쳐 버리게 했다. 헤라에 의해 미친 이노와 아타마스는 친아들 레아르코스와 멜리케르테스를 살해하고 만다. 디오니소스의 처지를 걱정한 제우스는 아이를 아기 사슴으로 변신시켜 니사의 님프들에게 양육을 맡긴다.

그리스에 와인을 퍼뜨린 디오니소스 신

니사에서 성장한 디오니소스는 포도나무 재배법과 포도주 양조 기술을 발견하게 된다. 그리고 이러한 기술과 술에 의한 도취, 해방을 전파하고자 여행에 나선다.

언젠가 아티카 지방의 이카리아를 방문한 디오니소스는 자신을 친절하게 환대해준 마을 농부 이카리오스에게 포도나무 재배법과 와인 담그는 기술을 가르쳤다. 이카리오스는 신에게 받은 은혜를 마을 사람들

🍷 **바쿠스**
미켈란젤로 메리시 다 카라바조의 작품. 바쿠스(디오니소스)는 해방의 신이자 문명의 촉진자로 평가받는다. 그는 숲에서 지내면서 우연히 발견한 발효 포도즙 덕분에 신으로 추앙받았는데 이는 자연환경에 잘 적응한 지혜이기도 했다. 유럽의 땅은 수질이 떨어지는 반면 포도나무 성장에 적합한 토양을 지녔으므로 포도주가 대표적인 술이 되었다. 이런 점에서 바쿠스는 와인의 선구자이다.

에게도 나누어 주었는데, 마을 사람들은 이를 물에 타지 않고 마셨기 때문에(고대 그리스에서는 보통 술을 물에 타서 마셨는데, 그냥 마시는 것은 야만적인 행위로 여겼다) 심하게 취해 버렸다. 마을 사람들은 '술'이라는 것뿐 아니라 '술에 취한다'는 것도 어떤 것인지 모르는 상태였다. 그 때문에 틀림없이 독을 타서 먹인 것이라 생각하고 이카리오스를 죽였다.

그러자 마을에 전염병이 돌기 시작하고, 기근이 든데다 마을 처녀들이 하나둘 미쳐 나갔다. 이는 디오니소스가 신벌을 내린 것이었다. 마을 사람들은 신탁을 통해 진상을 알아내고 이때부터 디오니소스 신을 숭배하게 되었다고 한다. 디오니소스는 시리아를 거쳐 인디아까지 여행을 하면서 포도 재배법과 포도주 담그는 법을 가르치고 자신에 대한 신앙을 전파했다. 처음에는 반응이 시원치 않았으나 그리스로 돌아오면서 점점 그 열기가 더해졌다.

광란의 디오니소스 축제

디오니소스는 각지에서 문제를 일으키면서도 서서히 세력을 키워 이윽고 그리스 전역의 주민들에게 숭배받게 되었다. 술로 인한 도취와 해방을 맛본 사람들이 그를 열렬히 따랐기 때문이다. 그것은 디오니소스 축제라는 광란의 의식으로 나타났다. 이 광란의 축제는 서민들을 중심으로 열광적으로 퍼져나갔지만, 한편에서는 야만적인 신앙이라 하여 귀족들에게 박해를 받은 적도 많았다. 디오니소스는 자신을 섬기지 않는 자에게는 엄격한 신벌을 내려 신의 힘을 보여 주었다.

디오니소스 축제는 원래 비밀의식으로 한밤중에 거행되었다. 신자의 대부분은 여성들이 차지했는데, 그들은 술을 마시며 노래를 부르고 춤을 추면서 들뜬 표정으로 난무를 즐겼다. 때로는 짐승을 갈기갈기 찢어서 피가 흐르는 날고기를 먹었다고도 한다. 이는 인간의 관습과 금기를 벗어난 원시적 힘이 자연스럽게 나타난 것으로 볼 수 있다.

사람들은 이런 괴이한 모습을 보고 그녀들을 마이나스, 즉 광란의 여자라 불렀다. 디오니소스를 열광적으로 숭배했던 그녀들은 짐승의 가죽을 몸에 걸치고 손에는 포도와 지팡이를 든 채 광란의 축제를 벌였다. 디오니소스 주위에는 그들의 무리인 마이나데스와 판 신, 사티로스, 요정

🌙 **바쿠스의 축제**
윌리암 아돌프 부그로의 작품. 술은 문화 풍속에서도 이중적 요소로 작용한다. 그리스의 경우 디오니소스를 통해 격정적이고도 본능적인 창작 예술, 특히 연극이 선보였다. 애초 삶의 허무를 주장한 디오니소스를 기리기 위해 축제를 벌이는 과정에서 비극이 탄생했고 뒤이어 희극이 등장했다. 그리스 희극이 슬픔과 고통을 극복한 명랑함을 특징으로 갖는 이유도 여기에 있다.

등 추종자들이 항상 따랐다.

어머니의 손에 죽은 펜테우스

디오니소스의 고향 테바이에서도 그에 대한 신앙이 퍼져 나갔다. 여신 도들은 키타이론 산을 광기에 찬 모습으로 휘젓고 다녔고, 왕가의 사람들도 광적으로 숭배하기 시작했다. 테바이 왕 펜테우스는 이 괴상하고 음란한 신흥 종교가 마음에 들지 않아 탄압을 가했다. 그 무렵 테바이에 나타난 디오니소스는 펜테우스에게 광란의 축제를 보러 가자고 부추겼다.

디오니소스의 안내를 받아 키타이론 산을 찾은 펜테우스는 여자들이 광란하는 현장을 두 눈으로 직접 목격했다. 여자들은 지팡이를 들고 짐 승들을 죽이면서 춤을 추고 있었는데, 그의 눈에는 그야말로 난장판이 따로 없었다.

그때 나무 위에서 훔쳐보고 있던 펜테우스가 여자들에 의해 발각되자 디오니소스는 여자들에게 광기를 불어넣었다. 광기에 찬 여자들은 펜테 우스가 있는 나무 밑으로 몰려들어 모두 매달린 채 나무를 흔들어댔다. 그녀들은 마침내 그 큰 나무를 쓰러뜨리고 비명을 지르는 펜테우스를 붙 잡았다. 그리고는 그를 짐승이라 여겨 갈기갈기 찢어버렸다.

그 선두에 서 있던 여자가 바로 펜테우스의 어머니 아가베였다. 제정신이 든 아가베는 자신이 저지른 죄에 대한 두려움으로 떨고 있었는데, 디오니소스는 냉혹한 말을 내뱉을 뿐이었다.

"신인 나를 감히 업신여긴 대가다."

파르테논 신전의
빼앗긴 조각

BC 5세기에 세워진 파르테논 신전은 2,500년간 여러 가지 모습으로 변해 왔다. 백악(白堊)의 신전으로 알려진 파르테논이지만, 다른 그리스 신전들이 그렇듯 원래는 극채색으로 칠해져 있었다. 파르테논 신전은 아테나이 번영의 상징이었다. 하지만 이후 그리스 여러 폴리스의 쇠퇴와 함께 서서히 그 빛을 잃어갔다.

4세기 말에 그리스가 비잔틴(동로마) 제국으로 흡수되자 파르테논 신전은 그리스도교의 성당이 되었다. 신전 내부에 있던 황금 상아제의 거대한 아테나 상은 5세기 초에 비잔틴 제국의 수도 콘스탄티노플(현재의 이스탄불)로 옮겨졌다가 언젠가 사라져 버렸다(현재 이 조각상은 없어졌다고 한다). 이후 15세기 중반 오스만투르크의 지배 하에 들어가자 신전은 이슬람교의 모스크로 개조되었다.

1687년에는 투르크와 전쟁을 하던 베네치아군이 쏘아올린 포탄이 파르테논 신전으로 떨어져 큰 타격을 입었다. 이때 신전은 투르크군의 탄약고로 사용되었기 때문에, 단 한 발의 포탄으로 북쪽과 남쪽의 원기둥 20개 이상이 한순간에 무너져 내렸다.

파르테논 신전의 파괴는 그 후에도 계속되었다. 19세기 초에 고대 유물 수집이 갑자기 성행하여 영국과 프랑스의 탐험가와 수집가들이 파르테논 신전의 조각상을 가져간 것이다. 이때 가져간 유물들은 현재 대영 박물관과 파리 루브르 박물관에서 귀중한 보물이 되어 있다. 그리스의 빼앗긴 조각상의 반환 요구에 영국과 프랑스는 이렇게 반론하고 있다.

"우리는 조각상을 파괴로부터 지키고 깨끗하게 보존했다. 그리스에 그대로 놓아 두었더라면 더 큰 손실을 입었을 것이다."

과연 파르테논 신전의 조각이 그리스로 돌아올 수는 있을까?

6장

페르세우스의
고르곤 퇴치

용감한
페르세우스

황금 비로 잉태된 페르세우스

아르고스의 왕 아크리시오스는 '딸이 낳은 아들에게 죽을 것이다'라는

신탁을 받고, 딸 다나에를 청동으로 된 방에 가두었다. 그 어떤 남자의 접근도 막기 위한 조치였다. 그러나 천상의 신 제우스가 그녀를 마음에 두고 있었다. 제우스는 황금 비로 둔

🕐 **다나에**

레옹 프랑수아 코메르의 작품. 부드러운 침대에 누워 있는 다나에에게 황금 비가 내리고 있다. 황금 비는 제우스가 변신한 것으로, 이로 인해 다나에는 페르세우스를 임신하게 된다.

갑한 후 지붕의 작은 틈새로 스며들어가 다나에의 무릎에 떨어졌다. 다나에는 곧 아이를 갖게 되었다.

달이 차자 다나에는 남자아이를 출산했는데, 그가 바로 페르세우스다. 다나에는 아들의 탄생을 숨기려 했으나 곧 아버지에게 들키고 말았다. 신탁의 실현을 몹시도 두려워한 아크리시오스는 다나에와 손자 페르세우스를 나무상자에 넣어 바다로 떠내려 보냈다.

에게해를 떠다니던 나무상자는 세리포스 섬으로 흘러들었다. 거기서 두 모자는 딕티스라는 친절한 어부에 의해 건져 올려졌다. 이후 페르세우스는 그 어부 밑에서 듬직한 청년으로 성장했다.

다나에를 차지하기 위한 폴리덱테스 왕의 간계

세리포스 섬에는 폴리덱테스라는 왕이 있었다. 욕심 많은 그는 시들지 않는 미모를 가진 다나에에게 끊임없이 구애했다. 그러나 다나에는 애초부터 결혼 의사가 전혀 없었다. 게다가 항상 곁에서 페르세우스가 지키고 있었기 때문에 함부로 강요하기도 어려웠다. 폴리덱테스는 페르세우스만 없앤다면 다나에를 손에 넣을 수 있을 거라 생각했다.

어느 날 폴리덱테스는 다른 나라의 공주와 결혼을 하고 축하연을 열었다. 이때 섬의 남자들을 불러 모으더니 이렇게 말했다. "축하 선물로 말을 바치지 않겠느냐?" 섬 사람들은 그러겠다고 하였으나, 가난한 페르세우스는 말을 준비할 여유가 없었다. 그래서 그만 해서는 안 될 말을 내뱉고 말았다. "말 이외의 것이라면 고르곤의 머리라도 가져오겠습니다."

하지만 이것은 바로 폴리덱테스가 의도한 결과였다. 페르세우스를 제거할 수 있는 절호의 기회를 잡은 것이다. 그는 페르세우스에게 당장 고르곤의 머리를 가져오라고 명했다.

아테나 여신의 노여움으로 괴물이 돼 버린 고르곤 메두사

고르곤이란 폰토스와 가이아의 자손에 해당하는 스테노, 에우리알레, 메두사 세 자매를 가리킨다. 이들은 뱀의 머리카락과 청동으로 된 손을 가졌고, 황금 날개를 달고 있었다. 특히 자신들을 보는 사람을 돌로 만들어 버릴 정도로 무시무시한 괴물이었다.

이들 가운데 메두사는 원래 아름다운 소녀였으나, 아테나 신전에서 불경스럽게 포세이돈과 관계를 맺은 것에 화가 난 아테나 여신이 괴물로 바꾸었다고 한다. 특히 머리카락이 아름다웠는데, 한 가닥씩 뱀으로 변하고 말았다. 그래서 그녀를 바라보는 사람은 누구나 돌이 되는 무

🜚 **메두사의 머리**
페테르 파울 루벤스의 작품. 원래는 아름다운 소녀였으나, 여신 아테나의 신전에서 해신 포세이돈과 정을 통했다고 하여 아테나 여신의 저주를 받아 무서운 괴물로 변하였다. 그녀가 영웅 페르세우스의 손에 목이 잘릴 때, 그 피에서 포세이돈의 자식인 날개 달린 천마天馬 페가수스와 크리사오르가 태어났다.

서운 괴물이 되었다. 메두사는 언니 둘과 달리 불사의 몸이 아니었다.

　이들은 서쪽 먼 곳에서 살고 있었는데, 그라이아이만이 그 거처를 알고 있었다. 이전까지 고르곤을 퇴치하러 가서 살아 돌아온 자는 아무도 없었다.

페르세우스와 다나에

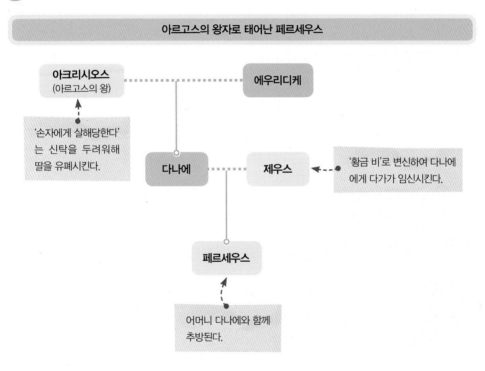

아르고스의 왕자로 태어난 페르세우스

아크리시오스
(아르고스의 왕)

에우리디케

'손자에게 살해당한다'는 신탁을 두려워해 딸을 유폐시킨다.

다나에

제우스

'황금 비'로 변신하여 다나에에게 다가가 임신시킨다.

페르세우스

어머니 다나에와 함께 추방된다.

고르곤 퇴치

마법의 낫과 청동 방패로 무장한 모험의 시작

페르세우스는 매우 난처했다. 왜냐하면 그는 고르곤을 처치할 방법을 전혀 몰랐고, 그 괴물들이 사는 곳조차 모르고 있었기 때문이다. 이런 상황을 차마 보고만 있을 수 없었던 제우스는 자기 자식을 위해 아테나와 헤르메스를 보냈다. 아테나는 고르곤이 사는 곳을 그라이아

🌀 **메두사의 초상**
로마의 론다니니 궁에서 뮌헨으로 옮겨진 메두사의 대리석 마스크는 조각 예술의 걸작으로 꼽힌다. 정신분석학자 필립 E. 슬레이터는 메두사는 아들을 사랑할 위험이 큰 어머니 혹은 여성 생식기, 자식에게 성적 요구를 가하는 여성의 상징이라고 보고 있다.

이만이 알고 있다고 가르쳐 주었다.

아테나와 헤르메스가 이끌어 주는 대로 페르세우스는 먼저 고르곤의 자매 그라이아이가 있는 곳으로 향했다. '백발 노파'를 뜻하는 그라이아이 세 자매는 팜프레도와 에니오, 데이노라는 이름을 갖고 있었다. 이들은 태어날 때부터 흰 머리에 주름이 가득한 노파의 모습을 한 괴물로, 셋이서 하나의 눈과 이빨을 번갈아 돌려가며 쓰고 있었다.

페르세우스는 괴물들이 눈과 하나의 이빨을 빼서 서로에게 건네는 순간을 놓치지 않고 그것을 훔쳤다. 그리고는 협박하기 시작했다. "이것을 돌려받고 싶다면 고르곤이 사는 곳을 말해라. 그리고 고르곤 퇴치에 필요한 도구를 갖고 있는 님프가 어디에 있는지 말해라."

그나마 하나밖에 없는 눈과 이빨을 빼앗길 상황에 놓이자 난처해 하던 그라이아이 자매는 마지못해 님프가 있는 곳과 고르곤이 사는 곳을 알려 줄 수밖에 없었다. 원하는 정보를 얻은 페르세우스는 그들의 눈과 이빨을 돌려주지 않고 바다에 던져 버렸다고 한다.

님프를 찾아간 페르세우스는 하늘을 날 수 있는 날개 달린 샌들과 고르곤의 머리를 넣기 위한 자루(키비시스)를 받았다. 그리고 그것을 쓴 사람의 모습을 보이지 않게 하는 모자를 빌렸다.

또한 헤르메스에게는 고르곤의 목을 벨 수 있는 금강으로 된 마법의 낫을, 아테나에게는 청동 방패를 빌렸다. 이렇게 해서 고르곤을 퇴치하기 위한 전투 준비는 완벽하게 갖추어졌다.

메두사의 머리를 자르다

페르세우스는 고르곤이 사는 서쪽 저편 멀리로 날아갔다. 이윽고 고르곤이 있는 동굴에 다다랐는데, 그 주위에는 고르곤을 보고 돌로 변한 사람들의 흔적이 널려 있었다.

그는 님프에게 빌린 모자를 쓰고 3자매 중 유일하게 불사의 괴물이 아닌 메두사를 겨냥한 채 괴물들의 머리 위로 날아올랐다. 메두사의 머리카락에서는 뱀들이 혀를 널름거리고 있었다.

페르세우스는 아테나의 조언에 따라 메두사를 직접 보지 않으려고 얼굴을 돌렸다. 그리고 청동 방패에 비친 모습을 보면서 메두사의 목을 베어냈다. 놀란 메두사의 자매들은 범인을 잡으려고 주위를 둘러보았지만, 마법의 모자를 쓴 페르세우스의 모습이 눈에 보일 리 없었다. 페르세우스는 메두사의 머리를 재빨리 키비시스에 넣고 다시 하늘을 날아서 도망쳤다.

메두사가 머리를 잘릴 때 흘린 피에서 포세이돈의 자식인 천마天馬 페가수

🌀 **메두사의 머리를 들어올리는 페르세우스**
벤베누토 첼리니의 작품. 페르세우스는 청동 방패를 이용해 메두사의 목을 베었다. 메두사의 머리는 훗날 아테나 여신의 방패에 붙여지게 된다.

스가 태어났다고 한다. 또한 나중에 메두
사의 머리를 아테나에게 바쳤는데, 아테나
는 그것을 방패에 붙였다고 한다.

🌀 **페가수스와 크리사오르**
에드워드 번 존스의 작품. 페르세우스가 메두사의 머리를 자를 때
피가 땅에 떨어지면서 날개 달린 말인 페가수스와 그의 아우인
크리사오르가 태어났다.

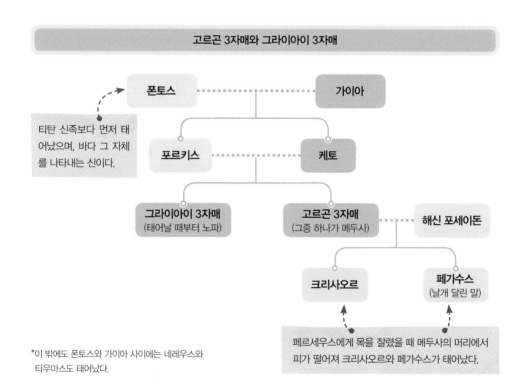

고르곤 3자매와 그라이아이 3자매

폰토스 ······· 가이아

티탄 신족보다 먼저 태
어났으며, 바다 그 자체
를 나타내는 신이다.

포르키스 ······· 케토

그라이아이 3자매
(태어날 때부터 노파)

고르곤 3자매
(그중 하나가 메두사) ······· 해신 포세이돈

크리사오르   페가수스
(날개 달린 말)

페르세우스에게 목을 잘렸을 때 메두사의 머리에서
피가 떨어져 크리사오르와 페가수스가 태어났다.

*이 밖에도 폰토스와 가이아 사이에는 네레우스와
타우마스도 태어났다.

페르세우스와 안드로메다

페르세우스와 안드로메다의 만남

고르곤을 퇴치한 페르세우스는 곧장 세리포스 섬으로 향했다. 그런데 에티오피아 상공에 접어들자 젊고 아름다운 처녀가 바위에 쇠사슬로 묶

🔎 **페르세우스와 안드로메다**
페테르 파울 루벤스의 작품. 메두사를 퇴치한 뒤 당당하게 하늘을 날아 귀향길에 오른 페르세우스에게 아름다운 처녀 안드로메다가 눈에 가득 들어온다. 그녀가 바로 도도한 어머니 카시오페이아의 죄 때문에 바다 괴물에게 잡혀먹힐 운명에 처한 에티오피아의 공주이다. 영웅 페르세우스는 미녀를 구출하고 아내로 맞이한다.

여 있는 것이 눈에 들어왔다. 무슨 일인가 하고 지상으로 내려가 보니 묶여 있던 처녀는 바로 이 나라의 공주 안드로메다였다.

안드로메다가 그렇게 된 이유는 어머니 때문이었다. 그녀의 어머니 카시오페이아가 "나는 바다의 요정 네레이스들(해신 네레우스의 50명의 딸들)보다 아름답다"라고 말한 것이 화근이 된 것이다. 해신 포세이돈의 아내 암피트리테도 네레이스 중 하나였다. 화가 난 포세이돈은 홍수를 일으키고 거대한 괴물을 보내 에티오피아를 혼란에 빠뜨렸다.

에티오피아의 왕 케페우스는 재난을 피하기 위해 신탁을 구했다. 그랬더니 신의 분노를 가라앉히기 위해서는 안드로메다 공주를 제물로 바쳐야 한다는 것이었다. 왕은 어쩔 수 없이 신탁에 따라 딸을 바위에 쇠사슬로 묶어 괴물에게 산 제물로 바쳤다.

바다 괴물을 물리치고 안드로메다를 구한 페르세우스

페르세우스는 안드로메다에게 첫눈에 반했다. 그래서 그녀의 아버지 케페우스에게 괴물을 물리치면 그녀와의 결혼을 허락해 달라고 말했다. 안드로메다는 이미 약혼자가 있었으나, 케페우스는 딸을 구하기 위해 페르세우스의 청을 승낙하였다.

페르세우스는 바위 그늘에 숨어 괴물을 기다렸다. 마침내 괴물이 나타나자 발로 땅을 걷어차고 날아올라 좌우로 움직이며 괴물 주위를 돌았다. 괴물은 수면에 비치는 그림자를 적이라 생각하고 공격했는데 당연히 잡힐 리가 없었다. 페르세우스는 우왕좌왕하는 괴물에게 하늘 높은 곳에서 달려들어 치명적인 일격을 가했다. 헤르메스에게 받은 낫으로 괴물의 목을 벤 것이다. 다른 이야기로는 메두사의 머리를 꺼내들어 괴물을 돌로 변하게 하였다고도 한다. 그렇게 해서 페르세우스는 괴물을 물리치고 안드로메다를 구했다.

한 여자를 놓고 벌이는 피네우스와 페르세우스의 격투

안드로메다를 구한 페르세우스는 에티오피아 왕 케페우스의 왕궁에서 축하연을 즐기고 있었다. 모두가 페르세우스의 용맹을 칭찬하는 분위기였다. 그런데 갑자기 안드로메다의 원래 약혼자였던 피네우스가 일행을 이끌고 쳐들어왔다. 페르세우스와 안드로메다의 결혼을 막기 위한 것이었다.

⊙ 피네우스와 싸우는 페르세우스

안드로메다의 원래 약혼자 피네우스가 페르세우스와 격투를 벌이는 장면이다. 이 싸움에서 페르세우스는 승리를 거둬 안드로메다를 아내로 맞이한다. 그 후 페르세우스는 아르고스를 떠나 티린스로 가서 국왕이 되었고 7명의 자식을 낳았다.

피네우스는 약혼자인 자신에게 공주를 돌려달라고 요구했다. 그러나 케페우스는 안드로메다를 구할 생각도 않다가 뒤늦게 나타난 피네우스를 무시했다.

이윽고 왕궁은 격렬한 전투장으로 변했다. 페르세우스는 피네우스가 데리고 온 일행들의 공격을 막아내며 그들을 잇달아 쓰러뜨렸다. 하지만 혼자 힘으로는 그 많은 상대와 맞설 수 없었다. 이에 페르세우스는 "이 중 나의 편은 고개를 돌리시오!"라고 큰 소리로 외치면서 메두사의 머리를 자루에서 꺼내 높이 들었다. 그러자 피네우스를 비롯한 적들은 순식간에 돌로 변해 버렸다.

승리를 거둔 페르세우스는 정식으로 안드로메다와 결혼하고, 드디어 어머니 다나에가 기다리는 세리포스 섬으로 귀환한다.

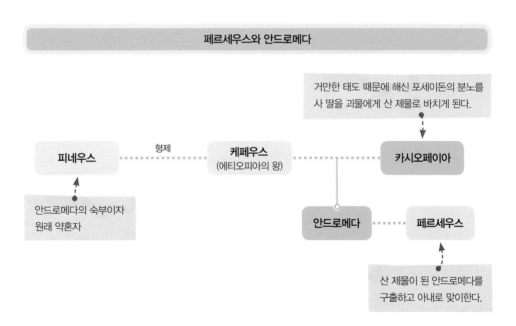

페르세우스와 안드로메다

거만한 태도 때문에 해신 포세이돈의 분노를 사 딸을 괴물에게 산 제물로 바치게 된다.

피네우스 ——형제—— 케페우스 (에티오피아의 왕)   카시오페이아

안드로메다의 숙부이자 원래 약혼자

안드로메다   페르세우스

산 제물이 된 안드로메다를 구출하고 아내로 맞이한다.

페르세우스의
귀환

폴리덱테스의 복수

세리포스 섬에서는 폴리
덱테스 왕의 폭정이 이전보
다 더욱 심해져 있었다. 심지
어 다나에를 여러 번 폭행하
려고까지 했다. 그때마다 간
신히 피해 다니던 다나에는
어쩔 수 없이 신들의 제단으
로 피난을 가 있었다. 고대

🔺 **다나에**

렘브란트 하르먼손 판 레인의 작품. 외손자에 의해 죽음을 당한다는 신탁을 받은 아크리시오스는 딸 다나에를 청동 방안
에 가두어 놓지만 제우스가 황금 비로 변하여 무릎 사이로 스며들어간다. 이 사이에서 태어난 이가 페르세우스이고 신탁
대로 그가 던진 원반을 맞고 아크리시오스는 죽는다.

그리스에서는 신들의 제단에 들어온 자는 신성시되어 비록 죄인일지라도 함부로 손을 댈 수 없었다. 그러나 그동안 폴리덱테스는 그녀에게 음식을 주지 않았다. 이대로라면 다나에는 굶어 죽고 말 지경이었다.

안드로메다와 함께 세리포스 섬으로 무사히 돌아온 페르세우스는 그간의 사정을 듣고 분노하여 복수를 결심했다. 페르세우스는 폴리덱테스의 앞을 가로막고 서서 메두사의 머리를 내밀었다. 페르세우스의 귀환에 놀란 폴리덱테스는 굳은 얼굴 그대로 돌이 되어 버렸다.

폴리덱테스에 이어, 페르세우스를 길러준 딕티스가 세리포스 섬의 왕위를 잇게 되었다.

운명을 피하지 못한 다나에의 아버지, 아크리시오스

복수를 달성한 페르세우스는 어머니와 아내를 데리고 세리포스 섬을 떠나 자신이 태어난 고향 아르고스로 향했다. 한편, 이 소식을 전해들은 아크리시오스는 드디어 신탁이 실현되는구나 싶어 두려운 마음에 아르고스를 떠나 급히 테살리아의 라리사로 숨어들었다.

그 무렵, 페르세우스도 마침 라리사를 지나가고 있었다. 라리사에서는 장례를 위한 운동 경기 대회가 열리고 있었다. 페르세우스는 원반던지기에 출전했는데, 그만 잘못 던져서 원반을 관중석으로 날려 버렸다. 아니나 다를까 불행히도 그 원반은 한 노인을 정통으로 맞혔고, 그 노인은 곧 숨을 거두었다. 이 노인이 바로 페르세우스의 조부 아크리시오스였던 것이다. 이렇게 해서 딸이 낳은 아들에게 죽게 될 것이라는 신탁은 결국 이루어지고 말았다.

티린스의 왕이 되다

페르세우스는 슬픔에 잠겨서 아르고스로 귀환했다. 비록 의도하지 않은 사고였지만, 그는 자신 때문에 죽은 조부의 영지를 그대로 이어받을 수는 없었다. 그래서 사촌 형제인 메가펜테스와 영지를 교환하여 아르고스보다 작은 나라인 티린스의 왕이 되었다.

그 후 페르세우스는 오랫동안 티린스를 통치하면서 인근의 미케나이와 미데아에 새로운 도시를 건설하고 영토를 확장했다고 한다. 그는 미케나이 시대에 번영한 이 일대의 전설적인 건설자로도 이름을 남기고 있는데, 먼 후대까지도 미케나이 사람들은 그를 숭배했다.

페르세우스와 안드로메다는 죽은 후 아테나 여신에 의해 하늘의 별자리가 되었다. 또한 포세이돈은 카시오페이아와 케페우스가 죽은 뒤에 바다 괴물(고래)과 함께 별자리로 만들었다. 이야기 속의 인물 대부분이 사후에 별자리가 되어 가을 밤하늘을 빛내고 있는 것이다(오른쪽 그림 참조). 참고로 가을 밤에는 페가수스자리 옆에 안드로메다자리와 페르세우스자리가 순서대로 나타나고, 그 북쪽으로 케페우스의 별자리(세페우스자리)와 카시오페이아자리가 짝을 지어 나타난다.

페르세우스자리, 카시오페이아자리, 케페우스자리, 안드로메다자리는 '고대 에티오피아 왕가의 4성좌'라고 불린다.

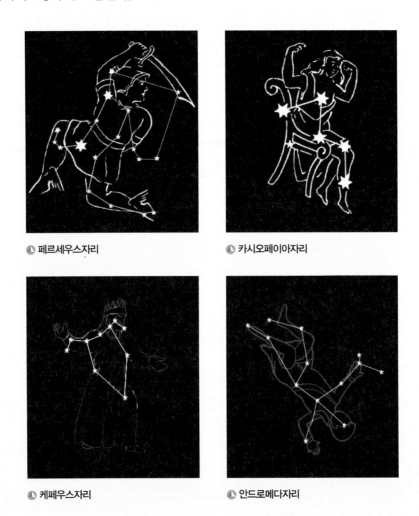

🕐 페르세우스자리   🕐 카시오페이아자리

🕐 케페우스자리   🕐 안드로메다자리

그리스 신화의
천체 이야기

그 리스 신화라 하면 먼저 별자리를 떠올리는 사람도 많을 것이다. 이 책에서는 큰곰자리와 작은곰
자리, 페르세우스자리와 안드로메다자리 등을 소개했다. 그 밖에도 헤라클레스자리, 켄타우로
스자리, 백조자리 등 총 88개의 별자리가 있다. 그리고 실제로 반 이상의 별자리가 그리스 신화 속 인물
에서 찾을 수 있어 흥미롭다.

별자리의 원형은 BC 3000년경에 메소포타미아 사람들에 의해 만들어졌다고 한다. 이것이 그리스에
전해지면서 창조력이 풍부한 그리스인들이 별자리와 신화의 등장인물을 결부시킨 것이다. 2세기의 그리
스 대천문학자 프톨레마이오스는 저서에서 신화와 관련된 48개의 별자리를 소개하고 있다. 하지만 이것
들은 북반구에서만 볼 수 있는 것들로 16세기에 대항해 시대가 시작되면서 남반구의 별자리가 만들어졌
고, 1930년에 현재의 88성좌로 정리되었다. 물론 새로운 별자리에 얽힌 신화는 없다.

제우스와 포세이돈 등의 주요 신들은 아래 표와 같이 태양계의 행성 이름이 되었다.

행성	그리스어	영어	특징
수성	헤르메스	머큐리	태양계 중에서 가장 움직임이 빠르다.
금성	아프로디테	비너스	밝아서 눈에 띄지만 초저녁과 새벽에만 보인다.
지구	가이아(가에아)	어스	우리가 살고 있는 행성
화성	아레스	마스	피처럼 붉다.
목성	제우스	쥬피터	태양계에서 가장 큰 행성으로 매우 밝다.
토성	크로노스	새턴	어두컴컴하고 목성 바깥쪽을 천천히 움직인다.
천왕성	우라노스	유러너스	토성의 바깥쪽에서 움직인다.
해왕성	포세이돈	넵튠	아름다운 푸른색을 띠고 있다.
명왕성	하데스	플루토	태양계 중 지구에서 가장 멀리 있다.

※ 가이아는 '가에아'라고도 하며 영어 이름은 로마 신화에서 따왔다. 9개의 태양계 행성 중 지구만 로마 신화나 그리스
신화와 관계없는 이름이다.

7장

헤라클레스의 모험

헤라클레스의
탄생

🕐 헤라클레스의 출생

알크메네는 제우스와 그녀의 남편 암피트리온의 아이를 각각 낳는데 그중 한 아이인 헤라클레스가 제우스의 아들이었다.

갖고 싶은 여인의 남편으로 둔갑한 제우스

미케나이 왕 엘렉트리온의 딸 알크메네는 사촌 암피트리온과 결혼하여 살고 있었다. 암피트리온의 아버지는 알카이오스인데, 엘렉트리온과 알카이오스는 형제간으로 모두 페르세우스의 아들이었다. 엘렉트리온 왕에게는 대를 이을 아들이 없었기 때문에 조카이자 사위인 암피트리온이 후계자가 되어 미케나이의 왕에 오를 터였다.

그러나 어느 날 암피트리온이 소를 잡기 위해 던진 몽둥이가 뜻밖에도 엘렉트리온의 머리에 맞았다. 엘렉트리온은 그 자리에서 숨을 거두고 말았다. 암피트리온은 본의 아니게 살인자가 되고

만 것이다. 암피트리온은 곧 미케나이에서 추방되었다. 그는 아내 알크

메네를 데리고 테바이로 망명할 수밖에 없었다.

한번은 암피트리온이 원정을 나가고 집을 비운 적이 있었다. 알크메네

는 집에 홀로 남게 되었는데, 남몰래 이때만을 손꼽아 기다리던 자가 있

었다. 예전부터 알크메네의 아름다움과 고운 마음씨에 빠져 있던 이는

바로 제우스였다. 제우스는 영웅 중에서도 가장 뛰어난 영웅을 낳기 위

해 알크메네를 선택한 것이다.

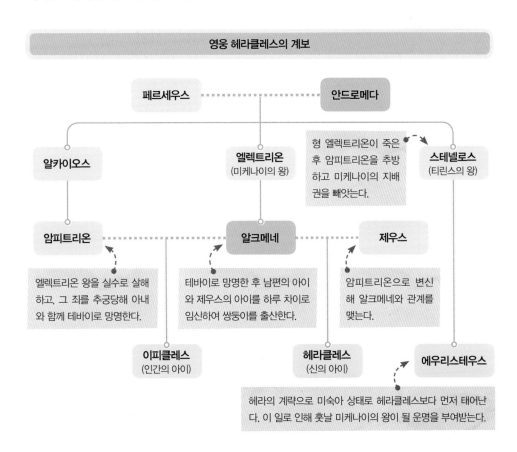

영웅 헤라클레스의 계보

페르세우스 .... 안드로메다

알카이오스

엘렉트리온
(미케나이의 왕)

형 엘렉트리온이 죽은 후 암피트리온을 추방하고 미케나이의 지배권을 빼앗는다.

스테넬로스
(티린스의 왕)

암피트리온 .... 알크메네 .... 제우스

엘렉트리온 왕을 실수로 살해하고, 그 죄를 추궁당해 아내와 함께 테바이로 망명한다.

테바이로 망명한 후 남편의 아이와 제우스의 아이를 하루 차이로 임신하여 쌍둥이를 출산한다.

암피트리온으로 변신해 알크메네와 관계를 맺는다.

이피클레스
(인간의 아이)

헤라클레스
(신의 아이)

에우리스테우스

헤라의 계략으로 미숙아 상태로 헤라클레스보다 먼저 태어난다. 이 일로 인해 훗날 미케나이의 왕이 될 운명을 부여받는다.

하지만 알크메네는 정숙하고 정조를 끝까지 지키는 부인이었다. 남편 말고 다른 남자에게는 애초에 관심을 두지 않았다. 제우스는 생각 끝에 남편 암피트리온으로 변신하여 그녀에게 다가갔다. 알크메네는 감쪽같이 속을 수밖에 없었다. 제우스는 알크메네와 관계를 맺어 뜻을 이루었다. 그리고 다음날 진짜 남편이 돌아왔고, 이 사실을 알 리 없는 그는 아내와 동침했다.

그 결과 알크메네는 제우스의 아이인 헤라클레스와 암피트리온의 아이인 이피클레스를 쌍둥이로 출산했다. 하지만 어느 쪽이 신의 아들인지 그때까지 아무도 몰랐다.

헤라의 계략으로 미케나이 왕 자리를 빼앗기다

그런데 바로 이때 인간들이 알지 못하는 곳에서 헤라클레스의 운명을 뒤바꾸는 일이 벌어지고 있었다. 헤라클레스가 태어나기 직전 제우스는 마음이 들떠 신들 앞에서 선언했다. "다음에 태어나는 페르세우스의 후손은 미케나이의 왕이 될 것이다." 하지만 헤라는 이 상황이 전혀 즐겁지가 않았다. 질투의 화신 헤라는 제우스가 인간과 바람을 피운 것에 너무나 화가 났다. 그녀는 출산의 여신 에일레이티아에게 부탁하여 알크메네의 출산을 늦추고, 일족인 스테넬로스의 아이가 먼저 태어나도록 계략을 꾸몄다. 이 때문에 제우스가 헤라클레스를 위해 예언한 운명은 스테넬로스의 자식에게 이루어지게 되었다. 즉, 그의 자식 에우리스테우스가 헤라클레스 대신 미케나이 왕좌에 오르게 된다.

독사를 목 졸라 죽인 8개월 된 아기 헤라클레스

헤라 여신은 헤라클레스의 탄생을 늦춘 것만으로는 직성이 풀리지 않았다. 그래서 생후 8개월 된 헤라클레스와 이피클레스 쌍둥이에게 두 마리의 독사를 보내 이들을 죽이려 했다. 그러나 헤라클레스는 헤라가 보낸 독사를 맨손으로 붙잡고는 목 졸라 죽여 버렸다. 갓난아이의 힘이라고는 도저히 믿을 수 없는 엄청난 힘을 발휘한 것이다. 이때 암피트리온은 헤라클레스가 신의 아이라는 것을 확신했다.

그렇게 위기를 극복했으나, 헤라클레스의 인생은 헤라의 박해와 더불어 사는 것이나 다름없었다. 헤라는 그에게 견디기 힘든 비극과 고난을 끊임없이 안겨주었다. 헤라클레스는 초인적 힘을 여실히 보여 주며 수많은 역경을 극복해 나갔다. 이 때문에 헤라클레스란 이름은 역설적으로 '헤라의 영광'이라는 뜻을 갖기도 한다.

🐍 뱀을 죽이는 요람 속 헤라클레스

조슈아 레이놀즈의 작품. 헤라클레스는 힘으로 하는 것은 무엇이나 다 잘했다. 그러나 생각이 깊지 못하고 늘 경솔하게 행동했다. 어느 날 헤라클레스가 키타이론 산에서 돌아오는 길에 보상물을 거두러 온 사신들을 만났는데, 그들이 무례하게 대하자 화가 난 헤라클레스는 그들의 귀와 코, 손을 잘라 그들의 나라로 돌려보냈다. 이 때문에 에르기노스 왕과 테바이의 크레온 왕 사이에 싸움이 벌어졌고, 헤라클레스는 아테나 여신의 도움으로 승리를 거두었다. 그 공을 치하하여 크레온 왕은 딸 메가라를 헤라클레스의 아내로 주었다.

최초의 살인과
위업

소년 헤라클레스의 최초 살인

헤라클레스는 초인적 힘과 뛰어난 예지로 이른 나이 때부터 수많은 위업을 달성해 갔다. 그는 타고난 힘으로 다양한 싸움 기술과 지혜를 습득하며 성장했다. 다만 성미가 다소 급했으며, 분별력을 잃으면 자신의 괴력을 조절할 줄 몰랐다. 영웅적 면모에 비해 거친 성정을 지니고 있었다. 이 때문에 사소한 다툼이나 화를 참지 못해 살인을 불러온 경우도 있었다.

소년 무렵에 헤라클레스는 궁술과 검술, 격투기 외에도 귀족적인 취향을 키우기 위해 악기인 수금을 배웠다. 하지만 그의 수금 연주는 듣기 어려울 정도로 형편없었다. 음악에는 그다지 소질이 없었다.

어느 날 음악 교사가 헤라클레스의 너무나도 형편없는 수금 연주에 화가 나서 무심코 손을 들었다. 그러자 이성을 잃은 헤라클레스는 수금을 교사에게 집어던져 교사를 죽이고 말았다. 헤라클레스의 괴력이 수금조차 흉기로 만든 것이다.

청년 헤라클레스의 최초 위업

18세가 된 헤라클레스는 최초의 위업을 달성한다. 그 무렵 키타이론 산에서는 흉폭한 사자가 수시로 출몰하여 소를 잡아먹는 등 여기저기 거칠게 날뛰며 다녔다. 헤라클레스는 키타이론 산과 가까운 테스피아이 왕궁에 머물면서 사자 퇴치에 나섰다. 헤라클레스는 매일같이 산으로 올라가 사자와 처절한 격투를 벌였다. 사자와의 격투는 수십 일 동안이나 계속되었다. 그리고 50일째 되던 날 드디어 사자를 잡아서 죽였다. 이것이 그의 많은 위업 중 첫 번째 위업이었다.

헤라클레스는 사자의 가죽을 벗겨 모피로 만들어 입고, 입을 벌려 놓은 사자의 머리를 투구 삼아 썼다. 그리고 사자를 때려 죽인 곤봉을 손에서 놓지 않았다. 이후 이 복장은 그의 상징이 되었다.

🔹 **영웅 헤라클레스**
사자 모피와 곤봉은 헤라클레스의 상징물이다.

광기에 들려 자식을 살해하다

청년이 된 헤라클레스는 테바이에 큰 공을 세운다. 테바이의 적대국으로 해마다 조공을 바쳐야 했던 오르코메노스를 패퇴시키고, 그 나라의 왕을 죽였다. 이로 인해 테바이에 평화가 찾아왔다. 그 활약을 높이 산 테바이의 왕 크레온은 자신의 딸 메가라를 헤라클레스에게 주었다.

헤라클레스는 메가라와 결혼한 후 3명의 자식을 얻고 행복하게 살고 있었다. 하지만 그런 그의 행복을 헤라가 가만히 두고 볼 리 없었다. 시기심이 인 헤라는 어느 날 그에게 광기를 불어넣었다. 광기에 들린 헤라클레스는 자신의 자식과 이피클레스의 자식마저 모두 살해해 버렸다.

이윽고 제정신이 든 헤라클레스는 눈앞에 펼쳐진 처참한 광경에 아연실색했다. 죄책감에 사로잡힌 그는 아내와 헤어지고, 스스로 추방당하기 원해 혼자 테바이를 떠났다.

절망한 헤라클레스가 향한 곳은 아폴론의 신탁지 델포이였다. 그는 자신이 지은 죄를 씻으려면 어떻게 해야 하는지 물었다. 신탁은 헤라클레스에게 미케나이의 왕 에우리스테우스를 섬기고, 왕이 부과하는 12가지 과업을 달성하지 않으면 자유로운 몸이 될 수 없을 것이라고 일렀다. 헤라클레스는 신탁에 따라 미케나이로 서둘러 떠났다.

1 초인적인 힘

영웅들 중에서도 힘이 가장 빼어났고, 포세이돈과 아레스와 같은 신들과 싸워서 그들을 패배시켰다는 이야기도 있다.

2 지혜로운 자

제우스의 자식 헤라클레스의 능력은 완력만 있는 것은 아니었다. 12가지 과업을 모두 달성할 수 있었던 것은 아주 뛰어난 지혜가 있었기 때문이다.

3 정력가

키타이론의 사자를 퇴치할 때 거점으로 삼았던 테스피아이 왕궁에서 50명이나 되는 왕의 딸과 관계를 가졌다. 일설에서는 단 하루 만에 50명의 딸들과 관계를 가졌다고도 한다.

4 급한 성미 때문에 범하게 된 수많은 죄

헤라클레스의 성격은 호탕하고 작은 일에 얽매임이 없었으나 성미가 급했다. 화를 내기 시작하면 분별력이 없어져서 타고난 괴력이 파멸을 불러오고 뜻하지 않은 살인을 저지르기도 했다.

 세계에서 가장 큰 장수풍뎅이에 '헤라클레스 장수풍뎅이'라는 이름이 붙여졌다.

과업의 시작

첫 번째 과업 – 사자의 가죽을 가져오라

헤라클레스는 델포이의 신탁에 따라 에우리스테우스를 찾아 갔다. 에우리스테우스는 헤라의 계략으로 헤라클레스보다 간신히 먼저 태어나 미케나이의 왕위 자리를 약속받은 적이 있다. 그는 겁 많고 교활한 자였는데, 헤라클레스의 존재를 못마땅하게 여기면서도 내심 두려워했다. 그래서 어떻게든 그를 죽이려는 목적에서 인간으로는 도저히 불가능한 12가지 과업을 명한다. 12가지 과업은 모두 헤라클레스로서도 목숨을 걸어야 하는 위험한 일이었다.

🕐 맨손으로 사자와 싸우는 헤라클레스

첫 번째 과업은 네메아 계곡에 사는 사자의 가죽을 가져오는 것이었다. 이 사자는 괴물 티폰(가이아와 타르타로스의 아들로 세상의 지배권을 놓고 제우스와 큰 싸움을 했다)의 자식으로 화살이 튕겨나갈 정도로 강한 살갗을 가진 맹수였다. 헤라클레스는 이 맹수를 맨손으로 잡아 죽이고 가죽을 벗겼다.

에우리스테우스는 사자의 가죽을 짊어지고 돌아온 헤라클레스를 보고 경악했다. 그는 헤라클레스와 직접 만나는 것을 두려워하여 그 이후의 과업은 모두 전령을 통해 전달하고, 전리품은 문 앞에 보이도록 명했다. 게다가 소심한 에우리스테우스는 땅 속에 청동 단지를 묻어 두고 헤라클레스가 돌아올 때마다 그곳에 숨곤 했다.

두 번째 과업 – 괴물 히드라를 퇴치하라

두 번째 과업은 레르네 늪에 사는 괴물 히드라를 퇴치하는 일이었다. 히드라는 티폰의 자식으로 머리가 9개나 달린 물뱀이었다. 특히 머리를 잘라 내도 계속 새로운 머리가 자라기 때문에 처치하기 어려운 괴물이었다.

헤라클레스가 히드라의 머리를 베었으나, 곧 그 자리에서 다시 새 머리가 돋았다. 게다가 헤라 여신이 커다란 게를 보내 헤라클레스를 방해했다.

헤라클레스는 우선 게를 밟아 죽였

🕐 히드라를 죽이는 헤라클레스

다. 그리고 조카 이올라오스에게 장작개비에 불을 붙이라고 시켰다. 자신이 히드라의 목을 베면 곧바로 이올라오스에게 그 자리를 불로 지지게 할 계획이었다. 그렇게 히드라의 잘린 목을 불로 지지자 더 이상 머리가 돋아나지 않았다. 그렇게 해서 하나씩 남은 머리를 모두 잘라냈다.

헤라클레스는 히드라의 독액을 화살촉에 발라 독화살을 만들었다. 한편 에우리스테우스는 다른 사람의 힘을 빌려 히드라를 퇴치했으므로, 헤라클레스의 위업으로 인정하지 않으려 했다.

세 번째 과업 – 아르테미스 여신의 황금 뿔 사슴을 잡아오라

세 번째 과업은 케리네이아 산의 사슴을 산 채로 잡아오는 일이었다. 황금 뿔이 달린 이 사슴은 아르테미스 여신 소유의 신성한 동물이었으므로, 약간이라도 상처를 내서는 안 되었다. 헤라클레스는 일 년 동안이나

조심스레 쫓아다니다가 사슴이 지쳤을 때 사로잡았다. 생포한 사슴을 가져 가던 중 아르테미스 여신에게 들켜 분노를 샀으나, 사정을 설명하자 데려가는 것을 허락했다. 헤라클레스는 에우리스테우스에게 확인받은 후 곧 사슴을 풀어 주었다.

🍂 **케리네이아 산의 사슴 뿔을 뽑는 헤라클레스**
BC 540년경에 만들어진 그리스 단지의 그림(부분)으로 아테나 여신과 아르테미스 여신이 양 옆에 서 있다.

네 번째 과업 – 멧돼지를 생포하라

네 번째 과업은 에리만토스 산의 거대한 멧돼지를 생포하는 일이었다. 이 멧돼지는 민가에 내려와 해를 끼치곤 했다. 그런데 멧돼지가 너무 빨랐기 때문에 사로잡기가 매우 어려웠다. 헤라클레스는 멧돼지를 눈이 쌓인 들판으로 유인하여 지치게 했다. 그리고 마침내 달리지 못할 만큼 멧돼지가 지쳤을 때 그물을 던져 사로잡았다. 멧돼지를 데리고 가자 에우리스테우스는 두려움에 떨며 예의 청동 단지로 숨었다고 한다.

🕐 멧돼지를 처치하는 헤라클레스

다섯 번째 과업 – 가축 우리를 하루 만에 모두 청소하라

다섯 번째 과업은 아우게이아스 왕의 거대한 가축 우리를 하루 만에 청소하는 일이었다. 아우게이아스 왕은 3천 마리의 소를 가지고 있었는데, 30년 동안 한 번도 가축 우리를 청소한 적이 없었다. 가축의 분뇨가 산더미처럼 쌓여 심한 악취를 풍기고 있었다. 헤라클레스는 신분을 숨기고, 축사를 치워주는 대가로 소떼의 일부를 요구했다. 아우게이아스는 설마 하루 만에 치울 수 있을까 의심하면서도 일단 약속을 했다.

헤라클레스는 먼저 축사 벽에 구멍을 몇 개 뚫었다. 그리고는 인접한

강의 물줄기를 끌어와 구멍을 통해 축사 안으로 흐르게 함으로써 순식간에 청소를 마쳤다. 축사는 그야말로 말끔히 치워져 더 이상 악취를 풍기지 않았다.

그러나 아우게이아스는 헤라클레스가 에우리스테우스의 과업을 수행 중임을 알고 약속을 지키지 않았다. 훗날 헤라클레스는 그 복수로 아우게이아스를 죽였다고 한다.

◐ 넴루트 산의 헤라클레스

여섯 번째 과업 – 사나운 새떼를 쫓아라

여섯 번째 과업은 스팀팔리데스의 사나운 새떼를 쫓는 일이었다. 헤라클레스는 이 과업을 수행하는 데 아테나 여신의 도움을 받았다.

스팀팔리데스의 울창한 숲에는 사람을 괴롭히는 엄청난 수의 새떼가 있었다. 그 새들은 청동으로 된 부리와 발톱으로 사람들을 공격했다. 또한 곡식을 못 먹게 만들고 가축을 해치는 등 숱한 해를 끼쳤다.

◐ 스팀팔리데스의 새떼를 쫓는 헤라클레스

헤라클레스는 새들을 쫓을 방도를 거듭 궁리했지만, 좋은 생각이 떠오르지 않았다. 이때 아테나 여신이 나타나 헤라클레스에게 청동 꽹과리를 주었다. 그는 여신의 조언대로 꽹과리를 두드려 그 요란한 소리에 새들이 숲에서 나올 때 독화살을 쏘아 죽였다.

일곱 번째 과업 – 크레타 섬의 미친 황소를 잡아오라

12가지 과업 중 여섯 번째까지는 모두 미케나이 주변에서 이루어진 일이지만, 일곱 번째 이후는 펠로폰네소스 반도를 넘어 크레타 섬과 그리스 북부의 트라키아 지방까지 그 무대가 확장되었다.

헤라클레스의 일곱 번째 과업은 크레타 섬의 미친 황소를 잡아오는 일이었다. 이 황소는 원래 크레타 섬의 미노스 왕이 포세이돈에게 바치기로 한 제물이었는데, 약속을 지키지 않아 포세이돈이 미치도록 만든 것이었다. 헤라클레스는 크레타 섬을 난폭하게 돌아다니던 황소를 사로잡아 미케나이로 돌아갔다. 에우리스테우스는 이를 헤라에게 바치려 했으나 거절당하자 풀어 주었다.

🕐 **크레타 섬의 미친 황소**

여덟 번째 과업 – 트라키아의 식인 말을 잡아오라

헤라클레스는 다음 과업을 위해 트라키아로 갔다. 트라키아 비스톤족 왕 디오메데스가 기르는 식인 말을 산 채로 잡아오라는 여덟 번째 과업 때문이었다. 디오메데스는 자신의 말에게 사람 고기를 먹이고 있었다. 헤라클레스는 파수꾼을 쓰러뜨리고 말을 데려오다가 비스톤족의 공격을 받게 되었다. 그들의 공격을 물리치고 디오메데스를 사로잡은 헤라클레스는 그를 말의 먹이로 던져 주었다. 그러자 말이 얌전해졌다고 한다.

머나먼 곳으로의
모험

아홉 번째 과업 – 아마존족 여왕의 허리띠를 뺏어오라

아홉 번째 과업은 흑해 주변에 사는 아마존족 여왕의 허리띠를 빼앗아
오는 것이었다. 에우리스테우스의 딸 아드메테가 아마존족 여왕 히폴리
테의 황금 허리띠를 탐냈기 때문이다.

아마존족은 군신 아레스를 시조로 하는 여전사들만으로 이루어진 종
족이다. 히폴리테의 허리띠도 아레스로부터 선물로 받은 것이었다. 그녀
들은 종족 보존을 위해 타국의 남자와 관계를 갖지만, 태어난 아이가 남
자아이일 경우에는 죽이고 여자아이만을 키우고 있었다. 또한 왼쪽 유방
은 수유를 위해 남겨두고 오른쪽 유방은 무기 사용에 방해가 되기 때문
에 제거했다고 한다.

이처럼 호전적인 집단이었기 때문에 헤라클레스도 혼자서는 마음이
놓이지 않아 일행을 데리고 원정을 떠났다. 그런데 뜻밖에도 여왕은 헤

라클레스 일행을 기분 좋게 맞이했다. 그리고 허리띠를 달라는 헤라클레스의 제의도 흔쾌히 승낙했다.

하지만 헤라 여신의 방해가 끼어들어 일이 그렇게 쉽게 끝나지 않았다. 헤라가 아마존족의 여자로 변신하여 이방인들이 여왕을 납치하려고 한다는 헛소문을 퍼뜨린 것이다. 소문을 들은 여자들은 일제히 무장을 하고 헤라클레스가 있는 곳으로 몰려들었다. 이것을 본 헤라클레스는 여왕에게 속았다고 생각하고 즉시 그 여자들을 해치워 버렸다. 그리고 다른 아마존 여자들과도 싸워 승리를 거두고 여왕의 허리띠를 빼앗아 귀환했다.

아마존족은 영웅들의 전투 상대로 그리스 신화에 자주 등장하지만, 어떠한 경우에도 영웅, 즉 남성에게 제압된다. 아마존족의 '반역하는 여자들'이란 이야기는 그 당시 남성 우위 사회의 정당성을 보여 주고 있다.

◎ **아마존족의 싸움**
페테르 파울 루벤스의 작품. 헤라클레스는 아마존족 여왕 히폴리테의 황금 허리띠를 얻기 위해 아마존족과 전투를 벌였다.

열 번째 과업 – 괴물 게리온의 붉은 소를 잡아오라

헤라클레스는 다음 과업을 수행하기 위해 세상의 끝 오케아노스를 건너 전설의 섬인 에리테이아로 모험을 떠났다. 열 번째 과업은 그곳에서 머리 셋 달린 괴물 게리온이 가지고 있는 붉은 소를 산 채로 잡아오는 일이었다. 에리테이아로 가는 바닷길은 험난했지만 태양신 헬리오스가 빌려 준 황금 술잔을 타고 무사히 항해할 수 있었다. 에리테이아로 가는 도중 지브롤터 해협을 통과할 때 헤라클레스는 그것을 기념하여 유럽과 아프리카의 산 사이에 거대한 기둥을 세웠는데, 이것이 바로 헤라클레스의 기둥이다.

에리테이아 섬에 도착한 헤라클레스는 소를 지키는 개인 오르트로스를 곤봉으로 물리치고 붉은 소를 사로잡았다. 이 사실을 안 게리온이 공격해 왔으나 헤라클레스는 독화살로 그를 죽였다. 그리고 헬리오스에게 황금 술잔을 반납한 뒤 귀향길에 올랐다.

소를 데리고 오는 도중 갖가지 어려운 일들이 있었다. 습격을 받아 소를 빼앗길 뻔하기도 하고, 타고 가던 말을 도둑맞기도 했다. 또한 도망친 소 때문에 시칠리아 섬까지 건너가 그 소유권을 놓고 싸우기도 했다. 숱한 난관을 극복하고 헤라클레스가 미케나이에 도착하자 에우리스테우스는 놀라지 않을 수 없었다. 너무 오랜 시간이 걸렸기 때문에 헤라클레스가 죽은 줄로만 알고 있었던 것이다.

열한 번째 과업 – 헤스페리데스 동산의 황금 사과를 따오라

열한 번째 과업은 헤스페리데스의 동산에서 황금 사과를 따오는 것이었다. 이 사과는 가이아가 제우스와 헤라의 결혼 축하 선물로 보낸 것으로, 불사의 생명력을 가진 머리 100개 달린 용과 님프 헤스페리데스(프로메테우스를 구하고, 아틀라스에게 하늘을 지게 하다)가 지키고 있었다. 헤스페리데스는 아틀라스의 딸들이었다.

🔥 황금 사과나무를 지키는 헤스페리데스

헤스페리데스 동산은 리비아 서쪽이나 혹은 북방 히페르보레오스인들의 나라에 있다고 하는데, 헤라클레스는 이 동산의 위치를 몰랐기 때문에 유럽과 아프리카, 아시아 등 각지를 돌아다녔다. 그러나 동산을 쉽게 찾을 수 없었다.

그러던 중 헤라클레스는 카우카소스 산에서 프로메테우스와 만나게 되었다. 프로메테우스는 예전에 제우스를 속이고 인간의 편을 든 죄로, 큰 독수리에게 간을 계속 쪼아 먹히는 형벌을 받고 있었다. 헤라클레스는 큰 독수리를 활로 쏘아 떨어뜨리고 그를 풀어 주었다. 이에 프로메테우스는 감사의 뜻으로 헤스페리데스의 황금 사과를 손에 넣을 수 있는 방법을 가르쳐 주었다.

🌑 **하늘을 떠받드는 아틀라스**
거인 신 아틀라스가 떠받들고 있었던 것은 원래 '하늘'이
었지만 후세에는 '지구'라고 여기게 되었다. 이 때문에 지
도책의 표지에도 아틀라스가 지구를 받치고 있는 그림
이 사용되어 왔고, 현재는 지도책 자체를 아틀라스라고 부
른다.

그 길로 헤라클레스는 아틀라스가 있는 곳으로 갔다. 아틀라스는 프로메테우스의 형제인데, 제우스에 의해 하늘을 계속 떠받들고 있는 형벌을 받고 있었다. 헤라클레스는 프로메테우스의 조언대로 자기가 대신 하늘을 받치고 있을 테니 사과를 갖다주지 않겠냐는 제안을 했다. 아틀라스는 기꺼이 이 일을 떠맡았다.

잠시 후 아틀라스는 3개의 황금 사과를 가지고 왔다. 그런데 그는 다시 하늘을 떠받들기를 거부하고 자신이 직접 에우리스테우스에게 황금 사과를 가져다주겠다고 했다. 헤라클레스는 이를 승낙하는 척하고 말했다. "받침대를 머리에 얹는 동안 잠깐만 하늘을 들어주시오." 아틀라스는 그 말에 속아 사과를 내려놓고 하늘을 받아들었다. 그 순간 헤라클레스는 사과를 빼앗아 얼른 자리를 떠났다.

황금 사과를 가져오자 에우리스테우스는 너무 신성하여 손대기 두렵다면서 그것을 되돌려 주었다. 헤라클레스는 아테나 여신에게 황금 사과를 바쳤는데, 여신의 뜻에 따라 이 사과는 다시 헤스페리데스의 동산으로 돌아갔다.

열두 번째 과업 – 명계의 괴물 케르베로스를 생포하라

헤라클레스는 과업을 완수하기 위해 명계에까지 내려가야 했다. 마지막 열두 번째 과업은 저승의 입구를 지키는 개인 케르베로스를 생포하는 일이었다. 케르베로스는 머리 셋에 등에는 온갖 종류의 뱀을 달고, 용의 꼬리를 가진 무시무시한 괴물이었다.

에우리스테우스는 아무리 헤라클레스라도 저승에까지 가서 돌아오지는 못할 거라고 생각했다. 그만큼 위험한 과업이었다. 혼자 힘으로는 명계로 들어가기 어려웠기 때문에 헤라클레스는 헤르메스와 아테나의 안내를 받아야 했다. 하데스는 그가 들어오는 것이 탐탁지 않았다. 그도 그럴 것이 살아 있는 인간이 올 곳이 아니었기 때문이다.

하데스는 일절 무기를

🜨 케르베로스를 잡는 헤라클레스

사용하지 않고 맨손으로 케르베로스를 사로잡을 수 있다면 데려가도 좋다는 조건을 내걸었다. 그러자 헤라클레스는 두 손으로 목을 단단히 졸라 케르베로스를 사로잡았다.

그 과정에서 헤라클레스는 '망각의 의자'에 갇혀 있던 테세우스를 구하기도 했다. 또한 멜레아그로스의 망령을 만나 그의 누이인 데이아네이라를 아내로 삼겠다고 약속했다.

헤라클레스가 케르베로스를 끌고 왔다는 소식을 들은 에우리스테우스는 혼비백산했다. 몹시 겁을 먹은 그는 그것을 보기도 전에 청동 단지에 숨어 버렸다. 헤라클레스는 케르베로스를 다시 저승으로 돌려보냈다. 이렇게 해서 헤라클레스는 에우리스테우스가 명한 12과업을 모두 완수해냈다. 비로소 그는 자유의 몸이 되었고, 자식을 살해한 죄를 씻을 수 있었다.

헤라클레스의 12가지 과업

첫 번째 과업	네메아 계곡의 사자 처치
두 번째 과업	레르네 늪의 히드라 처치
세 번째 과업	케리네이아 산의 사슴 생포
네 번째 과업	에리만토스 산의 멧돼지 생포
다섯 번째 과업	아우게이아스 왕의 가축 우리 청소
여섯 번째 과업	스팀팔리데스의 새떼 쫓기
일곱 번째 과업	크레타 섬의 미친 황소 잡기
여덟 번째 과업	디오메데스가 기르는 식인 말 생포
아홉 번째 과업	아마존족 여왕의 허리띠 갈취
열 번째 과업	괴물 게리온의 붉은 소 생포
열한 번째 과업	헤스페리데스의 황금 사과 따오기
열두 번째 과업	저승의 입구를 지키는 파수견 케르베로스 생포

 고대 그리스인은 아틀라스(Atlas)가 서쪽 끝에 있다고 생각했다. 그 때문에 그의 이름은 대서양 (Atlantic Ocean)의 어원이 되었다. 또한 아프리카 북서부에 길게 뻗어 있는 아틀라스 산맥도 그 의 이름과 연관이 있다.

헤라클레스의 최후

네소스의 사랑의 미약

12가지 과업을 달성한 헤라클레스는 칼리돈의 공주 데이아네이라와 재혼했다. 둘 사이에서 아들 힐라스와 딸 마카리아가 태어나는 등 평화롭게 살고 있었다. 그러나 평화는 오래 가지 않았다. 그의 인생에서 불행이 떠날 날이 없었다. 헤라클레스는 또다시 실수로 친척 소년을 죽이는 바람에 아내와 함께 이 나라를 떠나게 되었다.

둘은 망명국 트라키아로 향하던 중 강을 만났다. 헤라클레스는 혼자 힘으로 건넜지만, 비가 많이 와서 강물이 불은 상태였기

🕐 헤라클레스와 아켈로스

헤라클레스는 12가지 시험을 통과한 후 데이아네이라와 결혼하게 되는데, 그녀를 놓고 아켈로스라는 강의 신과 대결을 벌인다. 헤라클레스를 당해 낼 수 없던 아켈로스는 황소로 변해 그와 대적하지만 결국 패하고 만다.

때문에 데이아네이라는 혼자 건너기 어려웠다. 그래서 강 저편으로 사람들을 실어주는 켄타우로스족인 네소스에게 업혀 건너게 되었다.

그런데 이때 네소스가 데이아네이라를 범하려고 했다. 아내의 비명 소리를 들은 헤라클레스는 곧바로 화살을 쏘아 네소스의 심장을 맞췄다. 맹독이 발라져 있던 화살을 맞은 네소스는 숨이 곧 넘어갈 상태였다. 그는 죽기 직전 자신의 피를 '사랑의 미약媚藥'이라고 거짓말을 하면서, 남편의 사랑이 식었을 때 사용하라고 데이아네이라에게 건넸다. 그러나 그것은 맹독이 섞인 피였다.

질투의 비극적 결말

트라키아에 가서도 헤라클레스는 원정과 모험으로 바쁜 나날을 보내고 있었다. 언젠가 오이칼리아를 공략한 헤라클레스는 전리품으로 그 나라의 공주 이올레를 데리고 돌아왔다. 오이칼리아의 에우리토스 왕이 활쏘기 시합에서 이긴 사람에게 딸 이올레를 주기로 했는데, 헤라클레스가 이 시합에서 승리했음에도 에우리토스는 약속을 지키지 않았다. 이에 헤라클레스는 그를 죽이고 이올레를 데려 왔던 것이다.

이 사실을 알게 된 데이아네이라는 남편의 애정이 아름다운 이올레에게 기울까 봐 매우 걱정되었다. 그래서 '네소스의 피'를 기억해 내고는 헤라클레스의 속옷에 발랐다. 그 피를 묻힌 옷을 입으면 그의 애정이 다시 돌아올 것이라고 믿은 것이다.

속옷을 입자 헤라클레스에게는 온몸이 타들어가는 엄청난 고통이 엄

🔥 헤라클레스의 죽음

귀도 레니의 작품. 맹독이 몸에 퍼진 헤라클레스는 산 채로 화장단에 올라 불에 탄다. 그러자 천상에서 구름이 내려와 번개와 함께 그를 천상으로 데리고 갔다.

습했다. 피에 섞여 있던 맹독이 헤라클레스의 살갗을 파고들어가기 시작한 것이다. 아픔을 견디지 못한 헤라클레스가 속옷을 벗어버리려 했으나 몸에서 떨어지지도 않았다. 그래서 강제로 속옷을 잡아당기자 살과 함께 튕겨져 떨어졌다. 데이아네이라는 이 참극을 차마 견디지 못하고 자살하고 말았다.

올림포스로 올라간 영웅

격렬한 아픔으로 고통스러워하던 헤라클레스는 자신의 죽음이 가까워 온 것을 느꼈다. 그는 시종들에게 화장을 위한 장작더미를 준비시키고 그 위에 누웠다. 마침내 장작더미에 횃불로 불을 붙이자 그는 산 채로 화장되었다.

이렇게 해서 그리스 최대의 영웅은 파란만장한 인생의 막을 내렸다. 하지만 그의 삶은 천상에서 계속되었다. 헤라클레스의 죽음을 안타까워하던 신들은 타오르는 불길 속에서 그를 구하고 올림포스로 맞이했다. 그리고 그를 끊임없이 괴롭히던 헤라와도 드디어 화해를 하게 되었다.

헤라 여신은 그를 자신의 딸 헤베와 결혼시켰다. 헤라클레스는 고난과 역경의 삶을 벗어나 마침내 신의 반열에 오르게 되었다.

⚫ 헤라의 딸 헤베와 결혼하는 헤라클레스

 헤라클레스의 파란만장한 생애

연령	주요 사건
0세	테바이에서 태어난다.
8개월	독사를 맨손으로 잡아 죽인다.
소년 시절	음악 교사에게 수금을 던져서 살해한다.
18세	키타이론 산에 출몰하던 흉폭한 사자를 퇴치한다.
성인 이후	테바이 왕의 딸 메가라와 결혼한다.
	12가지 과업을 수행한다.
	올림피아 경기 대회를 창설한다.
	카리돈 왕의 딸 데이아네이라와 재혼한다.
	실수로 소년을 살해하고 트라키아로 망명한다.
	오이칼리아를 공략하여 왕의 딸 이올레를 데리고 돌아온다.
	전신에 맹독이 퍼져 산 채로 화장되지만 제우스가 올림포스로 맞아들인다.
	헤라와 화해하고 제우스와 헤라의 딸 헤베(청춘의 여신)와 결혼하여 올림포스 신들의 일원이 된다.

12가지 과업을 달성한 후에도 여러 가지 원정을 떠난다.

제우스와 헤라는
왜 사이가 나빴을까?

그리스 신화 최고의 신 제우스와 정실부인 헤라는 언제나 다투기만 한다. 대개는 제우스의 바람이 원인이지만, 어쩐지 이유는 그것뿐만이 아닌 것 같다.

헤라는 원래 그리스의 선주先住 민족이 숭배하던 여신이었다. 이 선先주민은 소아시아계의 사람들이라고 한다. 한편, 제우스는 BC 2000년경부터 여러 차례에 걸쳐 그리스에 침입한 **인도유럽어족**의 일파가 숭배하던 신이었다고 한다. 이 일파는 그리스에 침입할 때 선주 민족을 정복, 융화시켜 오늘날 그리스인의 선조가 되었다고 한다.

이러한 정복과 융화가 신화 세계에서도 일어나 새로 이주한 그리스인의 신들과 선주 민족이 숭배하던 토착신들이 융합되었다. 신화 속 헤라는 남편에 대한 불만으로 반항적인 태도를 취하지만, 절대 최고신인 남편의 우위와 위상은 변하지 않는다. 여기에는 정복자 그리스인의 신이 제우스라는 점과 피정복민인 민족의 여신이 헤라라고 하는 역사적 배경도 있다.

한편, 제우스의 바람기와 다양한 애정 행각에는 고대 그리스인의 가치관이 담겨 있다. 고대 세계에서 중요시되었던 가치들 중 하나는 다산多産과 자손 번창이었다. 후손의 수가 많은 가문이 힘을 가지고, 많은 인구를 토대로 해야 국가의 번영과 강대함을 추구할 수 있었기 때문이다. 따라서 많은 자식을 낳고 후손을 널리 퍼뜨리는 것은 개인뿐 아니라 국가적 과제였으며, 큰 미덕이었다. 그리스인들의 이러한 가치관은 신화에도 녹아들어 다양하고 복잡한 가계를 형성한다. 제우스뿐 아니라 그리스 신화의 많은 신과 영웅들이 바람둥이로 나오는 것에는 고대 그리스 사회의 특징이 잘 반영되어 있다.

인도유럽어족 역사 시대 이후 인도에서 유럽에 걸친 지역에 널리 퍼져 있던 언어의 총칭으로 인도게르만어족이라고도 한다. 현재 유럽의 모든 언어(영어 · 독일어 · 프랑스어 · 이탈리아어 · 러시아어 · 에스파냐어 등)는 전부 이에 속한다.

8장

아르고 원정대
이야기

헤라의 마음에 들게 된

이올코스의 왕자
이아손

이아손을 시험한 헤라

🔵 **케이론에게 교육받는 이아손**
장 밥티스트 레뇨의 작품. 루브르 박물관 소장.

테살리아의 한 도시인 이올코스의 왕 아이손은 아버지가 다른 형제 펠리아스의 꼬드김에 넘어가 왕위를 빼앗긴다. 이 때문에 아이손은 아들 이아손의 신상을 걱정하여 펠리온 산에 사는 **케이론**에게 아이를 맡겼다. 케이론은 켄타우로스족의 현자로 많은 영웅들이 그의 가르침을 받았다. 이아손이라는 이름도 케이론이 붙여 준 것이라 한다.

이윽고 훌륭한 청년으로 성장한 그는 숙

 케이론 반인반마인 켄타우로스족의 하나로 의술, 무술, 예언, 음악 외에도 여러 학문에 뛰어난 현자로 알려져 있다. 의신 아스클레피오스와 영웅 아킬레우스 등 많은 영웅들을 교육시켰다.

상식으로 꼭 알아야 할 그리스 로마 신화

부 펠리아스에게 왕위 반환을 요구하기 위해 고국으로 돌아갔다. 고국으로 향하는 도중에 이아손은 물이 불어나 물살이 거친 강 앞에서 홀로 서 있는 한 노파를 만났다. 도움을 요청하는 노파를 등에 업고 강을 건너는데, 강 한가운데쯤 왔을 때 그 노파가 엄청난 무게로 짓누르기 시작했다. 이아손의 다리는 후들거렸고 등에는 식은땀이 비오듯 흘렀다. 간신히 건너편 물가에 도착했지만, 이아손은 그만 한쪽 샌들을 빠른 물살에 흘려보내고 말았다.

사실 이 노파는 헤라 여신이 변신한 것이었다. 여신은 예전에 자신의 신전에서 사람을 죽인 펠리아스를 증오해 그 복수로 이아손을 이용할 수 있는지를 시험했던 것이었다. 이아손의 힘과 용기에 만족한 헤라는 후에 그의 모험을 전면적으로 지원하고 위험에서 그를 보호해 주었다.

왕권을 되찾기 위한 과제

이아손이 이올코스의 왕궁에 나타났을 때 펠리아스는 매우 놀랐다. 그도 그럴 것이 '한쪽 샌들만 신은 자에게 왕위를 빼앗긴다'는 신탁을 받았기 때문이다. 펠리아스를 찾아온 이아손은 당당하게 자신이 아이손의 아들이니 왕위를 돌려줄 것을 요구하였다.

🕐 **이아손과 펠리아스**
나라를 떠나 있던 이아손은 왕위 반환을 요구하기 위해 펠리아스 앞에 나타난다. '한쪽 샌들만 신은 사나이' 이아손은 신탁에 따라 펠리아스의 왕위를 빼앗을 사람이었다.

하지만 펠리아스는 곧바로 냉정을 되찾았다. 그리고 왕위를 요구하는 이아손에게 콜키스에 있는 '**황금 양피**羊皮'를 가져오면 왕위를 돌려준다는 어려운 과제를 내걸었다. 그것은 이아손이 먼 곳으로 떠나는 모험 중에 죽기를 바라는 펠리아스의 계책이었다.

흑해의 동쪽 끝에 있는 콜키스로 가려면 위험한 항해를 떠나야 했다. 더구나 콜키스의 귀중한 보물인 황금 양피는 절대 잠들지 않는 거대한 용이 지키고 있었다. 이아손은 펠리아스가 자신을 죽이기 위해 일을 꾸몄다는 것을 알아챘지만 용감하게 이 과제를 받아들였다.

아르고나우타이 탄생

이아손은 혼자서 이 어려운 과제를 성공시키기는 불가능하다고 생각하여 우선 이 원정에 참가할 동지들을 모집했다. 이에 그리스 각지에서 뛰어난 능력을 지닌 젊은이들이 모여들었다. 특히 헤라 여신의 도움으로 헤라클레스나 테세우스 같은 유명한 영웅들이 원정에 참가했다. 게다가 음악가 오르페우스 등도 참가해 총인원 50명의 원정대가 결성되었다.

 황금 양피의 유래 옛날 테살리아의 왕 아타마스에게 프릭소스라는 아들이 있었다. 그런데 프릭소스는 계모 이노의 미움을 사 목숨이 위태로웠다. 그래서 누이동생 헬레와 함께 도망쳤는데, 그때 그들을 태우고 날아갔다는 황금털을 가진 숫양의 모피가 바로 '황금 양피'이다. 그 황금 털의 숫양은 헤르메스로부터 받은 것이라고 한다.
양이 유럽과 아시아 사이의 해협을 날아가던 도중 헬레는 바다에 떨어져 죽었는데, 후에 이 해협을 헬레의 이름을 따 헬레스폰투스(헬레의 바다라는 뜻)라고 불렀다. 한편 프릭소스는 계속 날아가 콜키스에 도착했다. 콜키스의 왕 아이에테스는 그를 반갑게 맞아 자신의 딸 칼키오페와 결혼시켰다.
프릭소스는 감사의 표시로 황금 양을 제우스에게 바치고, 그 모피는 아이에테스에게 주었다. 아이에테스는 군신 아레스를 모시는 숲의 한 나무에 황금 양피를 걸어 놓고, 잠들지 않는 용으로 하여금 지키도록 했다.

원정대는 다양한 방면에서 재주를 갖고 있는 사람들로 이루어져 있었다. 북풍 신의 아들 제테스와 칼라이스는 날개를 가지고 있었고, 린케우스란 자는 사물을 투시하는 능력을 지니고 있었다. 또한 키잡이 티피스와 목수인 아르고스도 재주가 출중했다. 그 외에 예언력을 가진 몹소스, 권투를 잘하는 폴리데우케스 등도 원정대에 포함되어 있었다.

원정대를 실을 배의 건조建造는 그리스 최고의 목공 아르고스가 맡았다. 기예의 여신 아테나의 도움을 받아 완성된 이 배는 이전의 어떤 선박보다 거대하고 튼튼했다. 배의 이름은 아르고스의 이름을 따 '아르고호'라 지어졌고, 배의 선원들은 아르고호 원정대원이라는 뜻의 '아르고나우타이'라 불렸다.

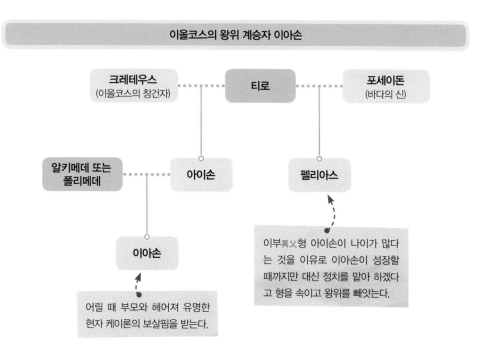

이올코스의 왕위 계승자 이아손

크레테우스 (이올코스의 창건자) — 티로 — 포세이돈 (바다의 신)

알키메데 또는 폴리메데 ···· 아이손   펠리아스

이아손

어릴 때 부모와 헤어져 유명한 현자 케이론의 보살핌을 받는다.

이부異父형 아이손이 나이가 많다는 것을 이유로 이아손이 성장할 때까지만 대신 정치를 맡아 하겠다고 형을 속이고 왕위를 빼앗는다.

아르고호의 항해

콜키스로 향한 항로

이아손을 대장으로 한 아르고
나우타이는 오르페우스의 수금 가
락을 타고 의기양양하게 파가사
이 항을 출항했다. 하지만 원정대
의 앞길에는 여러 가지 난관이 기
다리고 있었다. 에게해를 북서쪽
으로 전진한 아르고호는 먼저 렘
노스 섬에 들렀다. 그 무렵 이 섬

🕐 **콜키스에 도착한 아르고호**
원정에 참가한 사람들로는 그리스 신화 최대의 영웅 헤라클레스, 아테나이의 영웅 테세우스, 그리스 신화 최고의 음악가
오르페우스, 그 밖에 펠레우스(트로이아 전쟁의 영웅 아킬레우스의 아버지), 카스토르와 폴리데우케스(둘 다 제우스와 스파르
타의 왕비 레다의 아들) 등이 있다. 이외에도 아르고호의 원정대에 대해서는 여러 가지 설이 있다.

에는 여자들밖에 없었다. 이들은 아프로디테를 소홀히 대접했기 때문에 그 벌로 몸에서 심한 악취를 풍기게 되었다. 이 악취 때문에 남편들이 다른 여인들을 데리고 살자 그녀들은 남편을 모두 죽여 버렸다. 하지만 여자들만으로는 자손을 이을 수가 없었다. 그녀들은 아르고호 일행을 환대하여 얼마 동안 섬에 머무르게 했다. 원정대 일행은 1년 동안 렘노스 섬에 머물렀는데, 그 결과 이 섬에 자식들을 선물로 남기고 떠났다. 이아손도 섬의 여왕 힙시필레와 관계를 맺어 아들 둘을 낳았다.

키지코스 왕의 죽음

키지코스 왕의 섬에 들렀을 때는 불행한 사건이 일어났다. 왕의 환대를 받은 일행은 그날 밤 항해할 때 유의할 점을 전수받고 다시 출항했다. 그러나 강한 역풍을 만나 다시 섬으로 돌아오고 말았다. 하지만 일행은 한밤중이라 배가 다시 키지코스 섬으로 돌아온 것을 모르고 있었다. 한편 섬 주민들은 해적이 습격해 온 것으로 착각하여 어둠 속에서 격렬한 전투를 벌였다. 다음날 아침 바닷가에 쓰러져 있는 사람들은 아르고 일행을 환대해 주었던 키지코스 왕과 그 부하들이었다. 왕비 클리테는 남편의 죽음을 견딜 수 없어 목을 매 자살하고 말았다.

며칠 동안 폭풍이 계속되는 바람에 원정대 일행은 출항하지 못하고 있었다. 이때 일행 중 예지력이 뛰어난 몹소스가 키지코스 왕의 죽음에 분노한 키벨레 여신 때문에 폭풍이 멈추지 않는 것이라 말했다. 일행은 키벨레 여신의 분노를 가라앉히기 위해 제물을 바치고 춤을 추었다.

아르고호는 다시 항해를 시작했는데, 얼마 안 가 헤라클레스가 배에서 내리는 일이 발생했다. 헤라클레스의 노가 부러져 일행은 어느 섬에 잠시 멈추었다. 헤라클레스가 노를 만들 나무를 찾으러 간 사이 그의 사랑을 받아 원정길에 함께 오른 힐라스가 샘물을 뜨러 갔다. 잠시 후 힐라스가 물을 뜨는 순간 그의 외모에 반한 샘의 요정들이 그를 물속으로 끌고 들어갔다.

헤라클레스는 숲속을 헤맸으나 힐라스를 찾을 수 없었다. 헤라클레스는 힐라스를 반드시 찾아야 한다고 고집을 부렸고, 아르고호는 결국 그를 남겨 둔 채 출항할 수밖에 없었다. 이렇게 해서 헤라클레스는 아르고호 원정을 중도 하차하게 되었다.

아르고호 항해 지도

괴물 새 하르피아이 퇴치와 심플레가데스 돌파

아르고호 일행이 트라키아의 한 항구에 닿았을 때 그곳에서 피네우스라는 앞을 못 보는 한 노인을 만났다. 피네우스는 하르피아이라는 괴물 새의 습격에 시달려 식사도 제대로 하지 못하는 형편이었다. 하르피아이는 식사 시간이 되면 꼭 나타나 음식을 빼앗거나 똥을 떨어뜨려 음식을 더럽혔다. 일행은 그 못된 새를 퇴치하기로 했다. 이윽고 식사 시간이 되자 어김없이 괴물 새가 나타났다. 일행 중 날개를 가진 제테스와 칼라이스가 괴물 새를 맹렬히 추격해 멀리 쫓아내 버렸다. 하르피아이는 그 후 다시는 피네우스를 괴롭히지 못하게 되었다.

원정대 일행이 하르피아이를 퇴치해 주자 피네우스는 이에 대한 답례로 콜키스까지 가는 길과 위험한 항로를 뚫고 나가는 방법을 가르쳐 주었다. 위험한 항로란 심플레가데스라고 하는 두 개의 거대한 바위로, 가까이 다가가는 것은 무엇이든 그 사이에 끼워서 부숴 버리는 곳이었다. 그래서 사람들은 이곳을 심플레가데스, 즉 '부딪치는 바위'라 부르며 매우 두려워하고 있었다.

심플레가데스 근처에 도착한 일행은 피네우스가 가르쳐준 대로 먼저 비둘기 한 마리를 날려 보냈다. 비둘기가 그 사이로 날아가자 그에 반응하여 거대한 두 바위가 굉음을 내면서 서로 맞부딪쳤다. 그러나 비둘기는 꼬리를 약간 다쳤을 뿐 무사히 통과할 수 있었다. 세차게 맞부딪친 거대한 바위는 그 반동으로 다시 열리기 시작했다. 아르고호는 기회를 놓치지 않고 그 사이를 전속력으로 통과했다. 이렇게 해서 원정대 일행은 간신히 그 위험한 곳을 빠져나갈 수 있었다.

메데이아의
사랑과 복수

황금 양피를 가져오라

피네우스가 가르쳐준 항로로 배를 전진시킨 아르고호 일행은 항해 끝에 드디어 콜키스에 상륙했다. 이아손은 곧바로 왕궁으로 가서 아이에테스 왕을 만나고 원정의 목적을 설명했다.

그러나 아이에테스가 자신의 보물 황금 양피를 호락호락하게 내어줄 리 없었다. 더구나 그는 이방인이 콜키스의 황금 양피를 가져가면 왕위를 잃을 것이라는 신탁을 받아놓고 있었다. 그는 황금 양피를 철저하게 지키기 위해 용에게 감시하도록 하고, 양피가 있는 곳 근처에 가는 자들은 이유를 불문하고 처형시켰다. 그리하여 사람들은 콜키스로 가는 것 자체를 몹시 꺼렸다. 생각 끝에 아이에테스 왕은 황금 양피를 내주는 조건을 하나 내걸었다. 그 조건은 이러했다.

'청동 발굽을 한 채 코에서 불을 내뿜는 무시무시한 황소에 멍에를 씌워 땅을 갈고, 거기에 카드모스 왕이 퇴치한 용의 이빨(테바이의 건국자 카드모스가 퇴치한 아레스의 용의 이빨. 나중에 이빨의 반 정도가 아이에테스 왕에게 건네졌다)을 뿌릴 것. 게다가 이빨을 뿌린 자리에서 솟아난 무장 전사들을 모두 해치울 것.'

이는 이아손을 처치하려는 아이에테스의 계략이었으나, 이아손은 그 사실을 알면서도 이 같은 조건을 받아들일 수밖에 없었다.

메데이아의 도움으로 황금 양피를 훔치다

이아손은 아이에테스 왕이 부과한 난제를 어떻게 해결해야 할지 몰라 머리를 싸매고 있었다. 그런데 뜻밖의 협력자가 나타났다. 바로 이아손에게 한눈에 반한 아이에테스 왕의 딸 메데이아였다.

사실 메데이아가 이아손을 사랑하게 된 것은 이아손을 응원하는 헤라와 아테나의 작전 때문이었다. 여신들은 마법을 부릴 줄 아는 메데이아가 이아손이 목적

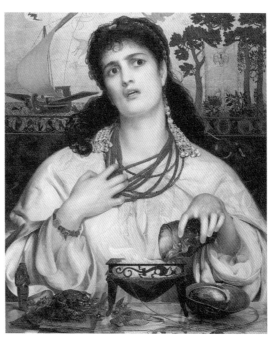

🖣 **메데이아**

프레더릭 샌디스의 작품. 마녀이기도 한 메데이아는 마술을 써서 독을 섞어 불을 만드는 무서운 여인이다. 열정적 사랑, 잔혹성, 분노와 증오 등 다면적 성질을 지니고 있었다.

을 이루는 데 큰 역할을 하길 바랐다. 그래서 사랑의 신 에로스에게 부탁하여 그녀의 가슴에 황금 화살을 쏘게 하였다.

이런 까닭에 이아손에게 완전히 마음을 빼앗긴 메데이아는 이아손이 아이에테스 왕의 조건을 해결할 수 있도록 적극 도와주었다. 먼저 어떠한 불과 검에도 다치지 않는 마법의 약을 건네주었다. 이 약을 전신에 바른 이아손은 소가 내뿜는 불길에 아랑곳하지 않고 사나운 소의 공격을 막아 내어 재빨리 멍에를 씌웠다.

그런 후 땅을 갈아서 용의 이빨을 뿌렸다. 그러자 대지에서 무장한 전사들이 솟아났다. 이아손은 침착하게 메데이아가 알려준 대로 큰 돌 하나를 들어 그들 한가운데 던졌다. 그러자 이빨에서 나온 전사들은 자기들끼리 싸우기 시작하여 얼마 지나지 않아 전멸했다.

🜚 **황금 양피**
황금 양피를 지키고 있는 용을 메데이아의 마술로 잠들게 하고 양피를 쟁취하려는 이아손.

이제 아이에테스 왕의 요구 조건을 해결했으나, 왕은 이아손에게 황금 양피를 주기는커녕 오히려 아르고호 일행을 죽이려고 했다. 이것을 눈치챈 메데이아는 이아손에게 지금 당장 황금 양피를 가지러 가자고 재촉하면서 이렇게 말했다. "황금 양피를 지키고 있는 용은 제가 잠들게 하겠어요. 대신 성공하면 나를 당신의 아내로 맞이해 주세요." 이아손은 그녀와 결혼하기로 맹세했다.

메데이아는 곧 황금 양피가 있는 숲으로 이아손을 안내했다. 그리고 그곳을 지키고 있는 용을 마법을 써서 잠들게 한 다음 양피를 훔쳤다. 이렇게 해서 아르고호 일행은 모험의 목적이었던 황금 양피를 얻게 되었다. 일행은 한밤중에 서둘러 이올코스로 출항했다.

메데이아, 동생을 살해하다

이 사실을 안 아이에테스는 아들에게 즉시 추격하라고 명령했다. 아르고호는 메데이아의 남동생 압시르토스가 거느리고 온 추적 함대에 포위되고 말았다. 여기서 메데이아는 엄청난 계획을 이아

🌀 **황금 양피**
허버트 제임스 드레이퍼의 작품. 동생을 잔인하게 죽이기까지 하면서 연인 이아손을 도와 콜키스에서 도망친 메데이아는 결국 이아손에게 배신을 당한다.

손에게 내놓는다. "화해를 할 것처럼 해서 제 동생 압시르토스를 유인한 다음 죽이는 거예요. 그러면 콜키스 함대는 혼란스러워질 테고 그 틈에 우리는 도망갈 수 있어요."

메데이아의 계획대로 이아손은 압시르토스를 죽인 후 시체를 토막 내

바다에 뿌렸다. 그리고 아이에테스가 아들의 시체를 수습하는 동안 아르고호는 멀리 달아날 수 있었다. 메데이아의 잔혹한 계획이 성공한 것이다. 이 일로 이아손과 메데이아는 제우스의 명령에 따라 키르케에게 속죄를 받아야 했다.

이후 일행은 왔던 길과 마찬가지로 돌아가는 길에도 여러 가지 위험과 만났다. 그러나 지혜와 용기를 모아 난관을 극복한 후 무사히 파가사이항에 귀환할 수 있었다.

⚠ 격노하는 메데이아
외젠 들라크루아의 작품. 메데이아의 증오는 연적을 죽인 것으로 끝나지 않았다. 남편에게 끔찍한 고통을 주는 길만이 철저한 복수라고 생각한 메데이아는 가장 아끼는 자식들을 죽인다.

펠리아스를 삶아 죽이다

이올코스로 돌아온 이아손은 펠리아스에게 황금 양피를 건네주었다. 하지만 펠리아스가 약속을 지키지 않아 왕위를 물려받지 못했다. 이에 이아손은 복수를 결심한다. 이번에도 메데이아가 나서서 마법의 힘으로 남편의 복수를 돕는다.

메데이아는 펠리아스의 딸들이 보는 앞에서 늙은 양을 잘게 잘라 약초가 든 가마솥에 넣고 삶았다. 그리고 다시 꺼낼 때 그 양이 어린 양으로 회춘해서 나오는 마법을 보여 주었다. 메데이아는 사람도 다시 젊게 만들 수 있다고 하면서 딸들을 꼬드겼다. 딸들은 아버지 펠리아스를 젊어지게 하려고 메데이아가 양에게 한 것과 똑같이 아버지의 몸을 잘게 토막 내어 가마솥에 넣었다. 하지만 메데이아가 그녀들에게 준 것은 가짜 약초였다. 무참하게도 펠리아스는 친딸들의 손에 몸이 갈기갈기 찢겨 죽게 되었다.

이렇게 해서 이아손과 메데이아는 복수를 달성하지만, 펠리아스를 살해한 죄로 이올코스에서 쫓겨났다.

배신과 복수의 참극

코린토스로 도망간 두 사람은 크레온 왕의 환대를 받았다. 둘은 아들 둘을 얻고 행복한 나날을 보내고 있었다. 그런데 어느 날 이아손에게 크레온 왕의 딸 글라우케와의 혼담이 들어왔다. 글라우케와 결혼하면 코린토스에서 큰 권력을 행사할 수 있다고 생각한 이아손은 결혼을 승낙했다. 한순간에 아내와 자식을 헌신짝처럼 내버린 것이다. 크레온 왕은 메데이아를 나라 밖으로 쫓아내라고 명령했다.

이때 이아손을 향한 메데이아의 한결같은 애정은 격렬한 증오심으로 바뀌고 말았다. 슬픔과 분노에 사로잡힌 메데이아는 이아손에게 복수할 것을 결심했다.

메데이아는 결혼 축하 선물이라면서 독을 바른 옷을 글라우케에게 보냈다. 글라우케가 아무 의심 없이 그것을 몸에 걸쳤는데 갑자기 옷에서

🔥 **이아손과 메데이아**

귀스타브 모로의 작품. 이아손은 스스로의 힘보다는 메데이아의 도움으로 아르고호 원정을 무사히 마칠 수 있었다. 그럼에도 그는 메데이아를 배신했고 그 대가로 두 아들과 새 연인의 죽음이라는 결과를 고스란히 받게 된다.

불길이 타올랐다. 그녀는 순식간에 불에 타 죽었고, 딸을 구하려고 감싸안은 크레온 왕도 함께 타 죽었다. 이어 메데이아는 이아손과 사이에 낳은 두 아들을 죽이더니 그 유해를 껴안고 날개 달린 용이 이끄는 마차(조부 헬리오스로부터 물려받았다고 한다)를 타고 도망쳤다.

고대 그리스에서는 자손을 남겨 가문을 존속시키는 것이 매우 중요한 일이었다. 그렇기 때문에 메데이아는 이아손의 새 아내를 죽이고 자신의 아이들마저 죽여 이아손의 대를 끊어 놓은 것이다. 절망한 이아손은 각지를 방황하다가 자살했다고도 하고, 아르고호의 썩은 나무 기둥에 머리를 맞아 죽었다고도 한다.

메데이아의 이 같은 격렬한 사랑과 복수의 이야기는 많은 작가들의 작품으로 남겨졌다. 특히 비극 작가 에우리피데스의 『메데이아』는 남편에게 배신당하고 제 자식을 죽이기까지 하는 메데이아의 고뇌를 생생하게 그린 고전극의 명작으로 꼽힌다.

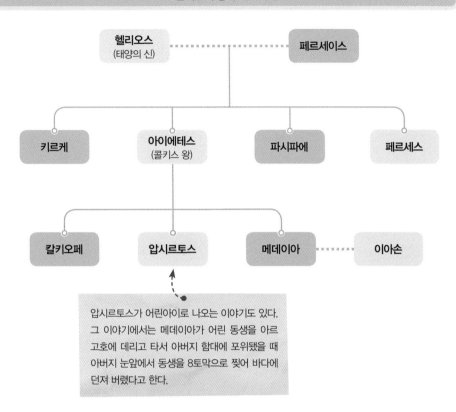

콜키스의 왕녀 메데이아

헬리오스
(태양의 신) ········· 페르세이스

키르케　　　아이에테스
(콜키스 왕)　　　파시파에　　　페르세스

칼키오페　　　압시르토스　　　메데이아 ········· 이아손

압시르토스가 어린아이로 나오는 이야기도 있다. 그 이야기에서는 메데이아가 어린 동생을 아르고호에 데리고 타서 아버지 함대에 포위됐을 때 아버지 눈앞에서 동생을 8토막으로 찢어 바다에 던져 버렸다고 한다.

고대 그리스의 연극

BC 6~BC 5세기경 그리스에서 발달한 연극은 술의 신 디오니소스의 비밀 의식에 그 기원을 두고 있다고 한다. 디오니소스 신도들은 술의 힘으로 영혼을 해방시키고 황홀한 경지에 올라 노래와 춤을 추면서 미친 듯한 행동을 했는데, 이러한 축제에서 자연적으로 연극이 생겨나게 되었다. 특히 디오니소스 신을 찬양하는 합창 '디티람보스'가 그리스 연극으로 발전했다고 한다.

아테나이의 참주 정치(고대 그리스에서 참주가 국가를 지배했던 정치 체제)의 대표적인 인물이었던 페이시스트라토스(BC 600년경~BC 527년)는 그리스 전역에 퍼진 디오니소스 축제를 국가 행사에 포함시켰다. 그리하여 아테나이에서는 매년 봄에 대 디오니시아제祭가 행해졌고, 나중에는 아크로폴리스 남쪽 기슭의 야외극장에서 본격적인 연극이 상연되었다. 페이시스트라토스는 음란하고 야만적인 축제를 세련된 예술로까지 발전시킨 장본인이다.

그러나 연극이라고는 해도 지금과 같이 정해진 배우만 연기를 했던 것은 아니었다. 초기의 연극에서 배우는 단 한 명뿐이고, 오히려 중요한 것은 코로스(코러스의 어원이 되었다)라고 불린 12~15명으로 이루어진 춤꾼 무리와 합창단이었다. 이후 배우는 두 사람, 세 사람으로 늘어났다. 배우들은 큰 가면을 썼는데, 장면마다 가면을 바꿔가면서 혼자 몇 가지 역할을 하기도 했다. 배우와 합창단은 모두 남성이었다.

이후 연극은 점차 경연의 성격을 띠게 되었다. 1등을 차지한 작가는 큰 명예를 얻고, 전폭적인 지원을 받게 되었다. 대 디오니시아제에서는 매년 3명의 작가가 각각 비극 3편과 사티로스극(비극도 희극도 아닌 해학극) 1편을 내놓았다. 그래서 하루에 4부작으로 구성하여 총 12편의 연극을 3일 동안 상연하였다. 비극은 아곤(경쟁) 형식으로 행해졌는데, 앞에서 소개한 에우리피데스의 '메데이아'는 당시 최하위였다고 한다.

9장

테세우스의 모험

젊은 테세우스의 모험

아이게우스와 아이트라의 하룻밤 인연

아테나이의 왕 아이게우스에게는 후계자가 없었다. 그래서 델포이를

방문하여 자식을 얻을 수 있는 방법을 신탁으로 청했다. 신탁은 "아테나이에 도착할 때까지 가죽 주머니(여기서 가죽 주머니는 술이 담긴 주머니를 뜻하며 술을 조심하라는 뜻의 신탁이었다.)를 열지 말지어다"라고 일렀다. 아이게우스는 아무리 생각해 봐도 이 신탁의 의미를 알 수 없었다. 그래서 돌아가는 길에 현자로 명성이 높은 트로이젠의 피테우스 왕에게 들러 조언을 구했다.

🕐 **테세우스**
아테나이의 왕 아이게우스와 아이트라 사이에서 태어났다. 아테나이의 기반을 구축한 영웅으로 친아버지를 찾아가는 모험에서 그의 용맹심을 엿볼 수 있다.

피테우스 왕은 신탁을 '아테나이로 돌아가면 자식이 생긴다'는 의미로 파악했다. 아테나이의 왕이 될 영웅의 탄생을 알리는 신탁이었던 것이다. 하지만 그 또한 트로이젠의 후계자가 탄생하기를 고대하고 있었기 때문에 그 의미를 아이게우스에게 알리지 않았다. 그리고는 아이게우스를 술에 취하게 만든 후 그의 침상으로 자신의 딸 아이트라를 보냈다. 그리하여 아이트라는 아이를 갖게 된다.

이 사실을 알게 된 아이게우스는 아이트라에게 만약 남자아이가 태어나면 아버지의 이름과 신분을 밝히지 말고 키워 달라고 부탁했다. 그리고 큰 바위 밑에 칼과 샌들을 숨겨 놓은 그는 이런 말을 남기고 고국 아테나이로 돌아갔다. "아이가 이 바위를 움직일 수 있을 때가 오면 아버지의 이름을 밝히고, 증거로 그 칼과 샌들을 들려서 아테나이로 보내시오."

이윽고 달이 차자 아이트라는 남자아이를 낳았는데, 이 아이가 바로 아테나이 최대의 영웅 테세우스였다.

아버지를 찾아 떠나다

시간이 흘러 늠름하게 성장한 테세우스는 남다른 힘과 지혜를 보였다. 아이트라는 아들이 16세가 되자 이제 출생의 비밀

🔵 **바위를 들어올리는 테세우스**
로렌 드 라 히레의 작품. 세월이 흘러 테세우스가 장성하자 어머니 아이트라는 테세우스를 바위가 있는 곳으로 데리고 간다. 장정이 된 테세우스는 쉽게 바위를 들어올려 칼과 샌들을 꺼낸다.

을 밝힐 때가 되었다고 생각했다. 그녀는 테세우스를 큰 바위 앞으로 데려갔다. 테세우스는 큰 바위를 들어 올려 밑에 있던 칼과 샌들을 꺼냈다. 아버지에 대해 알게 된 그는 아버지의 나라 아테나이를 향해 길을 떠났다.

트로이젠에서 아테나이까지는 배로 건너는 편이 거리도 훨씬 가깝고 안전했다. 하지만 테세우스는 일부러 위험으로 가득한 육로를 택했다. 이 젊은이는 당시 이름을 떨치고 있던 영웅 헤라클레스를 닮고 싶은 동시에 그에게 대항하려 한 것이다. 그는 온갖 위험을 무릅쓰고서라도 자신의 힘과 용기를 시험해 보고 싶었다.

그 당시는 가는 곳마다 산적과 도적이 출몰하여 지나가는 길손을 위협하던 시대였다. 테세우스는 길을 가는 도중 잇달아 악당들을 퇴치하여 아테나이에 들어갈 때까지 6가지 큰 모험을 겪었다. 이렇게 해서 테세우스는 젊은 나이에 영웅으로 이름을 날리게 되었다.

🌀 테세우스
곤봉을 빼앗아 페리페테스를 때려눕히는 테세우스. 이때부터 곤봉은 그의 상징이 되었다.

6가지 모험에서 승리하여 영웅으로 이름을 날리다

테세우스는 먼저 '곤봉의 사나이'라 불리던 페리페테스를 만났다. 그는 팔힘이 무척 강해 거대한 곤봉으로 지나가는 행인들을 잔인하게 때려죽이고 물건을 빼앗곤 했다. 테세우스는 격투 끝에 곤봉을 빼앗아 악당을 때려 눕혔다. 이 곤봉은 이후 테세우스의 상징이 되었다.

다음으로 시니스라는 악당을 만났는데, 그는 소나무 두 그루를 굽혀 그 사이에 사람을 묶었다가 다시 나무를 튕겨 거기에 묶인 사람의 몸을 찢어 죽였다. 테세우스는 격렬한 싸움 끝에 시니스를 붙잡아 그가 행하던 수법 그대로 그를 찢어 죽였다.

계속 길을 가던 테세우스는 이번에는 파이아라는 사나운 암퇘지를 잡아 죽였다. 이 암퇘지는 티폰의 자식으로 그 지방 사람들에게 큰 피해를 주고 있었다. 다시 아테나이로 향하던 테세우스는 가파른 절벽에 닿았다. 이곳에는 스키론이라는 악당이 있었는데, 그는 지나가는 사람을 붙잡아 강제로 자기 발을 씻게 한 다음 걷어차 절벽 아래 바다로 떨어뜨리곤 했다. 절벽 아래로 떨어진 사람들은 큰 거북이에게 잡아먹혔다. 테세우스는 스키론의 다리를 잡아 절벽 아래 바다로 떨어뜨렸다.

다음으로 테세우스는 무지막지한 악당 케르키온을 만났다. 그는 행인들에게 레슬링을 강요하여 상대가 지쳐 죽을 때까지 시합을 계속했다. 테세우스는 그를 어깨 위로 번쩍 들었다가 땅바닥으로 내던져 버렸다. 테세우스가 마지막으로 만난 악당은 프로크루스테스였다. 그는 행인들을 자기 집에 묵게 하고는 침대의 크기에 맞춰 자르거나 잡아당겼다. 즉, 키가 큰 사람은 작은 침대에 눕혀 팔 다리를 자르고, 키가 작은 사람은 큰 침대에 눕혀 몸을 잡아당겼다. 테세우스는 그가 썼던 수법 그대로 프로크루스테스를 죽였다.

철 곤봉의 사나이 페리페테스 퇴치	철 곤봉으로 지나가는 나그네를 때려죽이던 페리페테스를 죽였다. 이후 철 곤봉은 테세우스의 상징이 되었다.
소나무를 구부리는 시니스 퇴치	시니스는 괴력으로 구부러뜨린 2개의 소나무에 지나가는 나그네를 붙들어 매고 나무를 튕겨 몸뚱이를 찢어 죽였다. 테세우스는 그에게 똑같은 고통을 맛보게 하여 죽였다.
암퇘지 퇴치	흉폭한 암퇘지 파이아를 죽였다.
스키론 퇴치	스키론은 길을 지나가는 나그네에게 자신의 발을 씻게 한 후 발로 차서 바다로 떨어뜨려 큰 거북의 먹이로 만들었다. 테세우스는 그의 다리를 잡고 바다로 던져서 떨어뜨려 큰 거북의 먹이로 만들었다.
레슬링하는 사나이 케르키온 퇴치	케르키온은 지나가는 나그네에게 레슬링 시합을 강요하여 상대가 죽을 때까지 승부를 가렸다. 테세우스는 케르키온을 가뿐히 들어올리더니 땅으로 내던져서 죽였다.
잡아당겨 늘리는 자 프로크루스테스(폴리페몬) 퇴치	프로크루스테스는 나그네를 자신의 집에 초대하여 침대의 크기에 맞춰서 사람을 자르거나 잡아당겨서 늘려 죽였다. 테세우스는 같은 방법으로 그를 죽였다.

메데이아의 음모로 죽을 위기에 처하다

테세우스는 무사히 아테나이에 도착해 아이게우스의 왕궁으로 왔다. 그러나 처음에 아이게우스는 아들을 알아보지 못했다. 그런데 그의 옆에는 메데이아(아르고호의 영웅 이아손의 전처)가 있었다. 이아손에게 배신당한 메데이아는 아이게우스에게 접근하여 재혼을 한 것이다. 메데이아는 테세우스가 자신의 지위를 위협하는 존재라는 것을 단번에 알아차렸다. 그녀는 자기가 낳은 아들에게 왕위를 물려주려 하고 있었다. 그녀는 아이게우스에게 이렇게 속삭였다. "이 사나이는 음모를 꾀하여 아테나이의 왕위를 빼앗으려는 것이 분명해요."

메데이아의 꼬드김에 넘어간 아이게우스는 테세우스를 죽이려고 마라톤의 미친 황소(헤라클레스가 12가지 과업 수행 중에 잡은 황소로 나중에 들에 풀어놓았다)를 퇴치하라는 명령을 내렸다. 하지만 젊은이는 예상을 뒤집고 어려움 없이 황소를 잡아서 돌아왔다.

일이 실패로 끝나자 메데이아는 연회석상에서 테세우스의 술에 독을 섞어 그를 죽이려 했다. 위기의 순간에 아이게우스는 아들이 차고 있는 칼을 보았다. 그 칼은 바로 트로이젠의 바위 밑에 자신이 남기고 온 칼이었다. 그가 자신의 아들임을 알아본 아이게우스는 독약이 든 술잔을 낚아채 던져버렸다. 음모를 꾀한 메데이아는 결국 아테나이에서 내쫓겼다.

🕐 테세우스에게 술잔을 권하는 메데이아
윌리엄 러셀 플린트의 작품. 메데이아는 자신의 간계가 실패하자 테세우스의 잔에 독을 섞어 마시게 해 그를 죽이려 했으나 이마저도 실패하여 결국 아테나이에서 쫓겨나고 만다.

왕위 승계를 둘러싼 다툼에서 승리하다

이렇게 테세우스는 아버지 아이게우스와 감동적인 대면을 이루었지만 기쁨도 잠시였다. 테세우스가 왕위를 잇게 되자 반란이 일어났던 것이다. 테세우스가 오기 전까지 아이게우스에게는 후계자가 없어 형제인 팔라스의 아들들이 왕좌를 노리고 있었다. 이들은 50명이나 되었는데, 갑작스레 출현한 테세우스의 왕위 승계를 인정하지 않았다.

팔라스의 아들들은 두 패로 나누어 한 패는 왕궁을 공격하고, 한 패는 매복해 있다가 테세우스를 죽이기로 작전을 짰다. 그러나 계략을 알게 된 테세우스는 그들에게 먼저 기습을 가했다. 팔라스의 아들들은 목숨을 잃거나 멀리 도주했다. 이로써 테세우스는 왕위 계승자로서의 위치를 확실히 할 수 있었다.

산 제물이 되기로 스스로 지원하다

그 무렵 아테나이에는 가슴을 짓누르는 듯한 무거운 공기가 감돌기 시작했다. 그 이유는 매년 이 계절이 되면 크레타의 미노스 왕에게 젊은 남녀 7명씩을 공물로 바치도록 되어 있었기 때문이다. 그들은 괴물 미노타우로스의 산 제물이 될 운명이었다.

🔔 **미노스 궁전의 벽화에서 발견된 뜀박질하는 소**
크레타 섬의 사람들은 밝고 자유롭고 화려한 작품들을 많이 제작했는데 사치를 좋아하고 쾌락적인 습성이 미술에 잘 반영되었다. 미케네 문명은 미노스 문명이 그리스 영토 내에 있는 미케네에 영향을 끼치면서 생성되었다.

사건은 미노스 왕의 아들 안드로게오스가 아테나이로 초대되어 왔을 때 이곳 사람들에게 살해된 데서 비롯되었다. 격노한 미노스 왕은 아들의 앙갚음을 하기 위해 함대를 거느리고 아테나이로 쳐들어갔다. 당시 아테나이에는 전염병이 돌고 있었기 때문에 싸울 형편이 아니었다. 미노스는 강화 조건으로 산 제물을 공물로 강요했다. 당시 미노스 왕은 에게해 일대에서 막강한 세력을 떨치고 있었기 때문에 아테나이는 이런 잔혹한 요구를 받아들일 수밖에 없었다.

사정을 알게 된 테세우스는 미노타우로스를 퇴치하기로 결심하고 스스로 산 제물의 일원이 될 것을 자청했다. 산 제물들을 데려가는 배에는 슬픔을 표시하는 검은 돛을 달았는데, 만일 테세우스가 일을 성공하고 살아 돌아오면 흰 돛으로 바꿔달기로 했다.

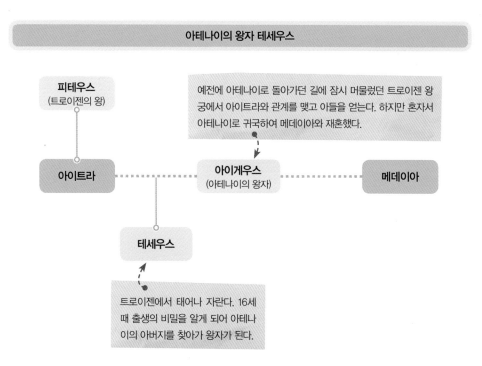

아테나이의 왕자 테세우스

피테우스
(트로이젠의 왕)

예전에 아테나이로 돌아가던 길에 잠시 머물렀던 트로이젠 왕궁에서 아이트라와 관계를 맺고 아들을 얻는다. 하지만 혼자서 아테나이로 귀국하여 메데이아와 재혼했다.

아이트라   **아이게우스**   **메데이아**
(아테나이의 왕자)

테세우스

트로이젠에서 태어나 자란다. 16세 때 출생의 비밀을 알게 되어 아테나이의 아버지를 찾아가 왕자가 된다.

미노타우로스와 아리아드네의 실타래

황소와 불륜에 빠진 파시파에

미노타우로스는 인간의 몸뚱아리에 황소의 머리를 가진 괴물이었다. 이 괴물을 낳은 것은 미노스 왕의 아내 파시파에였는데, 여기에는 다음과 같은 사연이 있었다.

예전에 미노스는 형제들과 크레타의 왕위 자리를 놓고 다툴 때 이렇게 주장했다. "내가 바로 신들에 의해 이 나라를 부여받은 자다. 그 증거로 신들은 나의 소원을 들

🕐 **미노타우로스**

조지 프레더릭 와츠의 작품. 미노타우로스란 '미노스의 황소'란 뜻으로 미노스 왕의 아내 파시파에와 황소 사이에서 태어났다. 미궁에 갇혀 있던 미노타우로스는 영웅 테세우스가 처치했는데 아리아드네의 실타래 덕분에 미노타우로스를 없애고 무사히 미궁에서 빠져나올 수 있었다.

어주실 것이다."

이 말을 입증하기 위해 그는 해신 포세이돈에게 바닷속에 있는 황소를 보내달라는 소원을 빌고, 그 황소를 신들에게 제물로 바치겠노라고 약속했다. 포세이돈이 이 소원을 받아들여 아름답고 근사한 황소를 보내주었는데, 이로 인해 미노스는 크레타의 왕이 될 수 있었다.

그런데 미노스는 이 근사한 황소가 탐이 나 감추어 두고는 신들에게 바치지 않았다. 포세이돈은 크게 화가 나 황소를 난폭하게 만들었다. 거기에다가 미노스의 아내 파시파에로 하여금 황소에 대한 욕정을 품도록 했다. 이렇게 해서 파시파에는 인간으로서 해서는 안 되는 사랑에 애를 태우며 고민의 나날을 보내게 되었다.

미노타우로스의 탄생과 라비린토스 미궁

파시파에는 그리스 최고의 명장名匠 다이달로스라면 좋은 아이디어가 있을 거라 생각하여 그에게 마음속의 고민을 털어놓았다. 이에 다이달로스는 진짜 소의 가죽을 덮어씌운 나무 암소를 만들어 주었다. 그것은 실로 진짜 암소를 방불케 하는 모습이었

🌀 **가짜 황소 안으로 들어가는 파시파에**
파시파에는 포세이돈의 저주를 받아 황소를 사랑하게 되는데 그림은 그녀가 욕정을 못 이기고 황소 안으로 들어가는 모습이다. 그 결과 머리는 소이고 목 아래는 인간인 미노타우로스가 태어난다.

다. 파시파에는 그 나무 암소 안에 숨어들어 황소와 관계를 맺고 정욕을 풀었다. 이렇게 해서 태어난 것이 머리는 소이고 목 아래는 인간인 미노타우로스였다. 미노타우로스는 '미노스의 소'라는 뜻이다.

미노타우로스의 모습을 본 미노스 왕은 놀랍고 두려운 마음이 들었다. 그래서 다이달로스에게 명하여 한번 들어가면 다시는 빠져나올 수 없는 미궁 라비린토스를 짓게 하고, 그 안에 괴물을 넣어 가두었다.

아테나이에서 제물로 보내져 온 젊은이들은 바로 이 미궁에 들어가 괴물의 먹이가 되는 것이었다. 라비린토스는 매우 복잡하고 정교하게 설계되어 그 안에 갇히면 그 누구도 통로나 출구를 찾기 어려웠다. 가령 용감한 테세우스가 미노타우로스를 쓰러뜨린다 해도 이 미궁에서 빠져나오는 것은 불가능한 일이었다. 그래서 괴물을 퇴치하는 일이 먼저였지만, 미궁에서 탈출해야 하는 과제도 매우 중요한 것이었다.

이 라비린토스는 미궁 또는 미로를 의미하게 되었으며, 훗날 미궁의 기원이 되었다. 유럽에서는 왕궁 등의 궁전이나 성의 통로에 라비린토스와 같은 미로를 많이 사용하게 되었다.

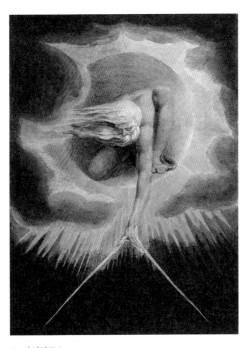

🌀 **다이달로스**

윌리엄 블레이크의 작품. 천상에 헤파이토스가 있다면 지상에는 다이달로스가 있다. 그는 건축과 목공, 철공에 두루 능한 명장으로 조카뻘 되는 페르딕스를 데려다가 일을 가르쳤는데 페르딕스는 재주가 많아 후에 컴퍼스를 만들었다.

아리아드네의 실타래로 미로를 빠져나오다

테세우스를 비롯한 아테나이의 젊
은이들을 태운 배가 마침내 크레타섬
에 도착했다. 미노스 왕의 딸 아리아
드네는 그중에서 가장 늠름하고 아름
다운 청년 테세우스에게 첫눈에 반했
다. 일설에 의하면 아프로디테 여신
이 아리아드네로 하여금 테세우스를
보는 순간 사랑에 빠지게 만들어 테
세우스의 모험을 도와주었다고 한다.

그날 밤 아리아드네는 감옥에 갇힌
테세우스에게 가서 이렇게 말한다.

🔵 **아리아드네와 테세우스**
니콜로 밤비니의 작품. 첫눈에 테세우스에게 반한 아리아드네
는 실 한 타래를 건네주며 괴물 미노타우로스를 죽인 다음에
실을 따라 미궁에서 나오라고 알려 준다.

"나를 데려가 아내로 맞이한다고 약속해 주신다면 미궁에서 탈출할 방
법을 알려 드리겠어요."

테세우스가 그녀의 뜻을 받아들이자 아리아드네는 실타래를 건네주었
다. 그 실의 한 쪽 끝을 입구에 묶어 두고, 실을 풀면서 미궁 속으로 걸어
들어가라는 것이었다.

일행의 선두에 선 테세우스는 실을 풀면서 미궁 안으로 들어갔다. 이
윽고 미궁 깊숙한 곳에서 미노타우로스와 마주치게 되었다. 그 무시무시
한 모습에 모두 겁을 먹고 뒷걸음질치는 가운데 테세우스는 혼자서 용감
하게 괴물을 주먹으로 쳐서 쓰러뜨렸다. 테세우스는 다시 일행의 선두에
서서 실을 따라 왔던 길로 되돌아갔다.

섬에 혼자 버려진 아리아드네의 운명

미궁에서 탈출한 일행은 서둘러 배에 올라타고 귀국길에 올랐다. 항해 도중 배는 낙소스 섬에 기항했는데, 이때 아리아드네가 섬에 혼자 남겨지게 되었다.

그 이유는 여러 가지 설이 있는데, 배은망덕한 테세우스가 버리고 떠났다는 설도 있고, 디오니소스 신이 그녀를 빼앗았다는 설도 있다. 또 다른 이야기로는 아버지를 배신하고 남자를 따라 도망쳤기 때문에 화가 난 아르테미스 여신이 그녀를 죽였다고도 한다.

디오니소스 신의 이야기에 따르면, 낙소스 섬을 지나던 디오니소스가 아리아드네에게 사랑을 느껴 테세우스에게 그녀를 남겨두고 섬을 떠나라고 명령했다고 한다. 그래서 어쩔 수 없이 테세우스는 그녀가 잠든 사이에 배를 출항시켰다는 것이다.

여하튼 아리아드네는 아버지를 배반하면서까지 도움을 주고 사랑한 사

◉ 낙소스 섬에 버려진 아리아드네
에버린 드 모르간의 작품. 버림받은 아리아드네가 실의에 빠진 모습으로 낙소스 섬에 주저앉아 있다.

람이 떠난 걸 알고 절망했지만, 이때 디오니소스 신이 나타나 그녀를 달랬다. 이후 아리아드네는 디오니소스 신의 아내가 되어 많은 아이를 낳고 살았다고 한다.

검은 돛이 부른 아이게우스의 죽음

아테나이의 아이게우스 왕은 아들의 귀국을 이제나저제나 애타게 기다리고 있었다. 한편 테세우스는 의기양양한 모습으로 아테나이로 향하고 있었다. 그러나 테세우스는 살아서 돌아가면 배의 검은 돛을 흰 돛으로 바꿔 달겠다고 한 아버지와의 약속을 까맣게 잊고 있었다. 검은 돛을 그대로 단 채 항구로 미끄러져 들어왔던 것이다.

🕐 **아리아드네와 디오니소스**

티치아노 베첼리오의 작품. 자신을 버리고 떠난 테세우스에게 실망하고 있는 아리아드네에게 디오니소스는 보석이 박힌 왕관을 주고, 그 마음을 받아들인 그녀는 디오니소스와 결혼한다. 그후 아리아드네가 세상을 떠났을 때 디오니소스는 왕관을 하늘로 던져 별자리로 만드는데 그 성좌가 바로 북쪽 왕관자리이다.

아크로폴리스의 언덕에서 검은 돛을 단 배를 본 아이게우스는 아들이 죽은 줄로만 알고 절망한 나머지 절벽 아래 바다에 몸을 던져버렸다. 이후에 그 바다는 아이게우스의 바다, 즉 에게해라고 불리게 되었다.

비극의 히폴리토스와
테세우스의 만년

아테나이의 왕좌에 오르다

🔵 **테세우스와 파이드라, 히폴리토스**
피에르나르시스 게랭의 작품. 테세우스의 아들 히폴리토스는 아버지
와 같은 매력과 미덕을 겸비하고 있었다. 그의 의붓어머니 파이드라
는 아들 히폴리토스가 아프로디테를 경시한 이유로 가혹한 형벌을
받게 되자 아들에게 깊은 사랑의 감정을 느끼게 된다. 결국 이 일로
아들과 의붓어머니는 죽음에 이른다.

테세우스는 아버지 아이게우
스의 뒤를 이어 왕이 되고 아테
나이의 번영과 국가 통합에 큰
공헌을 했다고 한다. 그리고 아
테나이의 영역을 코린토스의 이
스트모스까지 넓혔다. 거기서
그는 헤라클레스가 제우스를 위
해 올림피아 경기를 창설한 것
처럼, 해신 포세이돈을 위해 코
린토스에 이스트미아 경기를 창
설했다고 한다. 정치가로서의

능력을 한껏 발휘한 것이다.

물론 젊은 시절과 마찬가지로 모험을 향한 뜨거운 열정도 잊지 않았다. 테세우스는 여전사 아마존족의 나라로 원정을 떠났는데, 그 전과로 여왕 히폴리테를 사로잡아 귀국하여 아내로 삼았다. 곧이어 아마존족이 아테나이를 공격해 왔지만 테세우스는 그녀들을 쉽게 물리쳤다. 그런데 히폴리테는 테세우스와의 사이에 아들 히폴리토스를 낳고는 그만 죽고 만다.

시간이 흘러 히폴리토스는 결혼 적령기의 청년이 되었지만 명상에 잠기거나 사냥하러 다니는 것만 즐겼다. 그는 처녀신 아르테미스를 숭배한 반면 사랑과 미의 여신 아프로디테를 경시했다. 분노한 아프로디테는 엄중한 벌을 내리기로 한다.

그 무렵 테세우스는 아리아드네의 동생 파이드라와 재혼한 상태였다. 아프로디테는 이 파이드라에게 의붓아들 히폴리토스를 향한 미칠 듯한 사랑의 감정을 심어 주었다.

🌀 파이드라
알렉상드르 카바넬의 작품. 크레타의 왕 미노스와 파시파에의 딸로 영웅 테세우스의 두 번째 아내이다. 의붓아들에 대한 미칠 듯한 사랑으로 괴로워하는 파이드라는 테세우스와 사이에 아카마스와 데모폰, 두 아들을 두었다.

거짓 유서로 아들을 죽이다

파이드라는 금단의 사랑 때문에 괴로움으로 몸부림쳤다. 자신의 의붓
아들을 사랑하여 욕정을 품게 되다니. 그러나 그를 사랑해서는 안 된다
는 걸 알면서도 도무지 마음을 다스릴 수가 없었다. 이를 보고만 있을 수
없었던 파이드라의 유모가 히폴리토스에게 그녀의 마음을 전했다.

그랬더니 히폴리토스는 그 사랑을 일언지하에 거절할 뿐만 아니라 "이
난잡한 계집 같으니!"하고 파이드라를 큰 소리로 비난했다. 파이드라는
얼굴이 창백해지고 너무도 깊은 수치심에 가슴이 떨렸다. 이제 더 이상
살아갈 희망을 잃은 파이드라는 '히폴리토스에게 여자로서의 수치를 당
했다'는 거짓 유서를 남기고 자살해 버린다.

유서를 본 테세우스는 억누를 수 없이 화가 났다. 그는 아들의 변명을
들으려 하지도 않고 멀리 추방시켜 버렸다. 그뿐만 아니라 해신 포세이

▶ **히폴리토스의 죽음**
페테르 파울 루벤스의 작
품. 의붓어머니의 부도덕
한 사랑을 과감하게 꾸짖
은 히폴리토스는 아버지의
분노를 사 처절한 죽음에
이르고 만다.

돈에게 제 자식을 죽여 달라고 빌기까지 하였다.

불행히도 테세우스의 소원은 곧 이루어졌다. 히폴리토스가 궁전에서 쫓겨나 해변으로 마차를 달릴 때 포세이돈이 보낸 괴물이 바다에서 나타나 마차를 전복시켰다. 그 바람에 히폴리토스는 말고삐에 휘감겨 죽고 말았다. 나중에 아르테미스 여신으로부터 사건의 진상을 알게 된 테세우스의 낙담은 매우 컸다.

히폴리토스의 비극적 이야기는 비극 작가들에게 많은 영감을 주었다. 비극 작가 에우리피데스의 작품인 『히폴리토스』도 이 이야기를 소재로 하고 있는데, 디오니소스 제전에서 1등상을 받았다고 한다. 이후에도 히폴리토스 이야기는 많은 작가들의 작품에 등장한다.

무모한 결혼 계획으로 명계에 내려가다

테세우스는 아내와 아들을 한꺼번에 잃은 슬픔에 잠겨 있었지만 머지않아 친구 페이리토오스(테살리아에 사는 라피타이족의 왕. 그 또한 아내를 잃은 상태였다)와 함께 새로운 아내를 맞이하기로 했다. 그들은 제우스의 딸들을 아내로 삼으려는 어처구니 없는 야망을 갖고 있었다. 테세우스는 스파르타의 공주 헬레네(제우스와 스파르타 왕비 레다의 딸. 그 아름다움은 후에 트로이아 전쟁의 원인이 된다)를, 페이리토오스는 명계의 왕비 페르세포네를 각각 협력하여 빼앗으려 했지만, 너무도 무모한 이 계획이 마음대로 성사될 리 만무하였다.

페이리토오스는 테세우스의 가장 절친한 친구였다. 그들의 우정은 페이리토오스가 테세우스의 소떼를 몰고 간 일이 계기가 되어 맺어졌다. 이는 페이리토오스가 테세우스를 만나기 위해 일부러 벌인 일이었다. 테세우스는 그를 추격해 따라잡았으나 이내 서로 호감을 느껴 우정을 맹세하게 되었다.

둘은 힘을 합쳐 먼저 헬레네를 납치하는 데 성공했다. 이어 페르세포네를 데려오기 위해 무모하게도 명계로 내려갔다. 명계의 왕 하데스는 이들의 속셈을 알아채고 우선 의자에 앉으라고 권했다. 그런데 그들이 앉은 의자는 바로 '망각의 의자'였다. 둘은 의자에 앉자마자 지상의 기억을 모두 잊어버렸다. 심지어 지상으로 돌아오는 일조차 잊어버린 것이다.

이들은 후에 헤라클레스가 마지막 과업으로 명계의 파수견 케르베로스를 잡으러 왔을 때까지 명계에 눌러 앉아 있다가, 간신히 테세우스만 구출되었다.

▶ 헤파이스토스 신전
(테세이온)

아고라 북쪽에 있는 헤파이스토스 신전은 예전에는 테세우스의 신전이라고 여겼다. 이 때문에 이 지역은 씨세이온이라고 불렸다.

아테나이로 돌아온 테세우스는 오랫동안 국정을 소홀히 했기 때문에 민중의 비난을 피할 수 없었다. 그가 자리를 비운 사이에 유괴된 헬레네를 탈환하려고 스파르타군이 쳐들어온데다, 새로 왕위를 노리는 자도 등장하여 아테나이는 그야말로 혼란 그 자체였다.

테세우스, 아테나이에서 추방당하다

결국 아테나이에는 새로운 왕이 즉위하고 테세우스는 먼 곳으로 추방되었다. 그는 친족인 스키로스 섬의 리코메데스 왕에게 몸을 의탁하지만, 제대로 대우를 받지 못했다. 테세우스는 아무런 희망도 없이 혼자서 쓸쓸한 만년을 보내다 최후에는 벼랑에서 떨어져 죽고 말았다.

일설에서는 리코메데스 왕이 그를 배신하여 밀어 떨어뜨렸다고도 한다. 그는 자신의 왕위를 테세우스에게 빼앗길까 봐 두려워했는데, 적당한 구실로 테세우스를 벼랑으로 데려간 다음 그 같은 일을 저질렀다는 것이다. 또한 리코메데스가 아테나

🕙 **아테나이인을 구하는 테세우스**
나폴리 국립 고고학 박물관에 소장된 프레스코화이다. 테세우스는 아테나이의 기반을 다진 영웅이자 통치자였다.

이의 새로운 왕에게 사주를 받았다는 이야기도 있다. 어쨌든 아테나이의 위대한 영웅치고는 너무나도 쓸쓸한 만년이었다.

그러나 훗날 테세우스의 명예는 회복되고, 아테나이의 기반을 다진 영웅이자 통치자로 널리 숭배된다. BC 5세기 마라톤 전투 때 그리스인들은 신탁에 따라서 테세우스의 유골을 스키로스 섬에서 아테나이로 옮겼다. 이것은 신전에 안치되었는데, 그 후 아테나이에서는 신과 비슷한 존재로 테세우스를 우러러 보게 되었다. 참고로 고대 아고라의 유적에 남겨진 헤파이스토스 신전이 예전에는 테세이온(테세우스의 신전)으로 여겨졌다. 사후에 다시 영웅으로 대접받게 된 것이다.

🜨 **아테나이의 아고라 유적**
아고라란 '공공 광장'을 의미한다. 평의회장과 법정, 시장 등이 있고, 정치와 경제 즉 시민 생활의 중심의 장이었다. 아고라는 민주 정치의 상징이라고 할 수 있다.

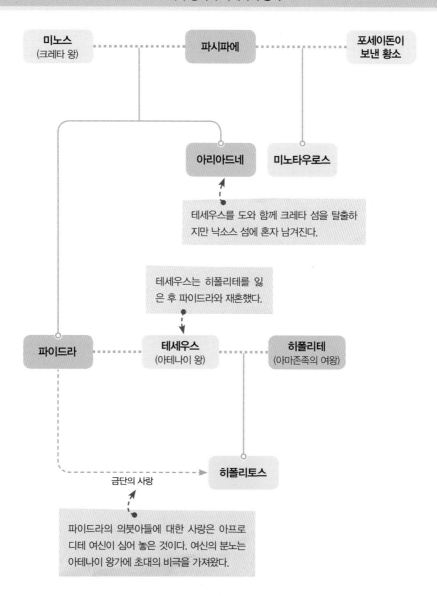

크레타 왕가와 아테나이 왕가

미노스
(크레타 왕)

파시파에

포세이돈이
보낸 황소

아리아드네

미노타우로스

테세우스를 도와 함께 크레타 섬을 탈출하
지만 낙소스 섬에 혼자 남겨진다.

테세우스는 히폴리테를 잃
은 후 파이드라와 재혼했다.

파이드라

테세우스
(아테나이 왕)

히폴리테
(아마존족의 여왕)

히폴리토스

금단의 사랑

파이드라의 의붓아들에 대한 사랑은 아프로
디테 여신이 심어 놓은 것이다. 여신의 분노는
아테나이 왕가에 초대의 비극을 가져왔다.

의술의 신
아스클레피오스

의사의 아버지 히포크라테스(BC 460년경~BC 375년경)는 고대 그리스에서 의술의 신으로 추앙받던 아스클레피오스의 자손이라고 한다.

신화에 의하면 아스클레피오스는 아폴론 신의 아들이다. 그는 켄타우로스족의 현자 케이론에게 의술을 배운 후 명의가 됐는데, 그 후 죽은 사람을 소생시키는 능력까지 갖게 되었다고 한다. 아테나 여신으로부터 사람을 소생시키는 힘이 있는 메두사의 피를 받았기 때문이라고 전해진다.

일설에 의하면 테세우스의 아들 히폴리토스도 그가 손을 써 되살아났다고 한다. 하지만 인간이란 예외없이 누구나 죽어야 하는 법이다. 이 절대적인 이치를 깨뜨린 아스클레피오스는 제우스의 벼락을 맞아 죽는다. 하데스가 저승에 온 사람들을 다시 데려가는 것에 화가 나서 제우스에게 부탁했다고도 하고, 제우스가 인간이 불사의 능력을 얻을까 두려워하여 죽였다고도 한다. 죽은 후 그는 제우스에 의해 천상으로 올라가 뱀 주인자리가 되었다고 한다. 뱀은 탈피를 함으로써 다시 젊어지거나 재생하고, 치유된다는 상징을 갖고 있어 이 의술의 신을 상징하는 동물이 되었다. 그리스 사람들은 이러한 아스클레피오스의 뱀을 신성한 동물로 여기고 수탉을 제물로 바치기도 했다.

아스클레피오스의 성지로 이름 높은 곳은 에피다우로스와 코스 섬이었다. 에피다우로스는 '성스러운 마을'로 불리며 커다란 신전이 세워져 많은 병자들이 몰려들었다. 아스클레피오스 성지를 방문한 고대 사람들은 신전 안에서 하룻밤을 지내며 꿈속에서 치료에 관한 계시를 받았다고 한다. 한편, 코스 섬에는 아스클레피오스의 후예로 아스클레피아다이라고 하는 일족이 살고 있었다. 히포크라테스도 이 일족에서 나왔다고 한다.

10장

오이디푸스 왕
이야기

여동생을 찾으러 가서 테바이를 건국하다

카드모스의 여정

황소로 변신한 제우스, 에우로페를 유혹하여 모습을 감추다

🐂 **에우로페의 납치**
티치아노 베첼리오의 작품. 황소로 둔갑한 제우스는 에우로페를 납치하여 크레타 섬으로 데려간다.

천상에서 인간들의 모습을 지켜보던 제우스는 어느 날 지중해 동쪽 바닷가에서 아름다운 소녀를 발견했다. 그 소녀는 페니키아 왕 아게노르의 딸인 에우로페였다. 연정을 느낀 제우스는 헤라에게 들키지 않도록 하얀 황소로 둔갑하여 에우로페에게 다가갔다.

해변에서 놀던 에우로페

는 아름다운 황소를 발견하고 호기심에 이끌렸다. 그녀는 처음에는 조심스럽게 지켜만 보다가 황소가 너무나 아름다워 자기도 모르게 한 발씩 다가가게 되었다. 그리고는 황소를 쓰다듬으며 꽃을 꺾어서 하얀 코 끝에 꽂아주었다. 황소는 기뻐서 그녀의 손에 키스를 하는 듯한 행동을 보여 주었다.

황소의 순한 모습에 마음을 연 에우로페는 소의 하얀 등에 올라탔다. 그러자 황소는 슬슬 걷기 시작하더니 점점 속도를 내서 쏜살같이 바다로 들어갔다. 마침내 황소는 그대로 바다를 헤엄쳐 건너 크레타 섬에 상륙했다. 그제서야 제우스는 자신의 정체를 밝혔다. 본래 모습으로 돌아온 제우스는 에우로페와 사랑을 나누었다.

🌀 **에우로페의 겁탈**
야코프 요르단스의 작품. 처음에 주저하던 에우로페는 조금씩 대담해져 황소의 등에 올라탔다. 황소는 유유히 에우로페를 데리고 바다를 건너서 섬에 도착해 사랑을 시작한다.

한편 페니키아의 왕 아게노르는 아들들에게 온 세상을 뒤져서라도 에우로페를 찾아오라고 명했다. 아게노르는 아내 텔레파사와의 사이에 카드모스, 포이닉스, 킬릭스 세 아들을 두고 있었다.

아들들은 사방팔방으로 누이를 찾아다녔지만 도무지 찾을 수 없었다. 아게노르가 에우로페를 찾을 때까지 귀국을 허가하지 않는다고 말했기 때문에 그들은 돌아갈 수도 없었다. 결국 그들은 귀국을 단념하고 각자 누이를 찾으러 갔던 곳에 안주하여 살기로 한다.

이로 인해 아게노르는 생전에 두 번 다시 아들들을 만나지 못했다.

황소가 쓰러진 땅에 도시를 건설하다

장남 카드모스도 누이 찾는 일을 포기하고 트라키아에 주저앉은 적이 있었다. 그러나 얼마 후에 다시 누이동생을 찾기로 결심했다. 우선 그는 단서를 찾기 위해 델포이로 신탁을 구하러 갔다. 그때 아폴론의 신탁은 이러했다. "누이동생 찾는 일을 그만두고 황소가 쓰러진 땅에 도시를 건설하여라."

델포이를 떠난 카드모스는 곧 황소 한 마리를 발견하고 그 뒤를 바짝 따라갔다. 들을 지나 한참을 가던 황소가 보이오티아 지방의 한 언덕 위에 쓰러졌다. 이곳이 바로 훗날 테바이가 될 땅이었다.

카드모스의 여정

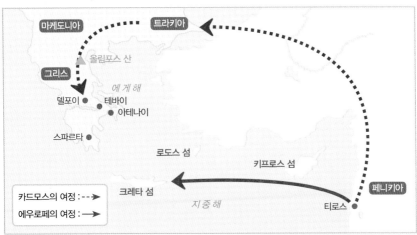

※ 그리스에서 발명된 그리스어 알파벳은 원래 페니키아 문자에서 유래한 것이다. 이러한 배경으로 고대 그리스에서는
카드모스를 알파벳 고안자로 여겼다.

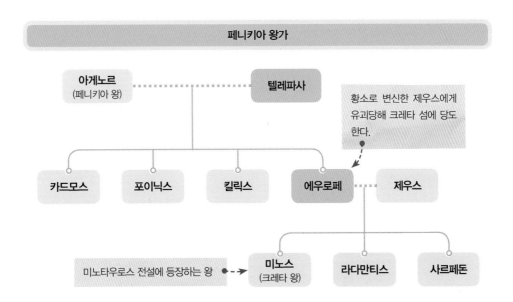

아레스의 용을 죽이다

새로운 땅을 얻은 카드모스는 먼저 제우스에게 황소를 제물로 바치기로 했다. 그래서 제물을 씻기 위해 시종들에게 물을 길어오라고 보냈다. 가까운 숲으로 들어간 시종들은 동굴 벽에서 맑은 샘물이 솟아나오는 것을 발견했다. 하지만 그 샘은 아레스 신의 소유로 인간들이 다가가서는 안 되는 곳이었다.

아무것도 모르는 시종들은 동굴 깊은 곳에 숨어 있던 흉폭한 용(아레스의 아들이라고도 한다)에게 살해당하고 말았다. 카드모스는 늦게까지 돌아오지 않는 시종들을 찾아 숲으로 들어갔는데, 그곳에는 시종들의 사체가 널려 있었다. 이윽고 카드모스는 입을 피로 물들인 용과 마주치게 되었다. 분노로 들끓는 카드모스는 과감하게 맞서 싸워 순식간에 용을 처치했다. 자신도 모르게 신에 버금가는 힘을 발휘하여 용을 쓰러뜨린 것이다.

● 용을 처치하는 카드모스
헨드릭 골치우스의 작품. 카드모스가 던진 투창은 용의 등 한가운데 꽂혀 뱃가죽을 뚫었다. 고통으로 신음하던 용은 이빨이 부서져 나왔고 카드모스는 이를 대지에 뿌린다.

테바이를 건국하다

자신의 힘에 놀라 잠시 멈칫하고 있던 카드모스 앞에 홀연 아테나 여신이 나타났다. 여신은 "용의 이빨을 뽑아서 대지에 뿌리거라"라는 묘한 말을 남긴 후 사라졌다.

여신의 말대로 용의 이빨을 땅에 뿌리자 땅속에서 무장한 사나이들이 잇달아 솟아나왔다(이때 카드모스가 뿌린 용 이빨의 절반 정도가 아테나 여신을 통해 콜키스 왕 아이에테스의 손에 건네졌다가, 나중에 아르고호의 영웅 이아손에 의해 땅에 뿌려진다). 이에 놀란 카드모스가 얼른 이 무리 속에 돌을 던져 넣었다. 그러자 사나이들은 제 동료가 공격한 것으로 의심하고 시비 끝에 서로를 죽이기 시작했다.

싸움이 끝났을 때는 최후의 강자 5명이 남았는데, 이들은 카드모스의 믿음직스러운 부하가 되었다. 카드모스는 '스파르토이(씨 뿌려 나온 사람들)'라고 불리는 이 다섯과 함께 도시를 건설했다. 이 도시는 처음에 카드메이아라고 불렸는데, 바로 테바이의 시초인 것이다.

테바이의 왕이 된 카드모스는 제우스의 명으로 아레스와 아프로디테의 딸 하르모니아를 아내로 맞이했다. 이 결혼은 많은 신들의 축복을 받았다. 한편 카드모스는 페니키아의 알파벳을 처음으로 그리스에 도입했다고 전해진다.

테바이 왕가의 비극적 운명이 대를 이어 계속되다

하지만 테바이의 시조로 추앙받는 카드모스의 영광과는 반대로, 그의 자식들은 모두 비극적 운명에 휩싸이게 되었다. 불행한 운명은 그의 자식들인 세멜레, 이노, 아가베, 아우토노에뿐 아니라, 손자인 악타이온과 펜테우스에게도 이어졌다.

디오니소스를 낳은 세멜레는 헤라의 계략에 속아 제우스의 본래 모습을 보자마자 불에 타 죽고, 디오니소스를 받아 양육한 이노는 헤라 여신의 분노로 인해 광기에 휩싸인 후 아들들을 살해하고 자살했다. 또한 펜테우스는 디오니소스를 신으로 받들지 않은 죄로 디오니소스 축제에 갔다가 어머니 아가베의 손에 갈기갈기 찢겨 죽었다. 아우토노에의 아들 악타이온은 우연히 아르테미스 여신이 목욕하는 모습을 훔쳐본 죄로 사슴이 되어 사냥개들에게 물어뜯겨 죽었다.

이 카드모스 왕가의 비극적 운명은 다음 세대에도 이어져 왕국이 함락될 때까지 계속되었다.

◑ 카드모스와 아내 하르모니아

에블린 드 모건의 작품. 하르모니아를 아내로 맞이한 카드모스는 자손들의 불행이 이어지자 침울하게 뱀이 되었으면 좋겠다고 말한다. 말이 끝나자마자 카드모스는 뱀이 되었고 하르모니아도 같은 운명을 달라고 신께 기도해 둘은 숲속에서 뱀이 되어 살았다.

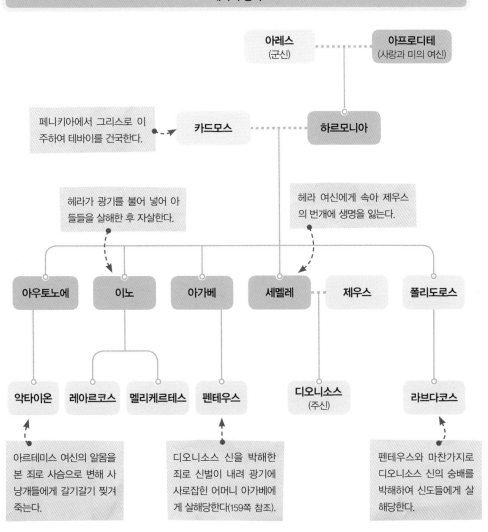

테바이 왕가

아레스 (군신) ⋯⋯ **아프로디테** (사랑과 미의 여신)

페니키아에서 그리스로 이주하여 테바이를 건국한다. → **카드모스** ⋯⋯ **하르모니아**

헤라가 광기를 불어 넣어 아들들을 살해한 후 자살한다.

헤라 여신에게 속아 제우스의 번개에 생명을 잃는다.

아우토노에 — **이노** — **아가베** — **세멜레** — **제우스** — **폴리도로스**

악타이온 **레아르코스** **멜리케르테스** **펜테우스** **디오니소스** (주신) **라브다코스**

아르테미스 여신의 알몸을 본 죄로 사슴으로 변해 사냥개들에게 갈기갈기 찢겨 죽는다.

디오니소스 신을 박해한 죄로 신벌이 내려 광기에 사로잡힌 어머니 아가베에게 살해당한다(159쪽 참조).

펜테우스와 마찬가지로 디오니소스 신의 숭배를 박해하여 신도들에게 살해당한다.

하르모니아(Harmonia)는 하모니(Harmony; 조화)의 어원이 되었다.

오이디푸스

테바이의 왕자로 태어나다

테바이의 왕 라이오스(카드모스의 증손)는 먼 친척 이오카스테와 결혼했지만 오랜 시간이 지나도 아이가 생기지 않았다. 이상하게 여긴 그는 신탁을 청했더니 '아들에게 살해당한다'는 매우 불길한 신탁을 받았다. 이 때문에 그는 아내와의 잠자리를 멀리하고 있었다. 하지만 어느 날 술에 취해

🔊 **고대 그리스의 도기에 묘사된 양치기와 아기 오이디푸스**

라이오스는 하인을 시켜 오이디푸스를 산속에 버리라고 하지만 차마 아이를 버릴 수 없었던 하인은 오이디푸스를 나무에 걸어 둔 채 돌아가 버렸다. 양치기가 이 아이를 발견하고 코린토스 왕 부부에게 바치자 마침 아이가 없었던 두 사람은 아이에게 오이디푸스(Oedipus: 부은 발)라는 이름을 붙여 주고 후계자로 삼았다.

신탁이 알려준 금기의 벽을 깨고 아내를 임신시켰다. 그 결과 그토록 두려워하던 아들이 태어나고 말았다. 라이오스는 안절부절 잠을 이루지 못했다.

신탁의 실현을 두려워한 라이오스는 태어난 갓난아기의 발꿈치에 굵은 못을 찔러서 걸을 수 없게 만들었다. 그리고는 한 양치기에게 갓난아기를 키타이론 산에 버리라고 명했다.

키타이론 산은 테바이 지역과 아티카 지역의 경계에 위치해 있었다. 라이오스의 명을 받은 테바이의 양치기는 갓난아기를 가엽게 여겨 라이오스의 명을 따르지 않았다. 그는 몰래 아기를 안고 가서 아티카 지역의 코린토스에 사는 양치기에게 넘겨주었다.

갓난아기를 넘겨받은 코린토스의 양치기는 이 아이를 자국의 왕에게 선물로 바쳤다. 당시 코린토스 왕에게는 자식이 없었다. 왕과 왕비는 매우 기뻐하며 이 아이를 오이디푸스(부은 발이라는 뜻)라 이름 짓고 소중하게 키웠다.

이후 오이디푸스는 코린토스의 왕과 왕비를 자신의 친부모로 알고 자라났다. 시간이 흘러 오이디푸스는 코린토스의 왕자라는 위치에 걸맞은 훌륭한 청년으로 성장하였다.

🔺 **버려지는 오이디푸스**
3세기 로마 시대에 제작된 석관의 돋을새김이다. 양치기의 괴로워하는 표정이 잘 그려져 있다.

친부에 대해 신탁을 청하다

어느 날 오이디푸스는 자신이 코린토스의 왕자가 아니라는 이상한 소문을 들었다. 자신이 코린토스 왕의 친아들이 아니라는 것이다. 일설에 의하면 어느 연회에서 싸움을 하다가 상대방으로부터 친아들이 아닌 사생아라는 말을 직접 들었다고 한다. 오이디푸스는 의혹에 휩싸였다.

오이디푸스가 코린토스 왕과 왕비에게 진상을 캐묻자 두 사람 모두 이 사실을 강력하게 부인했다. 하지만 오이디푸스의 불안은 가시질 않았다. 자신을 둘러싼 모든 사람들이 자꾸만 뒤에서 수군거리는 것만 같았다. 결국 그는 진상을 확인하기 위해 델포이로 가서 신탁을 청했다.

신탁은 오이디푸스의 질문에 곧이곧대로 대답하지 않고, 뜻밖의 말을

코린토스 왕가의 양자가 된 오이디푸스

테바이 왕가	코린토스 왕가
라이오스 ---- 이오카스테	폴리보스 ---- 페리보이아

아들 ----- 양자 -----> 오이디푸스

테바이의 왕 라이오스는 '자식에게 살해당한다'는 신탁을 두려워하여 이름도 짓지 않고 아들을 버렸다.

자식이 없는 코린토스 왕의 부부는 오이디푸스를 양자로 맞이하여 후계자로 키운다.

들려주었다. "아버지를 죽이고 어머니를 아내로 맞이할지어다."

신탁을 들은 오이디푸스는 크게 놀라지 않을 수 없었다. 그러나 곧 마음을 가라앉히고 어떻게 하면 신탁이 이루어지지 않을지 깊이 생각했다. 코린토스의 왕과 왕비를 철석같이 친부모로 믿고 있었던 오이디푸스는 어떻게든 이 천륜을 어기는 어마어마한 죄를 피하고 싶었다.

결국 멀리 떠나는 길밖에 다른 도리가 없었다. 그래서 그는 두 번 다시 코린토스로 돌아가지 않겠다는 굳은 결의를 하고 되도록 먼 곳으로 가고자 길을 걷기 시작했다. 그러나 그 길은 돌이킬 수 없는 비극으로 가는 길이자, 운명을 거스를 수 없는 인간의 첫걸음이었다.

🌊 **델포이에서 신탁을 받는 오이디푸스**
3세기 로마 시대의 석관에 있는 돋을새김이다. 아폴론은 활을 든 석상으로 그려져 있다.

신탁의 예언대로 친부를 살해하다

오이디푸스는 코린토스를 등지고 정반대 방향으로 걸어가기 시작했다. 그 길은 하필이면 테바이로 이어지는 길이었다.

한참 길을 가던 오이디푸스는 어느 세 갈래 길에서 말 두 마리가 끄는 마차와 마주친다. 마차 위에는 어떤 노인이 타고 있었고, 주위에는 시종 일행이 따르고 있었다. 그런데 길이 매우 좁아서 서로 비껴갈 수 없는 상황이었다. 그때 시종 중 하나가 오이디푸스에게 길을 열라고 명령조로 말했다. 그러나 혈기 왕성한 오이디푸스는 그쪽이 먼저 길을 열라고 하면서 비키지 않았다.

이내 말싸움이 시작되었고, 화가 난 노인이 오이디푸스에게 채찍을 마구 휘둘렀다. 이에 걷잡을 수 없이 격앙된 오이디푸스는 지팡이로 노인을 힘껏 쳤다. 지팡이에 정통으로 맞은 노인은 그만 그 자리에서 죽고 말았다. 그런데 이 노인이 바로 오이디푸스의 친아버지 라이오스였던 것이다! 아버지를 죽인다는 신탁이 자신도 모르는 사이에 실현된 것이다.

스핑크스의 수수께끼를 풀다

아무것도 모른 채 다시 길을 걷기 시작한 오이디푸스는 이윽고 테바이에 당도했다. 이 무렵 테바이의 거리는 황폐해질 대로 황폐해져 있었다. 라이오스 왕이 정체 모를 사나이에게 살해당한데다, 스핑크스가 나타나 사람들을 괴롭히고 있

◑ 오이디푸스와 스핑크스
장 오귀스트 도미니크 앵그르의 작품. 친아버지를 죽이고 친어머니를 사랑하게 되는 비극적 운명을 타고 난 오이디푸스는 스핑크스의 수수께끼를 멋지게 풀어낸다.

었기 때문이다.

스핑크스는 사자의 몸에 여자의 얼굴과 가슴을 하고 큰 날개를 가진 괴물이었다. 이 괴물은 길목을 지키고 있다가 지나가는 사람에게 수수께끼를 내서 풀지 못하면 잡아먹었다고 한다. 그때까지 많은 사람들이 도전했지만, 누구 하나 풀지 못하고 희생자만 증가하고 있었다.

라이오스 왕이 죽은 후 섭정으로 테바이를 대신 지배하고 있던 크레온은 스핑크스의 횡포를 더 이상 두고 볼 수 없어 '스핑크스의 수수께끼를 푸는 자에게 왕위와 왕비 이오카스테를 주겠다'는 약속을 했다. 그만큼 스핑크스는 당시 테바이의 커다란 골칫거리였다.

이것을 들은 오이디푸스는 대담하게 스핑크스에게 도전하여 명쾌하게 그 수수께끼를 풀어냈다.

스핑크스의 수수께끼는 "아침에는 네 발, 낮에는 두 발, 저녁에는 세 발로 걷는 것은 무엇인가?"라는 것이었는데, 오이디푸스는 곧바로 '인간'이라는 답을 맞추었던 것이다. 그것은 인간이 태어나서 자라고 늙는 모습을 뜻하는 것이었다. 오이디푸스의 지혜가 빛을 발하는 장면이다.

⚓ 스핑크스

스핑크스가 자신의 문제를 맞춘 오이디푸스를 따지듯 보고 있다.

⚓ 스핑크스의 수수께끼를 푸는 오이디푸스

비로소 수수께끼의 답이 나오자, 스핑크스는 너무나 분하고 굴욕감을 느껴 골짜기에 몸을 던졌다고 한다.

 스핑크스의 수수께끼를 푼 오이디푸스

스핑크스의 수수께끼	오이디푸스의 답
Q 하나의 목소리를 갖고 있고 4발에서 2발, 3발이 되는 것은 무엇이냐?	A 그것은 인간이다. 왜냐하면 아기였을 때는 기어다니기 때문에 4발이요, 성인이 되면 서서 다니기 때문에 2발이 되고, 나이든 노인이 되면 지팡이를 들고 다니니 3발이 되는 것이다!

스핑크스의 수수께끼를 푼 오이디푸스는 테바이의 왕이 되고 왕비 이오카스테의 남편이 되었다.

어머니를 아내로 맞이하다

스핑크스가 사라지자 테바이 거리에는 다시 평화가 찾아왔다. 오이디푸스는 크레온이 약속한 대로 테바이의 왕위에 오르고, 친어머니라는 사실도 모른 채 이오카스테를 아내로 맞이하였다. 스핑크스를 물리친 대가로 받은 상이었지만, 그것이 도리어 크나큰 죄가 되었던 것이다. 에테오클레스와 폴리네이케스라는 두 아들과 안티고네와 이스메네라는 두 딸까지 낳게 되었다. 이렇게 해서 '아버지를 죽이고 어머니를 아내로 맞이한다'는 신탁은 완전히 이루어졌다.

🌀 오이디푸스

장 오귀스트 도미니크 앵그르의 작품. 회화로 표현된 오이디푸스의 신화는 매우 드문 편이다. 부도덕한 주제가 당대의 윤리 의식에 상충했기 때문이다.

🌀 코린토스 유적

펠로폰네소스 반도의 입구에 위치한 코린토스는 종종 신화의 무대로 등장한다. 성경에 나오는 '고린도'가 바로 이곳으로 예수의 제자 요한이 선교 활동을 펼친 곳이기도 하다.

오이디푸스의 고뇌

라이오스
살해범을 찾아라

예언자에게 선왕 라이오스의 살해범이 누구인지 묻다

오이디푸스가 왕이 되고 나서 테바이는 얼마 동안 평화로웠다. 그는
군사적으로나 경제적으로 나라를 번영시켰기 때문에 백성들의 존경을 한
몸에 받았다. 하지만 언제부터인가 흉년이 들어 기근이 생기고, 무서운
전염병이 돌기 시작했다. 많은 사람들이 굶주림과 질병으로 쓰러졌다.
이에 오이디푸스는 델포이에 사자使者를 보내 재앙의 원인을 알아오도록
했다. 사자는 '선왕 라이오스를 살해한 범인을 찾아내 테바이에서 추방하
면 평온해질 것이다'는 신탁을 받아왔다.

자신이 범인이라는 것을 꿈에도 몰랐던 오이디푸스는 선왕 라이오스
를 살해한 범인을 찾아나섰다. 그는 먼저 테바이의 최고 예언자 테이레
시아스를 불러 범인을 찾는 데 도움을 구했다. 테이레시아스는 장님이었
지만, 유명한 예언자로 탁월한 예언 능력을 지녔다고 한다. 오이디푸스

가 범인인 것을 간파하고 있었던 테이레시아스는 왕의 입장을 생각하여 범인 찾는 일을 거부했다. 그는 자신의 예언을 한사코 밝히려 하지 않았다. 테이레시아스의 태도에 화가 난 오이디푸스는 엉뚱한 사람을 몰아세웠다. "네가 범인이기 때문에 진상을 말하지 못하는 것이냐?"

이에 언제나 냉정함을 잃지 않던 테이레시아스도 그만 흥분하여 대답해 버리고 말았다. "찾고 있는 범인은 왕, 바로 당신입니다!"

탄생과 성장의 비밀이 드러나다

물론 오이디푸스는 그 말을 믿지 않으려 했다. 그러나 불안한 마음이 드는 것은 어쩔 수 없었다. 그럴수록 그는 기를 쓰고 진범을 찾으려 했다.

왕비 이오카스테는 남편을 달래주려고 다음과 같이 말했다. "예언자의 말 같은 건 신경 쓸 게 못 됩니다. 예전에 라이오스는 아들에게 살해된다는 예언을 받았는데, 그 아이가 태어나자마자 발뒤꿈치를 못으로 찔러 산 속에 버리게 했답니다. 그래서 라이오스는 아무 걱정 없이 지냈어요. 그런 라이오스가 산길을 가던 도중 어느 세 갈래 길에서 도적들에게 살해당할 줄은 누구도 몰랐지요. 그러니 예언의 말을 믿을 수 있겠어요?"

라이오스가 세 갈래 길에서 살해당했다? 오이디푸스는 이오카스테의 말에 불길한 예감이 들었다. 설마 그때 자신이 지팡이로 후려쳐 죽인 노인이 라이오스였던 것인가……. 사건의 경위를 자세하게 들을수록 오이디푸스의 불안은 커져만 갔다.

그때 마침 코린토스의 왕이 죽었다. 오이디푸스를 후계자로 여기고 있던 코린토스에서는 사자를 보내어 그에게 왕위에 오를 것을 부탁했다. 그러나 코린토스의 왕비가 자신의 어머니라 믿고 있던 오이디푸스는 예의 불길한 신탁을 떠올리면서 부탁을 거절했다. 그러자 사자는 오이디푸스가 코린토스 왕의 친자식이 아니라고 밝혔다. 그가 바로 왕에게 선물로 바쳐진 '발이 부은' 아이라는 것을!

두 눈을 못으로 찌르고 테바이를 떠나다

드디어 진상이 밝혀질 순간이 왔다. 라이오스가 살해될 당시 함께 있었던 시종을 찾아낸 것이다. 좀처럼 입을 열지 않으려는 그에게 오이디푸스는 진실을 말하라고 다그쳤다.

그의 증언에 따라 라이오스를 살해한 진범이 다름 아닌 오이디푸스라는 사실이 만천하에 드러났다. 또한 오이디푸스 출생의 비밀, 즉 그가 라이오스와 이오카스테의 아들이었음이 명백하게 밝혀졌다. 마침내 모든 사건의 진상과 전말을 알게

🜨 **오이디푸스**
오이디푸스는 선왕 라이오스의 살해범을 찾기 위해 온갖 수단을 다 사용한다. 그 결과 자신이 바로 그 죄인이었다는 가혹한 운명을 알게 됐고, 동시에 아내로서 사랑하던 여인이 친어머니였다는 사실도 밝혀진다. 그는 자신을 벌하기 위해 자신의 손으로 두 눈을 못으로 찔러 장님이 되었다. 그의 곁에는 효성 지극한 딸 안티고네가 함께했다.

된 오이디푸스는 극도의 충격을 받고 헤어날 수 없는 절망에 빠진다.

  왕으로서 백성의 존경을 한몸에 받고 있던 오이디푸스는 한순간에 아
버지를 살해한 범인이자 친어머니와 관계를 한, 이 세상에서 가장 추악
한 인간이 되었다. 그의 아내이자 어머니였던 이오카스테는 목을 매 자
살하고, 오이디푸스는 진실을 알아보지 못한 자신의 두 눈을 못으로 찔
러 장님이 되었다. 그리고 자식들의 운명을 가여워하면서 테바이를 떠났
다. 또는 지은 죄를 속죄하기 위해 고행의 길을 떠났다고도 한다.

 신탁의 예언을 실현한 오이디푸스

라이오스에게 내려진 신탁	
만일 아들이 태어나면 그 아이에게 생명을 빼앗긴다.	라이오스는 양치기에게 명하여 아직 갓난아기인 아들(오이디푸스)을 키타이론 산에 버리게 했다. 오이디푸스는 양치기를 통해 코린토스 왕가로 들어가 후계자로 성장한다.

오이디푸스에게 내려진 신탁	
아버지를 살해하고 어머니를 아내로 맞이한다.	오이디푸스는 코린토스의 왕과 왕비를 친부모라고 믿고 있었기 때문에 코린토스로는 돌아가지 않기로 결심하고 테바이를 향해 걸어갔다. 테바이로 가는 도중에 친아버지 라이오스를 살해하고 그 후에 친어머니 이오카스테와 결혼했다.
라이오스를 살해한 범인을 테바이에서 추방하면 기근과 전염병이 사라진다.	오이디푸스는 라이오스를 살해한 범인을 기를 쓰고 찾아 나섰다. 사건의 자세한 경위를 들을수록 자신이 범인이지는 않을까 하는 불안감이 커져갔다. 이내 그것은 사실로 밝혀졌다.

 소포클레스의 『오이디푸스 왕』 이 작품은 역병에 고통받는 테바이 시민들이 왕에게 구제해 달라고 탄원하는 장면에서부터 시작하여, 오이디푸스가 아버지를 살해하고 어머니를 아내로 맞이했다는 사실을 알고 스스로 두 눈을 찌르는 처절한 장면으로 끝이 난다.

안티고네

오이디푸스, 콜로노스에서 최후를 맞다

장님이 된 오이디푸스는 테바이에서 추방되어 딸 안티고네와 함께 방랑 길에 나선다. 모든 사람들이 그에게 손가락질하고 그를 피할 때 딸 안티고네만은 끝까지 아버지를 보살폈다.

거지나 다름없는 행색으로 여러 나라를 정처없이 헤매던 오이디푸스와

🌐 안티고네
오이디푸스와 그의 어머니 이오카스테 사이에 태어난 딸 안티고네는 철저하게 저주받은 운명을 갖고 태어난 그의 오라버니이자 아버지인 오이디푸스와 여생을 함께한다.

안티고네는 이윽고 아테나이 근처의 콜로노스 마을에 당도하였다. 거기서 그는 아테나이의 왕 테세우스의 보살핌을 받으며 지낸다.

한편 테바이에서는 오이디푸스의 자식들이 왕위 자리를 놓고 싸움을 벌이고 있었다. 아버지를 자기 편으로 만드는 쪽이 승리를 얻을 것이라는 신탁을 받은 그들은 번갈아가며 콜로노스에 왔지만 오이디푸스는 강하게 거부했다. 그 후 콜로노스에 천둥과 번개가 치던 어느 날, 오이디푸스는 홀연 지상에서 모습을 감췄다. 오이디푸스의 파란만장한 인생이 드디어 막을 내린 것이다.

🌑 **오이디푸스와 안티고네**
샤를 프랑수아 잘라베르의 작품. 마르세유 미술관 소장. 장님이 되어 방황하는 오이디푸스를 부축하는 안티고네. 그녀는 아버지 오이디푸스와 오라비 폴리네이케스에게 끝까지 도리를 지켰다.

아들들의 골육상쟁이 시작되다

오이디푸스가 쫓겨나 왕위가 비게 되자 그의 아들들은 1년마다 번갈아가며 테바이를 다스리기로 협정을 맺었다. 먼저 형인 에테오클레스가 왕좌에 올랐다. 그러나 에테오클레스가 왕위를 독점하여 동생 폴리네이케스에게 물려줄 것을 거절하고, 오히려 추방하는 사건이 일어났다.

아르고스로 도망간 폴리네이케스는 아드라스토스 왕의 딸과 결혼했다. 그리고 왕권을 찾기 위해 장인의 지원을 받아 일곱 명의 장군과 함께 테바이로 공격해 들어갔다. 이들을 '테바이 공략 7장군(테바이에는 7개의 성문이 있어 각각의 문에 장군을 배치했다고 한다. 비극 작가 아이스킬로스의 작품 중에 『테바이 공략 7장군』이 있다)'이라 하는데, 모두 아르고스군을 지휘하던 장군들이었다.

폴리네이케스와 함께 7장군은 테바이의 일곱 성문을 하나씩 맡아 공격하였다. 테바이와 아르고스 양군은 격렬한 전투를 벌였지만, 좀처럼 결말

▶ 맞대결
테바이의 왕권을 차지하기 위해 맞대결하는 에테오클레스와 폴리네이케스 형제.

이 나지 않았다. 그래서 에테오클레스와 폴리네이케스 형제의 일대일 승부로 판가름 내기로 했는데, 이 둘은 서로를 동시에 쳐서 모두 죽고 말았다.

그 후 다시 격렬한 전투가 벌어진 끝에 가까스로 테바이군이 승리를 거두었다. 결국 7장군의 테바이 공략은 실패로 끝났으며, 이 과정에서 크레온의 아들 메노이케우스가 희생되었다.

바위 동굴에서 목을 매다

테바이의 왕위에 오른 크레온은 에테오클레스의 시신을 수습하여 후한 장례를 치러 주었다. 그러나 자신의 조국을 공격한 폴리네이케스는 역적으로 몰아 그 시체를 들판에 내버려 두었다. 또한 누구도 그의 시체를 매장하지 못하도록 금지하고, 이를 어

⏱ **폴리네이케스의 주검을 거두어 주는 안티고네**
안티고네 옆에 이를 말리는 동생 이스메네의 모습이 보인다.

기고 장례를 치르는 자에게는 엄벌을 내리겠다고 선포했다.

그러나 안티고네는 폴리네이케스의 유해를 수습해 매장했다. 그의 시신이 짐승의 먹이가 되는 것을 차마 두고 볼 수 없었던 것이다. 크레온 앞으로 끌려나온 그녀는 "죽은 자는 반드시 묻어 주어야 하는 법! 이것은 신이 정한 일입니다"라고 하면서 의연한 태도로 일관하다가 바위 동굴

속에 갇혔다. 그리고 머지않아 안티고네는 바위 동굴 속에서 스스로 목을 매 죽었다.

크레온은 예언자 테이레시아스의 말을 듣고 안티고네를 풀어 주려고 했으나 이미 때는 늦었다. 크레온의 아들 하이몬은 약혼자였던 안티고네의 죽음에 슬퍼하다 자살하고, 하이몬의 어머니이자 크레온의 아내인 에우리디케도 아들의 뒤를 따랐다.

테바이의 몰락

10년 후 알크마이온을 비롯한 아르고스 7장군의 후예들이 다시 원정을 와서 테바이는 결국 함락되었다. 알크마이온의 지휘 아래 아버지들의 원수를 갚기 위해 테바이를 공격했던 것이다. 이들은 폴리네이케스의 아들을 왕으로 세웠지만, 테바이는 이미 황폐해진 뒤였다.

테바이는 오이디푸스 이야기를 포함한 일련의 비극을 비롯해, 주신 디

🔵 **테이레시아스**
크리스토파노 알로리의 작품. 저승에서도 테이레시아스는 예언자로서의 역할을 했다.

오니소스 이야기, 영웅 헤라클레스 이야기 등 수많은 신화의 무대가 되고 있다. 현재 테바이는 그다지 큰 도시가 아니지만, 고대 그리스에서는 유력한 폴리스 중 하나로 한때 번영을 구가했던 땅이었다.

오이디푸스와 그 주변 사람들의 최후

남매

라이오스 ┈┈┈┈ 이오카스테   크레온 ┈┈┈┈ 에우리디케

아들 오이디푸스에게 살해당한다.

아들과 결혼한 자신을 수치스럽게 여겨 자살한다.

오이디푸스

하이몬

아버지를 살해하고 어머니와 결혼한 자신을 벌하기 위해 자신의 손으로 두 눈을 멀게 하고 장님이 된다. 나라에서 추방된 후에 아테나이의 왕 테세우스의 비호 아래 죽어 갔다.

안티고네의 약혼자였던 하이몬은 그녀의 뒤를 따라 자살한다. 아들 하이몬의 죽음을 알게 된 에우리디케도 자살한다.

에테오클레스 대립 폴리네이케스   안티고네   이스메네

테바이의 왕위 자리를 놓고 전쟁을 하여 일대일 승부 끝에 서로를 치고 동시에 죽는다.

적군으로 싸웠던 오라비 폴리네이케스의 사체를 매장한 죄로 붙잡혀 바위 동굴에 갇히는데 머지않아 자살한다.

※ 소포클레스의 비극에는 오이디푸스의 불가사의한 죽음을 그린 『콜로노스의 오이디푸스』와 적군으로 싸운 오라비를 매장하여 인간의 도리를 다한 안티고네의 이야기 『안티고네』가 있다.

신탁은
어떻게 받았을까?

신탁은 무녀와 신궁을 통해 전달되었는데, 구체적이고 정확한 지시가 아니라 막연한 것이었다고 한다.

아폴론의 신탁은 피티아라 불리는 무녀의 입을 통해 전달되었다. 피티아는 다리 셋 달린 삼각의자에 앉아 아폴론의 신탁을 전했다. 무녀들이 신의 경지에 이른 목소리로 말하면, 그것을 들은 신궁이 운율 띤 시문으로 옮겨 신탁을 청하러 온 참배자에게 전달했다. 하지만 피티아의 목소리는 물론 신궁이 전달하는 시문에도 종종 애매한 부분이 있어 진의와는 다르게 해석되곤 했다.

소아시아의 리디아 왕 크로이소스(재위 BC 560 ~ BC 546)는 페르시아 제국과 전쟁을 해야 할지 말아야 할지 아폴론에게 물었다. 신탁은 '페르시아로 출병하면 대제국을 멸망시킨다'는 것이었다. 크로이소스는 신탁에 따라 페르시아군과 싸웠지만 커다란 패배를 맛보았다. 신이 말한 '대제국'이란 실은 리디아를 가리킨 것이었다.

그리스 신화에 나오는 신탁들은 다음과 같다.

신탁의 대상	신탁의 내용
아크리시오스(페르세우스의 조부)	딸이 낳은 아들에게 죽을 것이다.
펠리아스(이아손의 숙부)	한쪽 샌들만 신은 자에게 왕위를 빼앗길 것이다.
아이게우스(테세우스의 아버지)	아테나이에 도착할 때까지 가죽 주머니를 열지 말라.
카드모스	황소가 쓰러진 땅에 도시를 건설하라.
라이오스(오이디푸스의 아버지)	아들에게 살해당할 것이다.
오이디푸스	아버지를 죽이고 어머니를 아내로 맞이할 것이다.
티에스테스(아이기스토스의 아버지)	딸과 관계하여 아이를 낳아라.
오레스테스	복수하라.

저주받은
아트레우스 왕가

저주의 시작

펠롭스와
히포다메이아의
결혼

죽음의 전차 경주를 벌이다

피사의 왕 오이노마오스는 자신과 전차 경주를 해서 승리한 자에게 딸
히포다메이아를 아내로 주겠노라고 선포했다. 다만 질 경우 목숨을 내놓

🔵 **펠롭스와 히포다메이아**
포세이돈에게 받은 전차를
갖고 오이노마오스에게 도
전한 펠롭스는 히포다메이
아의 도움으로 승리를 거
둔다.

는 조건이었다. 히포다메이아는 아름답고 매력적인 여자였기 때문에 위험을 무릅쓴 도전자들이 줄을 이었다.

하지만 이 전차 경주는 도전자에게 전혀 승산이 없는 시합이었다. 군신 아레스에게 받은 무기와 갑옷, 그리고 명마가 끄는 전차 덕분에 시합의 승리는 언제나 오이노마오스 왕의 차지였다. 그러면 경주에 진 자들은 목이 잘릴 운명에 놓이게 되는 것이었다.

오이노마오스는 사위의 손에 죽으리라는 신탁을 받고 있었다. 이를 두려워한 그는 딸과 결혼을 원하는 남자들에게 전차 경기를 제안해 목숨을 빼앗았던 것이다. 다른 이야기에 의하면 그가 딸에게 가져서는 안 되는 사랑의 감정을 갖고 있었기 때문이라고도 한다.

죽음의 경주에 승리하여 히포다메이아를 취하다

프리지아 왕 탄탈로스의 아들 펠롭스는 이 죽음의 경주에 도전하기로 마음먹었다. 그는 포세이돈에게 받은 날개 달린 전차를 갖고 있었다. 이 때문에 지금까지의 도전자들과는 달리 왕과 대등한 승부를 겨룰 자신이 있었다.

게다가 피사의 공주 히포다메이아가 그의 편이 되어 도움을 주었다. 늠름하고 잘 생긴 펠롭스에게 한눈에 반한 히포다메이아는 그가 승리하기를 바랐다. 그래서 아버지를 배신하고 왕의 마부 미르틸로스에게 전차에 미리 손을 써 놓도록 부탁했다.

그 결과 경주 도중 왕의 전차에서 바퀴가 빠졌다. 오이노마오스는 말고삐에 휘감겨 그 자리에서 목숨을 잃고 말았다. 일설에 의하면 펠롭스가 직접 미르틸로스를 매수했다고 한다. 또 다른 이야기는 히포다메이아에게 사랑을 품은 미르틸로스가 먼저 제안했다고도 한다.

마부의 저주로 펠롭스와 그 자손들의 비극이 잉태되다

경주에서 이긴 펠롭스는 히포다메이아를 아내로 맞았다. 그런데 실은 마부 미르틸로스도 그녀를 사랑하고 있었다. 미르틸로스는 기회를 노려 히포다메이아를 덮치려고 했지만, 펠롭스에게 발견되어 살해되었다. 낭떠러지에서 밀려 떨어진 미르틸로스는 펠롭스와 그 자손에게 저주를 남기면서 죽어 갔다.

이 저주에 의해 펠롭스의 자손들은 피비린내 나는 싸움을 벌이게 된다. 혈족 간에 끊임없는 다툼이 일어나고 근친상간이 벌어지며, 잔인한 복수와 비극적 죽음이 잇따른다.

한편, 오이노마오스의 뒤를 이어 피사의 왕이 된 펠롭스는 주변의 여러 나라를 차례차례 제압하여 이윽고 반도 전체를 손에 넣게 되었다. 펠로폰네소스 반도는 '펠롭스의 섬'이라는 뜻이라고 한다. 또한 그는 죽은 오이노마오스 왕을 기리기 위해 제우스의 성지 올림피아에서 성대한 장례 경기를 열었다. 일설에서는 이것이 올림피아 경기의 시초라고 한다.

그리스 본토의 남서쪽에 위치한 펠로폰네소스 반도의 이름은 그리스 신화의 영웅 펠롭스의 섬이라는 뜻이다. 제우스의 성지 올림피아를 비롯해 미케나이, 에피다우로스, 코린토스와 같이 유적이 남겨진 거리가 많다.

🔹 **코린트 운하**
펠로폰네소스는 본래 반도였지만 19세기에 운하 공사를 하여 그리스 본토와 떨어지게 되었다. 결국 펠로폰네소스는 정말로 '펠로폰네소스 섬'이 된 것이다. 운하의 전체 길이는 6.3km, 깊이는 8m, 수면 폭은 24.6m이다.

아트레우스와
티에스테스 형제

왕위를 향한 왕자의 난이 시작되다

펠롭스는 히포다메이아 사이에 많은 자식을 두었다. 그런데 크리시포스는 히포다메이아와의 사이에 낳은 자식이 아니었다. 크리시포스는 펠롭스가 님프 악시오케와 관계를 맺어 태어난 아들이었다. 그는 외모가 뛰어나고 총명하여 다른 형제들보다 아버지의 사랑을 많이 받고 있었다.

히포다메이아는 이런 크리시포스를 못마땅하게 여겼다. 자칫하면 자신의 아들들을 제치고 왕위에 오를지도 모를 일이었다. 이에 크리시포스를 먼 곳으로 보내려다 실패하자, 기어코 친아들 아트레우스와 티에스테스를 시켜 살해하고 만다.

이 일로 인해 히포다메이아와 두 아들은 나라에서 추방되었다. 그들은 미케나이의 스테넬로스 왕(펠롭스의 딸 니키페는 스테넬로스에게 시집 가 있었다)에게 몸을 맡기게 되었다. 얼마 후 스테넬로스와 그의 아들 에우리스

테우스가 잇달아 죽자, 미케나이의 주민들에게 펠롭스의 두 아들 중에서
왕을 뽑으라는 신탁이 내려졌다.

아트레우스와 티에스테스는 서로 온갖 수단과 방법을 가리지 않고 왕
권을 다투었다. 둘은 형제라는 것이 의심스러울 정도로 한 치의 양보도
없이 경쟁을 벌였다. 결국 아트레우스가 왕의 자리를 차지하고 티에스테
스는 형에게 추방당했다. 이들 형제의 싸움은 후대 자손들에까지 끈질기
게 이어지는 비극의 시작이었다.

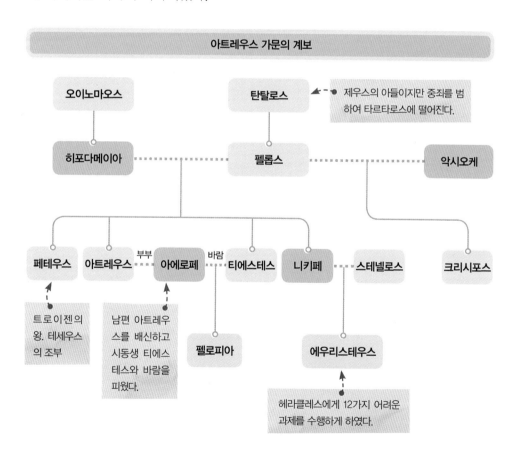

아트레우스 가문의 계보

오이노마오스

탄탈로스 ◁-- 제우스의 아들이지만 중죄를 범
하여 타르타로스에 떨어진다.

히포다메이아 ···· 펠롭스 ··················· 악시오케

페테우스   아트레우스 —부부— 아에로페 —바람— 티에스테스   니키페 ···· 스테넬로스   크리시포스

트로이젠의
왕. 테세우스
의 조부

남편 아트레우
스를 배신하고
시동생 티에스
테스와 바람을
피웠다.

펠로피아

에우리스테우스

헤라클레스에게 12가지 어려운
과제를 수행하게 하였다.

티에스테스의 자식들을 찢어 삶아 먹이다

왕위 다툼이 한창이었을 때 아트레우스의 아내 아에로페는 티에스테스와 바람을 피우고 있었다. 그때 티에스테스가 아에로페를 이용해 왕위를 빼앗으려는 시도를 했다고 한다.

왕위에 오른 후 아트레우스는 아내 아에로페가 티에스테스와 간통하고 있던 사실을 알고 복수를 꾀한다. 아트레우스는 화해를 하자며 티에스테스를 불러들였다. 그리고 동생을 환대하는 척하면서, 그의 조부 탄탈로스(예전에 탄탈로스는 아들 펠롭스를 요리하여 신들에게 바쳤다. 그 후 펠롭스는 신들에게 다시 생명을 부여받았다)가 했던 것처럼 몰래 동생의 자식들을 죽인 다음 갈기갈기 찢어 솥에 넣고 삶았다. 그리고는 그 살로 음식을 만들어 티에스테스에게 내놓았다.

티에스테스가 제 자식을 다 먹어치웠을 때, 아트레우스는 득의의 미소를 지으며 숨겨 두었던 자식들의 머리를 보여 주었다. 티에스테스는 할 말을 잃고 그 자리에 쓰러졌다.

티에스테스의 아들에게 죽임을 당하다

아트레우스에게 자식을 잃고 또 다시 추방당한 티에스테스는 형에게 복수할 것을 다짐했다. 그는 복수의 방법을 신탁으로 청했는데, 그에게 내려진 신탁은 '자신의 딸과 관계하여 아이를 낳아라'는 내용이었다. 신탁대로 티에스테스는 신분을 감추고 자신의 딸 펠로피아와 관계를 맺는다.

아이를 갖게 된 펠로피아는 아트레우스와 결혼한다. 아트레우스는 동

생의 딸인 줄도 모르고 그녀를 아
내로 맞이한 것이다. 펠로피아는
아들을 낳은 다음 버렸는데, 이 사
실을 알게 된 아트레우스가 자신의
아들인 줄 알고 다시 데려왔으니
이가 바로 아이기스토스다.

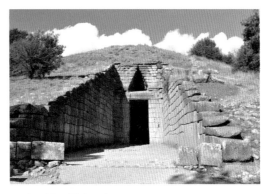

아이기스토스는 아트레우스 밑

🕐 아트레우스 왕의 무덤

에서 자라났다. 성장한 아이기스토
스는 아트레우스로부터 티에스테스를 죽이라는 명을 받는다. 그러나 티
에스테스가 자신의 친부임을 알게 된 그는 도리어 아트레우스를 죽여 복
수를 이룬다. 그리고는 티에스테스를 미케나이의 왕으로 추대했다.

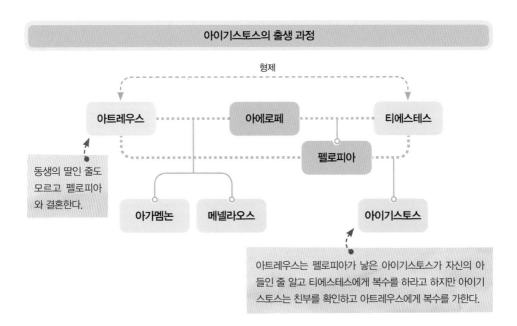

아이기스토스의 출생 과정

형제

아트레우스   아에로페   티에스테스

펠로피아

동생의 딸인 줄도
모르고 펠로피아
와 결혼한다.

아가멤논   메넬라오스   아이기스토스

아트레우스는 펠로피아가 낳은 아이기스토스가 자신의 아
들인 줄 알고 티에스테스에게 복수를 하라고 하지만 아이기
스토스는 친부를 확인하고 아트레우스에게 복수를 가한다.

트로이아 전쟁 개선 후의 비극

아가멤논의 최후

아가멤논, 그리스군 총사령관이 되다

🔱 **헬레네와 파리스의 사랑**
자크루이 다비드의 작품. 메넬라오스의 부인 미녀 헬레네가 파리스 왕자와 도망가 트로이아 전쟁이 일어났다.

아트레우스의 아들 아가멤논은 숙부 티에스테스를 왕좌에서 끌어내고 미케나이의 왕이 되었다. 아가멤논의 위세는 펠로폰네소스 반도 일부분에 그치지 않고 그리스 대부분의 지역을 장악했다고 한다. 그는 싸움에 한 번 나서면 결코 물러서지 않는 용맹한 장군이었지만, 자신의 뜻과 맞지 않는 자는 가차없이 처단하는 잔인한 면도 있었다.

한편, 아가멤논의 동생 메넬라오스는 스파르타의 공주 헬레네와 결혼하여 살고 있었다. 그런데 어느 날 헬레네가 트로이아의 왕자 파리스와 함께 도망가는 사건이 일어났다. 아가멤논은 동생의 일을 두고만 볼 수 없었다. 더불어 이 일은 트로이아를 제압할 수 있는 기회도 되었다.

결국 이 사건은 트로이아 전쟁으로 이어졌다. 아가멤논은 그리스의 여러 폴리스에서 군대를 소집했다. 그리고 기세당당하게 그리스군의 총사령관으로 트로이아 전쟁에 출정했다.

딸 이피게네이아를 제물로 바치다

그리스군의 함대가 마침내 트로이아를 향해 출범하던 날, 갑자기 바람이 딱 멈춰 버려 배가 항구에서 꼼짝도 할 수 없게 되었다. 이때 원정에 참가한 예언자 칼카스가 아가멤논의 딸 이피게네이아를 아르테미스 여신에게 바치면 바람이 다시 불 것이라고 일렀다.

일전에 아가멤논은 아르테미

🔥 헬레네와 파리스

아가멤논은 자기의 동생 메넬라오스의 아내 헬레네와 트로이아의 왕자 파리스가 눈이 맞아 달아나자 울분에 찼다. 이 사건을 빌미로 그는 트로이아까지 제압하려는 의도로 전쟁을 일으킨다.

스 여신의 숲에 들어가 사슴을 사냥한 일이 있었다. 아르테미스 여신의 노여움을 산 그는 그 대가로 그 해에 태어난 가장 아름다운 아이를 바치겠다고 약속했다. 그러나 그 아이가 바로 자신의 딸 이피게네이아인 것을 알고는 약속을 지키지 않았다. 그래서 아르테미스 여신의 노여움이 풀리지 않고 있었던 것이다.

☝ 산 제물이 되는 이피게네이아
그리스군의 함대는 아르테미스 여신에게 이피게네이아를 산 제물로 바침으로써 무사히 출항할 수 있었다.

고민 끝에 아가멤논이 딸을 희생 제물로 바쳤다. 그랬더니 바람이 다시 불어 배가 무사히 출항할 수 있었다. 이것은 당시 인신공양人身供養(산 제물로 인간을 신에게 바치는 것)의 풍습이 있었다는 사실을 반영한 것이라고도 한다.

부인과 조카에게 최후를 맞다

아가멤논이 원정을 나간 사이에 왕비 클리타임네스트라는 아이기스토스와 애인 관계가 되어 있었다. 트로이아 전쟁이 수년 동안 계속되자 아이기스토스가 클리타임네스트라를 유혹했고, 남편을 원망하던 그녀는 거기에 넘어가고 말았다. 그녀는 딸을 잃은 일로 큰 상처를 받고 있었다.

    딸을 제물로 바친 남편을 원망하는 클리타임네스트라와 아트레우스가
에 원한이 있는 아이기스토스, 이 두 사람은 아가멤논의 암살을 꾀한다.
이들은 불륜이 밝혀질까 두려워 아가멤논을 죽이려 한 게 아니라, 원망
과 복수의 마음으로 그를 처단하려 한 것이다.

    시간이 흘러 아가멤논이 개선하자, 클리타임네스트라는 환대하는 척
과장스럽기까지 한 축복과 찬사의 말로 그를 맞이했다. 그리고는 아가멤
논이 긴 여정의 피로를 풀려고 탕에 들어가 있을 때, 남편을 향해 도끼를
치켜들고 두 번, 세 번 연달아 내리쳐 기어코 숨통을 끊었다. 그야말로
저주와 복수가 한데 뒤섞인 비극적 결말이었다.

    아이스킬로스의 비극 중에서 걸작으로 평가되는 『아가멤논』은 트로이
아 전쟁이 끝난 후 아가멤논의 비극을 그린 것이다.

🔵 **아가멤논**
칼을 들고 아가멤논의 방으로 들어가는 클리
타임네스트라와 애인 아이기스토스. 아가멤논
은 피곤한 듯 몸을 침상에 기대고 있다.

아버지의 원수를 갚은 남매

엘렉트라와
오레스테스

아버지의 원수를 갚다

아가멤논이 죽은 후 아이기스토스가 미케나이의 왕권을 거머쥐었다. 아가멤논의 어린 아들 오레스테스는 다른 나라의 친척에게 맡겨지고, 딸 엘렉트라는 왕궁에 유폐된 채 냉대 속에 하루하루를 보내고 있었다.

세월이 흘러 성장한 오레스테스는 아버지의 복수를 해야 할지 말아야 할지 끊임없이 고민했다. 아버지의 죽음에 대한 복

☞ 오레스테스와 엘렉트라의 재회
기원전 1세기의 대리석상. 오레스테스와 그의 누이 엘렉트라 남매는 힘을 모아 아버지 아가멤논의 복수를 한다.

수라고 해도 친어머니를 살해하는 행위가 과연 용서받을 수 있을 것인가. 혼자 생각으로는 결론이 나지 않자 그는 델포이로 가서 이 문제를 아폴론에게 물어보기로 했다. 이윽고 오레스테스는 신탁으로부터 '복수할 것!'이라는 대답을 들었다.

고국으로 돌아온 오레스테스는 아버지의 무덤 앞에서 누이 엘렉트라와 재회하게 된다. 남매는 힘을 합쳐 아버지의 원수를 갚겠노라고 굳게 다짐했다. 오레스테스는 우선 자기가 죽었다는 헛소문을 퍼뜨렸다. 그리고는 길 가는 나그네 행색을 하고 왕궁에 잠입하여 아이기스토스와 클리타임네스트라를 죽였다. 마침내 아버지의 복수에 성공한 것이다. 일찍이 펠롭스 때부터 시작된 저주가 아트레우스와 아가멤논을 거쳐 오레스테스에 이르기까지 연달아 비극적 운명으로 몰아간 것이다.

오레스테스, 아테나이 법정의 심판을 받다

아버지의 복수를 성취한 오레스테스는 친어머니를 살해한 자신의 죄를 견디지 못하고 미쳐 버린다. 복수의 여신 에리니에스(크로노스가 우라노스의 남근을 잘랐을 때 그 피가 대지에 떨어져 태어난 여신)가 그에게 벌을 내렸기 때문이다. 에리니에스는 죄를 지은 인간의 마음에 죄의식을 심어 주어 고통받게 만든다. 친어머니를 죽인 것은 매우 중대한 죄이므로 오레스테스는 그 죄의식의 무게를 견디기 어려웠던 것이다.

이후 아폴론의 도움으로 오레스테스는 아테나이의 법정에서 재판을 받게 되었다. 피고는 오레스테스, 원고는 에리니에스 여신들, 변호인은

🅐 **광란하는 오레스테스**

윌리암 아돌프 부그로의 작품. 고대 그리스에서는 가장이 죽으면 그 복수는 남겨진 자식들의 의무였다. 그 때문에 오레스테스가 어머니를 살해한 일은 비난받을 일이라기보다 오히려 상찬받을 만한 일이었다. 이것이 양심의 가책을 느껴 괴로워한다는 식으로 변하게 된 것은 비극 시인들의 창조력이 발휘된 것이라고 볼 수 있다.

아폴론, 재판장은 아테나, 배심원은 아테나이에서 뽑은 12명의 시민이었다. 이 장면은 당시 아테나이 민중 법정의 모습을 반영하고 있다.

배심원의 투표 결과는 유죄 6표, 무죄 6표였다. 표가 똑같이 나왔기 때문에 재판장이 판결을 내리게 되었다. 아테나 여신의 의중에 따라 오레스테스의 운명이 결정되는 것이었는데, 여신은 무죄를 선언했다.

비극 작품의 소재가 된 이야기

아가멤논의 자식들을 둘러싼 이 복수 이야기는 고대 그리스에서 매우 인기가 높았다. 특히 비극의 좋은 소재가 되어 3대 비극 시인들도 각각 작품을 남겼다. 아이스킬로스의 『오레스테이아』 3부작과 소포클레스의 『엘렉트라』, 에우리피데스의 『오레스테스』 등이 그것이다.

앞서의 이야기는 주로 아이스킬로스의 3부작 중 『공양하는 여자들』과

『자비의 여신들』에 따른 것이다. 『공양하는 여자들』은 성장한 오레스테스가 델포이 신탁을 받고 엘렉트라와 함께 아버지의 원수를 갚은 후 에리니에스에게 쫓기는 부분을 이야기하고 있다. 『자비의 여신들』은 오레스테스의 재판 장면을 다루고 있다.

같은 소재를 다루더라도 아이스킬로스의 비극 작품과 다른 비극 시인들의 작품은 차이를 보인다. 아이스킬로스의 작품은 주로 오레스테스를 주인공으로 내세우지만, 소포클레스는 엘렉트라를 중심인물로 부각시킨다. 한편 에우리피데스는 엘렉트라 이야기에 살을 붙여 어머니를 직접 살해하는 것으로 그리고 있다. 이 같은 엘렉트라의 면모는 '엘렉트라 콤플렉스'라는 말로 불리게 된다.

 3대 비극 시인에 따른 엘렉트라의 묘사 방법

이야기의 줄거리는 같지만 오레스테스와 엘렉트라의 묘사 방법은 작가에 따라 조금씩 차이를 보인다.

작가(작품명)	묘사 방법
아이스킬로스 (공양하는 여자들)	왕궁에서 냉대를 견뎌 내며 오직 남동생이 돌아오기만을 기다리는 누이의 모습. 여기서 엘렉트라는 오레스테스가 복수를 하는 장면에 등장하지 않는다.
소포클레스 (엘렉트라)	아버지를 살해한 어머니 클리타임네스트라를 공공연하게 비난하는 강한 성격의 딸. 오레스테스의 복수가 이루어지자 환희의 비명을 지른다.
에우리피데스 (오레스테스)	아이기스토스에 의해 가난한 농부에게 시집을 가서 증오심을 키워 복수의 화신으로 변한다. 나약한 오레스테스는 누이의 격정에 휘말려 어머니의 살해를 결행한다.

오이디푸스 콤플렉스와
엘렉트라 콤플렉스

소포클레스의 비극 『오이디푸스 왕』의 주인공 오이디푸스는 '아버지를 살해하고 어머니를 아내로 맞이한다'는 신탁이 두려워 이 운명을 피하려고 한다. 하지만 결국 신탁은 그대로 이루어지고 말았다. 극중 오이디푸스의 아내이자 어머니이기도 했던 이오카스테는 "지금까지 많은 사람들이 꿈속에서 어머니와 동침을 해왔어요"라는 말을 무심결에 내뱉는다. 물론 그 말을 한 자신이 설마 친아들과 결혼할 거라고는 상상도 못했다.

정신분석학의 시조 프로이트(1856~1939)는 이오카스테의 이 대사에서 영감을 얻어 연구의 핵심이 되는 이론을 완성시켰다고 한다. 프로이트에 의하면 남자아이는 어머니에게 애정을 갖기 때문에 아버지를 미워하며 적대시한다고 한다. 그는 이러한 심리 경향을 '오이디푸스 콤플렉스'라고 이름 짓고, 모든 콤플렉스의 밑바닥에는 이 오이디푸스 콤플렉스가 깔려 있다고 주장했다.

프로이트는 오이디푸스 콤플렉스를 올바르게 극복해야 유아가 정상적으로 성장한다고 보고, 신경증 환자는 이 콤플렉스를 극복하는 데 실패한 사람이라고 했다. 그러나 후대 학자들의 주장은 이와 달리 여러 의견이 분분하지만, 어쨌든 신화로부터 영감을 얻은 이러한 이론과 학설은 적잖이 흥미롭다.

한편, 여자아이가 아버지에 대해 깊은 애정을 갖고 어머니에게 반감을 품는 경향은 엘렉트라 이야기에서 이름을 따와 '엘렉트라 콤플렉스'라 한다. 이것은 프로이트의 제자였던 융(1875~1961)이 붙인 이름이다. 3~5세의 여자아이는 남성을 부러워하고 어머니를 원망하는 경향을 보인다고 한다. 이러한 욕구는 점점 성장을 하면서 어머니의 여성적 가치를 인정하여 자기와 동일시하고, 초자아超自我가 형성되면서 사라지게 된다.

12장

트로이아 전쟁

파리스의
심판

테티스, 인간과 결혼한 최초의 여신이 되다

어느 날 펠리온 산(테살리아 지방에 있는 산. 반인반마의 켄타우로스족이 살고 있다)에서 바다의 여신 테티스와 펠레우스(아이기나 섬 아아코스의 아들. 섬에서 추방당한 후 테살리아 지방으로 이주하여 살고 있었다)의 성대한 결혼식이 열리고 있었다. 결혼식에는 인간은 물론, 올림포스 신들까지도 참석하고 있었다.

이전에 제우스는 남몰래

🔵 **펠레우스와 테티스의 결혼**
너무 아름다워 제우스도 탐을 내던 테티스였지만 그녀가 아들을 낳으면 아버지보다 더 위대한 자식을 낳으리라는 예언 때문에 인간 펠레우스에게 시집을 보낸다. 이 결혼으로 태어난 '아버지보다 위대한 아들'이 바로 영웅 아킬레우스이다.

테티스를 마음에 두고 있었다. 테티스는 매우 매력적이었고, 특히 발이 아름다워 '은빛 발'이라 불리고 있었다. 그러나 프로메테우스(티탄 신족 이아페토스의 자식)의 다음과 같은 예언이 제우스의 마음을 돌리게 했다. "만일 테티스가 신의 아이를 낳는다면 아버지를 능가하는 존재가 될 것이다."

예언을 들은 제우스는 자신을 능가하는 아이가 태어남으로써 권좌가 흔들릴 것을 염려했다. 그렇기 때문에 어쩔 수 없이 인간 중에서도 신들에게 많은 사랑을 받고 있던 펠레우스에게 테티스를 주었다. 테티스는 인간과 결혼하는 최초의 여신이 되었다.

황금 사과의 주인공

결혼식에는 모든 신들이 초대되었다. 그러나 유일하게 불화의 여신 에리스만은 초대받지 못했다. 매우 화가 난 에리스는 결혼식을 방해하려고 축하연 자리에 황금 사과를 하나 던져 넣었다. 그 사과에는 '가장 아름다운 여신에게'라는 글귀가 씌어져 있었다.

올림포스의 여신들은 누구 하나 뒤떨어지지 않는 미모를 갖고 있었기 때문에 황금 사과가 자기 것이라고 주장하고 나섰다. 그중에서도 아름다움을 내세우며 자신만만했던 이들이 헤라, 아테나, 아프로디테 세 여신이었다. 세 여신은 한치의 양보 없이 각기 자신이 사과의 주인이라고 주장했다. 그래서 결혼식에 모인 신들에게 판정해 줄 것을 부탁했지만, 누구도 섣불리 나서지 못했다. 어느 한 여신의 편을 들면 다른 두 여신으로부터 미움을 살 것이 뻔했기 때문이다. 결국 제우스에게 심판의 몫이 돌아갔다. 제우스는 공정한 심판을 부탁받았지만 분쟁에 말려들고 싶지 않았다. 고심 끝에 그는 자신이 직접 판정하는 것을 피하고, 대신 트로이아의 왕자 파리스에게 심판을 맡긴다고 선언했다.

파리스는 트로이아 왕 프리아모스의 아들이다. 파리스가 태어날 때 어머니 헤카베는 횃불로 인해 도시 전체가 불타오르는 꿈을 꾸었다. 이는 트로이아에 멸망을 불러올 전조라 하여 프리아모스는 아이를 이데 산 깊은 곳에 버렸다. 그러나 파리스는 죽지 않고 양치기에게 키워졌다.

파리스의 심판

파리스는 트로이아의 이데 산에서 양치기 노릇을 하고 있었다. 세 여신은 헤르메스의 안내를 받아 파리스 앞에 내려섰다. 여신들은 미모에

파리스의 심판
페테르 파울 루벤스의 작품. 젊은 파리스는 미녀를 아내로 준다는 조건에 이끌려 아프로디테를 선택했다.

자신을 갖고 있었지만, 일을 더욱 유리하게 만들려고 파리스에게 각자
소중한 선물을 주겠다고 말한다. 헤라는 자신을 선택하면 엄청난 권력과
부를 주겠다고 약속했다. 이에 반해 아테나는 누구보다 뛰어난 지혜와
바래지 않는 명예를 선사하겠다고 했다. 그리고 아프로디테는 세상에서
가장 아름다운 여자를 차지할 수 있도록 해 주겠다고 했다.

여신들의 선물은 모두 매력적이었지만, 결국 파리스는 지상에서 가장
아름다운 여성을 주겠다고 약속한 아프로디테를 선택했다. 아프로디테
가 황금 사과의 주인, 즉 가장 아름다운 여신이 된 것이다.

이후 아프로디테의 약속은 이루어져 파리스는 인간 세상 제일의 미녀
헬레네를 손에 넣게 된다. 하지만 이것은 트로이아 전쟁의 원인이 된다.

세 여신이 파리스에게 준비한 선물

사랑과 미의 여신 아프로디테
⬇
인간계에서
가장 아름다운 여성

결혼의 여신 헤라
⬇
전 아시아의
지배권

지혜와 전쟁의 여신 아테나
⬇
모든 전쟁에서의
승리와 지혜

절세의 미녀
헬레네

가장 아름다운 여자가 탄생하다

헬레네의 어머니는 스파르타의 왕비 레다이고, 아버지는 대신 제우스

🕐 파리스와 헬레네
벤자민 웨스트의 작품. 백조로 둔갑한 제우스와 레다 사이에 낳은 딸이
헬레네이다.

이다. 레다는 원래 스파르타
왕 틴다레오스의 아내였는데,
어느 날 제우스의 사랑을 받
게 되었다. 레다가 목욕을 하
고 있을 때 백조로 둔갑한 제
우스가 다가와 그녀와 관계를
맺은 것이다.

그때 레다는 이미 임신을
한 상태였다. 이윽고 달이 차
자 레다는 2개의 알을 낳았

다. 하나는 제우스가 아버지였고, 또 다른 하나는 스파르타의 왕 틴다
레오스가 아버지였다. 2개의 알에서 각각 쌍둥이가 태어났는데, 헬레네
는 제우스의 자식 중 한 명이었다. 이때 함께 태어난 클리타임네스트라
는 틴다레오스의 자식이었다. 이처럼 헬레네는 그 출생부터 예사롭지 않
았다.

스파르타의 왕비가 되다

헬레네의 아름다움은 어릴 때부터 유명했다. 지상에서 가장 아름다운
여인으로 일컬어질 정도로 그 미모는 그리스 방방곡곡에 널리 알려졌다.

헬레네가 결혼할 나이가 되자 그리스 내의 많은 왕족뿐 아니라 영웅,
귀족들이 구혼을 하러 몰려들었다.
스파르타 왕궁은 최고의 미인과 결
혼하기 위한 구혼자들로 문전성시
를 이루었다. 급기야는 헬레네를 얻
기 위해서라면 서로를 죽이는 일까
지도 마다하지 않는 사태까지 이르
렀다. 이 때문에 스파르타의 왕 틴
다레오스는 심각한 고민에 빠지고

⊙ 헬레네
단테 가브리엘 로세티의 작품. 지상에서 가장 아름다운
여인으로 인정받은 헬레네에게는 숱한 구혼자들이 몰
려 들었다.

말았다. 더구나 구혼자 중 한 사람을 택하면 남은 자들에게 위협을 당할까 두려웠다. 그는 하루도 편할 날이 없었다.

이 사태를 수습한 인물이 구혼자 중 하나였던 오디세우스(이타케 섬의 왕으로 호메로스의 서사시 '오디세이아'의 주인공이다. 지략이 뛰어난 인물로 알려졌으며 트로이아 전쟁에서도 큰 활약을 한다)다. 그는 다음과 같은 제안을 내놓았다. '헬레네가 누구를 선택하든 원망하지 말 것. 헬레네의 남편으로 선택된 자가 해를 입을 경우에는 구혼자들 모두가 나서서 도와줄 것.' 구혼자들은 모두 이 제안을 받아들여 서로 계약을 맺었다.

결국 헬레네는 강국 미케나이의 왕자이자 아가멤논의 동생 메넬라오스를 남편으로 선택했다. 구혼자들 간에 이미 계약을 맺었기 때문에 결과에 대해 아무도 다른 마음을 품을 수 없었다. 이후 메넬라오스는 틴다레오스의 뒤를 이어 스파르타의 왕이 되었다. 그리하여 헬레네와 메넬라오스는 스파르타 왕궁에서 별다른 걱정없이 행복하게 살아가고 있었다.

🕐 **헬레네의 납치**
귀도 레니의 작품. 메넬라오스의 부인 헬레네는 파리스의 손에 이끌려 트로이아로 가 버린다. 분노에 찬 메넬라오스는 헬레네도 찾고 트로이아도 정복할 결심을 굳힌다.

헬레네, 트로이아의 왕자 파리스와 야반도주하다

그런 어느 날 트로이아의 왕자 파리스가 아프로디테의 인도를 받아 스파르타의 왕궁을 방문했다. 당시 파리스는 트로이아의 사절단 일행으로 스파르타와 평화 협정을 맺기 위해 간 것이었다. 메넬라오스는 파리스 일행을 크게 환대했다.

그러나 파리스의 목적은 다른 곳에 있었다. 헬레네를 트로이아로 데려가려고 마음먹고 있었던 것이다. 기회를 엿보던 그는 때마침 메넬라오스가 조부의 장례식으로 왕궁을 비운 사이를 틈타, 헬레네를 설득시켜 트로이아로 도주한다. 물론 이때 아프로디테의 도움이 있었다는 사실은 두말할 필요도 없다.

파리스는 헬레네뿐만 아니라 스파르타의 귀중한 재산과 보물도 대량으로 훔쳐 고국 트로이아로 돌아갔다.

🜂 **헬레네와 파리스**
샤를 메이니에의 작품. 파리스가 한쪽 무릎을 꿇고 헬레네에게 구애하는 모습을 표현하였다.

 헬레네(Helene)는 라틴어와 독일어로는 헬레나(Helena), 영어로는 헬렌(Helen), 프랑스어로는 엘렌(Helene)으로 불리며 각국 여성의 이름으로 인기가 높다.

그리스군의
출정

헬레네를 되찾기 위한 그리스 원정군을 결성하다

아내 헬레네를 빼앗긴 메넬라오스는 분노를 억누를 길이 없었다. 감히 자신의 왕궁에서 세상에서 가장 아름다운 여인을 뺏어 가다니. 그는 헬레네를 되찾아 오기 위해 이전의 구혼자들에게 계약을 지킬 것을 말하면서 도움을 요청했다. 그리고 형 아가멤논에게 헬레네가 있는 트로이아로 보낼 원정군을 조직해 달라고 부탁했다.

아가멤논이 동생의 부탁을 받아들여 그리스 전역에 지원군을 요청하자 많은 군대가 몰려왔다. 예전 헬레네의 구혼자들을 비롯하여 그리스 대부분의 도시 국가들이 트로이아 원정에 참가한 것이다. 아가멤논은 만장일치로 그리스 원정군의 총사령관이 되었다.

그리스 원정군은 헬레네를 빼앗아 간 것을 응징하기 위해서 결성되었지만, 다른 한편으로 트로이아를 정복하기 위한 야심도 있었다. 당시 강력한 해상 세력으로 부상한 트로이아가 그리스에게는 눈엣가시였던 것이다. 어쨌든 이렇게 해서 트로이아를 공격하기 위한 대규모 원정군이 결성되었다.

그런데 처음에는 출정을 회피하려던 영웅도 있었다. 구혼자들의 계약을 제안했던 오디세우스가 그중 한 사람이었다. 이타케 섬의 왕 오디세우스는 아름다운 아내 페넬로페이아와 사이에서 아들을 낳은 지 얼마 안 되어 행복한 나날을 보내고 있었다. 그래서 전쟁에 참여할 마음이 전혀 없었다.

오디세우스는 자신을 데리러 온 사자使者를 쫓아내려고 미친 사람처럼 행동했다. 그는 나귀에다 쟁기를 매고 어처구니없게도 해변의 소금밭을 갈았다. 그러나 사자는 오디세우스의 의중을 꿰뚫어 보고 그의 어린 아들을 데려다 놓았다. 이에 오디세우스는 쟁기를 거둘 수밖에 없었다. 이렇게 해서 연기가 들통나는 바람에 오디세우스는 어쩔 수 없이 원정군에 합류하게 되었다.

🌀 **그리스 최고의 책략가 오디세우스**
이타케 섬의 왕으로 헬레네가 결혼할 때 구혼자들끼리 싸움이 일어나지 않도록 계약을 만들기도 하고 아킬레우스의 출정을 재촉하기 위해 지혜를 발휘하기도 했다. 그리스 최고의 책략가로 활약하여 트로이아를 함락시킬 때 직접 공을 세운다. 호메로스의 서사시 『오디세이아』의 주인공이다.

여장을 하고 숨은 아킬레우스를 출정시키다

펠레우스와 테티스 여신 사이에서 태어난 아킬레우스는 켄타우로스족의 현자 케이론에게 양육되어 그리스 최강의 전사가 되어 있었다. 그는 인간 중에서 가장 빠른 발을 가진 사람이 되었고, 싸움에 관한 최고의 기술을 연마하게 되었다. 그때 같이 수련하던 사람 중에 파트로클로스도 있었는데, 아킬레우스보다 나이는 많았지만 둘은 아주 가까운 친구가 되었다.

하지만 아킬레우스가 출정하면 전장에서 죽는다는 예언이 있었다. 아들의 운명을 알게 된 어머니 테티스는 원정군의 권유를 피하기 위한 방법을 궁리했다. 그래서 아들을 여장시켜서 스키로스 섬의 리코메데스 왕 (아테나이의 영웅으로 테세우스를 바다에 밀어서 떨어뜨려 죽인 인물)에게 보내 왕의 딸들과 함께 지내게 했다.

그리스군은 아킬레우스가 꼭 필요했다. 아킬레우스 없이는 트로이아를 함락시킬 수 없다는 것을 알고 있었기 때문이다. 이때 아킬레우스를 출정시키기 위해 파견된 사자가 바로 오디세우스였다. 그는 아킬레우스가 숨어 있다는 소문을 듣고 상인으로 변장하고서 리코메데스 왕의 궁전으로 찾아 갔다.

오디세우스는 리코메데스 왕의 딸들 앞에서 여성용 장신구와 함께 무기를 쭉 늘어놓았다. 그러자 단 한 사람 무기에 관심을 보이는 자가 있었

🌑 아킬레우스를 가르치는 케이론
폼페오 바토니의 작품. 케이론은 위는 사람이고 아래는 말처럼 생긴 괴물이다. 크로노스의 아들로 태어난 케이론은 아킬레우스를 비롯해 이아손 등 많은 영웅들의 스승 노릇을 했다.

으니 그가 바로 아킬레우스였다. 이를 눈치 빠르게 찾아낸 오디세우스는 바로 출정하자고 아킬레우스를 끈질기게 설득했다.

원래부터 아킬레우스는 평온한 인생을 살기보다는 영웅으로 이름을 남기고 싶어 했다. 그는 아가멤논의 눈치를 봐야 할 필요도 없었고 구혼자들의 계약을 한 것도 아니었지만, 자신의 용기와 힘을 시험해 보고 싶었다. 이 때문에 테티스의 반대를 무릅쓰고 오디세우스의 권유에 흔쾌히 응하여 원정에 참가했다.

이렇게 해서 영웅들을 비롯한 10만 명의 병사들이 아울리스 항에 집결하고, 그들을 태운 1,000척의 함대가 트로이아를 향해 출항했다. 이때 예언자 칼카스는 트로이아를 함락시킬 때까지 10년이 걸릴 것이라고 예언했다.

🕐 **죽어 가는 아킬레우스**

바다의 여신 테티스와 인간 펠레우스의 자식으로 트로이아 전쟁에서 그리스군 최대의 용사로 활약한다. 어머니 테티스에 의해 불사조가 됐지만 유일한 결점인 발꿈치(아킬레스 건)로 인해 죽임을 당한다. 호메로스의 서사시 『일리아스』는 아킬레우스를 주인공으로 한 것이다.

10년째 전쟁이 계속되다

트로이아에 도착한 그리스군은 해변에 상륙했다. 그리스군은 장기전을 예상하고 바닷가에 막사를 지어 진영을 만들었다. 트로이아군도 헥토르를 중심으로 전투 준비를 마쳤다. 이윽고 첫 전투가 벌어졌는데, 아킬레우스의 활약으로 그리스군은 승리를 거두었다. 트로이아군은 성안으로 쫓겨 들어갔다.

그 후 트로이아의 성 밑에 펼쳐진 스카만드로스 평원에서 날마다 격렬한 전투가 벌어졌다. 하지만 양군의 세력은 팽팽하여 일진일퇴를 거듭했고, 트로이아의 성문은 매우 견고하여 함락시키기 어려웠다. 그렇게 전쟁은 결말이 나지 않은 채 10년째를 맞이했다.

그러는 사이 그리스군은 트로이아를 공략하지 못한 대신 인근의 다른 국가들을 공격하여 식량과 가축, 여자들을 약탈하고 있었다. 이때도 아킬레우스가 앞에 나서서 전투를 승리로 이끌고, 획득한 전리품과 포로들을 나누어 가졌다.

아가멤논의 횡포로 아킬레우스가 분노하다

그런데 어느 날 포로로 잡혀온 여성을 둘러싸고 아킬레우스와 아가멤논 사이에 언쟁이 일어났다. 호메로스의 『일리아스』는 이 장면부터 시작된다.

아가멤논은 아폴론 신궁의 딸 크리세이스를 포로로 얻었다. 그는 아름다운 크리세이스에 무척 흡족해 하며 아내인 클리타임네스트라보다 좋다고 말하곤 했다. 며칠 후 크리세이스의 아버지가 그리스군 진영으로 찾아와 딸을 돌려달라고 부탁하면서 막대한 몸값을 지불하겠다고 제안했다. 그러나 아가멤논은 이를 차갑게 거절했다.

거친 대접을 받으며 내쫓긴 크리세이스의 아버지는 아폴론 신께 그리스군에게 보복해 줄 것을 기원했다. 아폴론 신은 이를 받아들여 그리스군 진영에 전염병이 돌게 했다. 곧 그리스군 진영에서는 전염병으로 인해 많은 병사들이 희생되기 시작했다.

이때 예언자 칼카스가 그 원인을 밝혀내고, 크리세이스를 아버지에게 돌려보내지 않는 한 전염병이 사라지지 않을 것이

🔱 **트로이아 유적**

트로이아는 서로 다른 시대의 9개 도시 유적이 중첩되어 있다. 독일의 고고학자 슐리만이 발굴했는데 역사적 상상력이 풍부한 곳으로 해마다 50만 명의 사람들이 찾고 있다.

라고 일렀다. 아킬레우스도 칼카스의 말을 지지하였다.

아가멤논은 크리세이스의 반환을 마지못해 승낙하지만, 심술을 부려 말도 안 되는 조건을 내세운다. "그 대신 아킬레우스가 손에 넣은 브리세이스라는 처자를 데려오너라! 무엇이든 빼앗아 주마!" 이 말이 아가멤논과 아킬레우스가 다투게 된 사건의 발단이었다.

브리세이스는 아킬레우스가 트로이아 인근 도시를 공격했을 때 잡아온 여성으로 매우 아름답고 마음도 고왔다고 한다. 그런 그녀를 아킬레우스는 마음속으로 무척 아꼈다.

아킬레우스는 아가멤논이 제멋대로 구는 처사에 크게 화가 나 말다툼을 벌인다. 그러나 어쩔 수 없이 총사령관인 아가멤논의 명령을 따를 수밖에 없었다. 결국 아가멤논은 자기가 말한 대로 브리세이스를 빼앗았고, 명예가 훼손된 아킬레우스는 전투에서 몸을 빼고 말았다.

아킬레우스와 헥토르의 결전

테티스 여신이 제우스에게 간청하다

트로이아 전쟁에서는 인간들뿐 아니라 올림포스의 신들도 두 편으로 갈려 대립하였다. 전쟁 상황을 둘러싸고 서로 언쟁을 벌였으며, 각자가 응원하는 편을 도와주기도 했다. 파리스의 심판 때 선택받지 못한 헤라와 아테나는 당연히 그리스군의 편이었고, 여기에 포세이돈과 헤파이스토스가 가세했다. 한편 '가장 아름다운 여신'으로 뽑힌 아프로디테는 애인 아레스와 함께 트로이아군의 편에 섰고, 그 밖에 아폴론과 아르테미스가 가세한 상황이었다. 이렇게 신들의 의도까지 뒤섞여 어떤 때는 그리스 측이 우세해지고, 어떤 때는 트로이아 측이 우세해지면서 양군의 전세가 동요되었다.

제우스는 기본적으로 중립을 지키는 입장이었지만 상황에 따라 그때그때 방침을 바꿨다. 그는 될 수 있으면 전쟁을 길게 끌려고 했다. 왜냐하면 이 전쟁은 너무 많이 늘어난 인간의 수를 줄이기 위한 좋은 기회였기 때문이다. 그런데 어느 날 아킬레우스의 어머니 테티스가 와서 다음과 같은 부탁을 했다.

"트로이아군을 우세하게 만들어서 저 그리스군에게 아킬레우스의 힘이 필요하다는 것을 절실히 느끼게 해 주세요. 아가멤논이 아킬레우스에게 한 짓을 뉘우치도록 해 주세요!"

제우스는 잠시 망설였지만 인간계의 질서를 바로잡기 위해, 그리고 예전에 사랑했던 테티스를 위해 이 소원을 들어주기로 했다. 실제로 그리스 최고의 용장 아킬레우스가 빠진 빈자리는 매우 컸다. 여기에 제우스

 트로이아 전쟁을 보는 신들의 태도

신	태도	내용
제우스	중립	기본적으로는 중립적인 입장이지만 때로는 그리스군의 편에 섰고 때로는 트로이아군의 편이 되었다. 상황에 따라서는 양군 모두에 힘을 줄 때도 있었다.
헤라	그리스군 지지	'미의 심판'에서 파리스에게 선택받지 못했기 때문에
아테나		헤라와 동일
포세이돈		트로이아 왕가에 원한이 있었기 때문에
헤파이스토스		아프로디테의 애인 아레스를 미워하고 있었기 때문에
테티스	아킬레우스 편	제우스에게 트로이아군을 우세하게 만들어 달라고 부탁하지만 이것은 어디까지나 아들 아킬레우스의 명예를 회복하기 위한 것이었다.
아프로디테	트로이아군 지지	'미의 심판'에서 파리스에게 선택받았기 때문에
아레스		아프로디테에게 이끌려서
아폴론		트로이아의 총사령관 헥토르를 총애하고 있었기 때문에
아르테미스		쌍둥이 오빠 아폴론이 트로이아 편에 섰기 때문에

가 트로이아군에게 힘을 실어 주기까지 하자 그리스군은 점차 패전을 거듭하게 되었다.

아가멤논, 잘못을 인정하다

트로이아군은 아킬레우스가 전선에서 이탈한 것을 알고 프리아모스 왕의 장남 헥토르를 중심으로 이전보다 더욱 격렬하게 공격해 오기 시작했다. 그리스군도 오디세우스를 비롯한 영웅들을 중심으로 맞섰지만 후퇴만 거듭하고 병사들도 지쳐 갔다. 그리스군의 장군들은 이 어려운 상황을 극복하기 위해서는 아킬레우스가 꼭 필요하다고 판단했다.

사태의 심각성을 알게 된 아가멤논도 마침내 아킬레우스에 대한 자신의 무례를 인정하고 화해의 뜻으로 최고의 선물을 준비하라고 일렀다. 여기에는 브리세이스를 되돌려주는 것도 포함되어 있었다. 아가멤논은 즉시 오디세우스를 비롯한 세 명의 사자를 아킬레우스에게 보냈다.

오디세우스는 아킬레우스에게 아가멤논의 의향을 전달하면서 다시 전장에서 함께 싸우자고 간곡히 부탁했다. 그러나 아킬레우스는 정색을 하고 이렇게 말했다. "선물 같은 건 필요 없네! 아무리 설득해도 내 마음은 변하지 않아!"

아킬레우스로 변장한 파트로클로스, 적진에서 최후를 맞다

아킬레우스에 대한 설득은 실패로 끝나고 점점 그리스군의 패색이 짙어져 갔다. 파트로클로스는 친구 아킬레우스와 함께 전선을 이탈해 있었지만, 이 어려운 상황을 보고만 있을 수 없었다. 그래서 자신이 아킬레우스를 대신해서 싸울 것을 결심했다. 아킬레우스의 갑옷과 투구를 입고 전장에 나가면 적은 자신을 아킬레우스라 생각하여 두려움에 떨 것이고, 그렇게 된다면 다시 그리스군이 우위에 설지도 모른다고 생각한 것이다.

예상대로 트로이아군은 아킬레우스의 갑옷과 투구를 몸에 걸친 파트로클로스를 보자마자 겁을 먹고 도망쳤다. 그는 이 혼란을 틈타 트로이아의 병사들을 잇달아 쓰러뜨렸고, 마침내 트로이아 성까지 몰고 들어갔다.

그런데 너무 적진 깊숙이 쫓아 들어간 것이 문제였다. 그때 트로이아의 총사령관 헥토르가 파트로클로스를 향해 공격해 왔다. 아폴론 신의 비호를 받은 헥토르는 창으로 파트로클로스의 아랫배를 찔러 숨통을 끊어 놓았다. 그리고 그의 갑옷과 투구를 빼앗아 버렸다.

🔹 **파트로클로스의 죽음을 애도하는 아킬레우스**
개빈 해밀턴의 작품. 아킬레우스는 친구 파트로클로스의 원한을 갚기 위해 다시 전장으로 나선다.

아킬레우스, 다시 전장에 나가다

파트로클로스의 죽음을 알게 된 아킬레우스는 매우 슬퍼하며 분개했다. 그리고 친구의 복수를 위해 드디어 출전을 결심한다. 어머니 테티스는 아들을 염려해 다시 전장에 나가는 것을 말렸지만 아킬레우스의 결심은 확고했다. 테티스는 설득을 포기하고 아들을 위해 새 갑옷과 투구를 만들어 주었다. 이는 대장장이 신 헤파이스토스에게 특별히 부탁하여 만든 것으로 어떤 무기도 뚫을 수 없을 만큼 강력한 것이었다.

아킬레우스는 새 갑옷과 투구를 몸에 걸치고 곧바로 전쟁터로 나갔다. 전장에 복귀한 아킬레우스는 이전보다 더욱 맹렬한 기세로 잇달아 적들을 쓰러뜨렸다. 물밀듯이 밀고 들어오는 아킬레우스에게 트로이아군은 속수무책으로 당할 수밖에 없었다. 머지않아 트로이아의 병사들은 모두 성안으로 도망쳐 들어갔고 아킬레우스는 마침내 성문 앞까지 당도했다.

성문 앞에는 단 한 사람 헥토르만이 도망치지 않고 아킬레우스를 기다리고 있었다. 노왕 프리아모스는 아들에게 성 안으로 들어오라고 소리쳤지만, 헥토르는 그 말을 듣지 않고 과감히 전투에 도전하려고 했다. 그는 아킬레우스에 당당히 맞서 싸워 자존심을 지키고 싶었다.

그러나 막상 아킬레우스 앞에 서자 헥토르는 공포에 짓눌려 맞대결을 피하고 도망치기 시작한다. 두 사람은 쫓고 쫓기면서 성벽 주위를 돌아다녔다. 쫓는 자와 쫓기는 자, 두 사람의 이런 양상이 4주째로 접어들었을 때 제우스가 운명의 저울을 꺼내 운명을 미리 점쳐 보았다. 한쪽에는 헥토르의 죽음의 운명을, 다른 한쪽에는 아킬레우스의 죽음의 운명을 올려놓았다. 그러자 헥토르의 죽음이 확정되었다.

● 아킬레우스와 헥토르의 대결
수염이 없는 자가 아킬레우스이다.

헥토르의 최후로 친구의 죽음에 복수하다

운명이 결정되었을 때 헥토르의 발도 멈추어 섰다. 그리고 헥토르는 칼을 뽑아 들고 마지막 있는 힘을 다해 아킬레우스에게 덤벼들었다. 그러나 아킬레우스에게는 역부족이었고, 게다가 그의 갑옷을 뚫을 수는 없었다.

큰 창을 들고 있던 아킬레우스는 헥토르의 머리 쪽을 겨냥했다. 그리고는 갑옷이 벌어진 작은 틈으로 창을 찔러 넣었는데, 그 창은 헥토르의 목을 그대로 관통하고 말았다. 이렇게 해서 트로이아의 최고 명장 헥토르는 최후를 맞이했다. 숨을 거두기 직전 헥토르는 아킬레우스의 죽음을 암시하는 말을 남겼다고 한다.

아킬레우스는 헥토르의 갑옷을 벗겼다. 그리고는 양발 뒤꿈치에 구멍을 낸 다음 가죽 끈으로 전차 뒤에 매달아 트로이아 성 주위를 세 바퀴 돌았다. 성 누각에서 이 모습을 지켜보던 헥토르의 노부모는 머리를 쥐어 뜯고 가슴을 치며 한탄했다. 헥토르의 시체를 끌고 그리스군 진영으로 돌아온 아킬레우스는 파트로클로스의 무덤으로 가서 친구의 혼을 위로했다.

☀ 헥토르의 죽음

조제프 브누아 쉬베의 작품. 아킬레우스는 헥토르의 시체를 전차에다 비끄러매고 방어벽을 나가 파트로클로스의 뼈 무덤을 세 바퀴나 돌았다. 밤낮으로 12일 동안이나 똑같은 짓을 반복하는 그에게 신들이 헥토르의 몸값을 아킬레우스에 건네고 사태를 수습한다.

아킬레우스의
최후

헥토르의 시체를 돌려주다

🕐 아킬레우스에게 아들의 시체를 돌려달라고 애
원하는 왕 프리아모스

헥토르의 시체는 며칠간이나 아킬레우스
의 막사 밖에 방치되어 있었다. 어느 날 밤,
트로이아의 연로한 왕 프리아모스가 막대한
몸값을 갖고 아킬레우스의 막사를 찾아왔다.
프리아모스는 무릎을 꿇고 아킬레우스의 손
에 입을 맞추고는 아들의 유해를 돌려달라고
간절히 부탁했다.

이때 제우스가 이를 가엾게 여기고 테티스
에게 아들을 설득하여 헥토르의 시체를 돌려
주도록 하였다. 또한 프리아모스 왕에게는 아
킬레우스를 찾아갈 수 있는 용기를 불어넣어

주고, 헤르메스를 시켜 그리스 진영의 길 안내를 맡겼다.

하염없이 눈물을 흘리며 간청하는 프리아모스의 모습에 감동받은 아킬레우스는 차마 그 부탁을 거절할 수 없었다. 그래서 결국 헥토르의 유해를 돌려주었다. 그리고 헥토르의 장례 기간에는 휴전을 하기로 약속했다.

헥토르의 유해는 그리스 진영을 뒤로 하고 새벽녘에 트로이아 성으로 돌아왔다. 프리아모스 왕과 헥토르의 유해가 돌아오자 트로이아 시민들은 깊은 애도에 잠겼다. 특히 헥토르의 아내 안드로마케와 노모 헤카베, 딸들, 그리고 헬레네 등 헥토르를 에워싼 여자들의 슬픔은 언제까지나 계속되었다. 헥토르의 장례는 열흘 동안 치러졌다(호메로스의 『일리아스』는 이 장면에서 끝난다).

🔊 **이집트 멤논의 거상**
멤논은 새벽의 여신 에오스와 티토노스 사이에 태어난 절세 미남으로 트로이아 전쟁에 참가해 프리아모스를 돕다가 아킬레우스의 손에 죽었다. 멤논 신화는 이집트에 전래되어 테베 근처에 거대한 멤논 석상이 조성되었다.

그리스군의 승세로 되돌려놓다

그리스군은 트로이아 최고의 무장 헥토르를 쓰러뜨렸기 때문에 단숨에 트로이아를 함락시킬 기회를 노리고 있었다. 하지만 트로이아는 무너지지 않고 단결하여 저항을 계속했다. 더구나 동맹국들이 잇달아 트로이아에 원군을 보내 좀처럼 결말이 나지 않았다.

먼저 아마존족의 여왕 펜테실레이아가 여전사들을 이끌고 트로이아를 돕기 위해 왔다. 이들은 그리스군을 쓰러뜨리며 해안가까지 바짝 밀어붙였다. 그러나 아킬레우스가 나서 펜테실레이아를 창으로 찔러 죽이고 아마존족의 공격을 물리친다.

연이어 에티오피아의 젊은 왕 멤논이 그리스군을 공격해 왔다. 그는 트로이아군과 연합해서 강력한 힘을 발휘했다. 멤논은 그리스군 장수를 죽여 사기를 올렸으나, 곧 아킬레우스에게 패하여 죽임을 당했다. 그리스군은 다시 전열을 정비했다.

이처럼 아킬레우스의 눈부신 활약으로 트로이아의 동맹군까지 모조리 물리쳤기 때문에 그리스군은 이제 확실한 우위에 서게 되었다. 트로이아의 함락도 머지않아 보였다.

발뒤꿈치에 화살을 맞고 최후를 맞다

그러나 그리스 최고의 무장 아킬레우스의 죽음도 가까워 오고 있었다. 그날 아킬레우스는 트로이아의 성문까지 적들을 밀고 들어갔는데, 이것을 본 아폴론은 파리스에게 화살을 쏘도록 명했다. 이 전쟁의 원인을 제공한 파리스는 형 헥토르와 달리 뛰어난 무장은 아니었다. 그러나 그가 쏜 화살이 공교롭게도 아킬레우스의 유일한 약점인 발뒤꿈치에 명중한 것이다!

예전에 테티스는 아들 아킬레우스를 불사의 몸으로 만들려고 명계의 스틱스 강에 담갔다. 그런데 이때 테티스가 아킬레우스의 발뒤꿈치를 쥐고 있었기 때문에 그 부분만은 불사의 몸으로 만들지 못했던 것이다.

그리스군은 아킬레우스를 기리기 위해 17일간에 이르는 성대한 장례식을 치렀다.

🔵 **파리스의 화살을 맞고 죽는 아킬레우스**
페테르 파울 루벤스의 작품. 아폴론에게 이끌려 온 파리스가 쏜 화살은 아킬레우스의 유일한 약점인 발뒤꿈치를 명중시킨다. 아킬레우스의 어머니 테티스는 자기 자식을 불사신으로 만들려고 아들을 스틱스 강물에 담근다. 하지만 테티스가 발뒤꿈치를 꼭 쥐고 있었기 때문에 그 부분은 물에 닿지 않아 유일한 약점으로 남았다. 아킬레스건은 이 일화에서 따온 것이다. 그래서 아킬레스건은 비유적으로 '강한 자의 유일한 약점'이란 의미로 사용된다.

목마 계략과
트로이아 함락

오디세우스의 목마 계략으로 트로이아에 접근하다

그리스군은 아킬레우스라는 최고의 전사를 잃기는 했어도 전투에서는 우위를 차지하고 있었다. 반면 트로이아군은 중요한 장수를 거의 잃었다. 헬레네를 데려왔던 파리스도 결국 필록테테스가 쏜 화살에 쓰러졌다.

하지만 아직까지 트로이아를 공략할 결정타가 없었다. 예언자 헬레누스의 예언에 따라 트로이아의 아테나 신전에 있는 신상 '팔라디온'을 훔쳐오기도 했지만 트로이아는 함락되지 않았다. 팔라디온은 예로부터 트로이아 성을 지켜준다는 믿음을 가지고 성스럽게 숭배되던 것이었다.

이럴 때 오디세우스가 궁리해 낸 것이 바로 목마 계략이다. 이에 따라 그리스군은 마치 퇴각하는 것처럼 진영을 불태워 없애고, 성문 앞에 거대한 목마만을 남겨둔 채 트로이아를 떠났다. 그러나 함대는 트로이아에서 보이지 않는 근처의 테네도스 섬에 가서 대기하고 있었고, 목마 속에는 오디세우스를 비롯한 50명의 정예 병사가 숨어 있었다.

말하자면 '목마 계략'이란 철군을 가장하여 상대를 방심하게 하고, 공격의 기회를 기다리는 작전이었다. 성 밖에서 공격해서는 트로이아를 함락시킬 수 없다고 판단한 오디세우스는 목마를 성안에 들여보내 그 속에 숨긴 병사들로 트로이아 성을 교란시키고 성문을 활짝 열어 그리스군이 들어올 수 있게 하려는 계략을 짠 것이다.

이윽고 트로이아 사람들이 성문 앞에 놓인 거대한 목마와 텅 빈 그리스군의 진영을 발견했다. 그들은 놀라움을 감추지 못했다. 더구나 목마에는 '고국으로의 귀환을 감사하는 뜻에서 이 선물을 아테나 여신께 바친다'는 문구가 새겨져 있는 것이 아닌가. 트로이아 사람들은 마침내 그리스군이 물러갔다고 여기고 매우 기뻐했다.

그런데 목마를 어떻게 처리할지에 대해서는 의견이 분분했다. 섣불리 성안으로 들여놓기에는 뭔가 의심스러웠다.

🕐 라오콘 상

아게산드로스, 아테노도로스, 폴리도로스 공동 3명의 작품. 목마를 트로이 성안으로 끌어들이는 데 반대하던 라오콘은 해신海神 포세이돈의 노여움을 사 2마리의 큰 뱀에게 두 자식과 함께 목이 졸려 죽는 벌을 받았다.

그때 그리스군의 한 병사가 붙잡혀 왔다. 그를 추궁하자 자신은 오디세우스로부터 도망쳤다고 하면서 목마는 그리스군이 아테나 여신에게 바친 것이라 했다. 그리고 목마를 성안에 들여가면 트로이아가 더욱 강성해질 것이기 때문에 일부러 성문보다 크게 만들었다고 했다.

이 병사는 그리스군의 첩자 시논이었다. 트로이아 사람들은 시논의 말이 그럴 듯하다고 생각해 목마를 성안으로 들여놓자는 의견이 우세해졌다.

🕐 **예언자 카산드라**
에블린 드 모르간의 작품. 카산드라는 미래를 내다봤지만 아무도 그녀의 말을 귀담아듣지 않았고, 트로이는 결국 참혹하게 멸망했다.

트로이아가 그리스에 함락되다

하지만 그리스군의 계략을 간파하고 있는 자도 없지 않았다. 아폴론 신궁의 사제 라오콘은 이것은 그리스군의 간계에 지나지 않는다고 사람들을 제지했다. 그리고 트로이아의 공주이면서 예언술이 뛰어난 카산드라(아폴론의 사랑을 받고 예언술을 익혔지만, 예언술을 익히자마자 아폴론을 거부하여 그 누구도 그녀의 말을 믿지 않게 되었다)도 목마의 뱃속에는 병사들이 숨어 있다고 하면서 그것을 들여놓으면 트로이아가 멸망할 것이라고 일렀다. 그러나 사람들은 그들의 말을 귀담아듣지 않았다.

그런데 이때 갑자기 해상에서 큰 뱀 두 마리가 나타나 라오콘과 그의 두 아들의 몸을 감고 숨통을 조여 죽였다. 이것을 본 트로이아 사람들은 더욱더 목마가 신성한 것이라는 믿음을 갖게 되었다. 그리하여 마침내 모두 힘을 합쳐 목마를 성안으로 끌어들였다.

목마를 들여놓고 승리를 확신한 트로이아 사람들은 술에 취해 춤을 추고 노래를 부르며 축제 분위기에 빠졌다. 십 년 만의 화려한 향연은 한밤중까지 이어졌고 흥분에 지친 사람들은 이윽고 잠이 들었다.

모두가 잠이 들어 조용해졌을 때쯤, 목마 안에서 무장한 그리스 병

🐴 **트로이아 목마**
트로이아의 고대 유적지에 있는 트로이아 목마 인형. 오디세우스는 목마 계략을 써 길고 긴 트로이아 전쟁에서 승리를 거머쥔다.

사들이 서서히 모습을 드러냈다. 그리고 근처 섬에서 대기하던 그리스 함대가 봉화 신호를 받고 서둘러 트로이아로 돌아왔다. 그들은 이미 열어 놓은 성문으로 순식간에 들이닥쳐 트로이아 성을 점령했다.

트로이아 성안으로 집결한 병사들은 밤새 남자들을 모조리 죽여 없애고, 여자와 아이들은 노예로 잡는 등 약탈과 살육을 저질렀다. 성안 곳곳이 불타올라 마치 대낮 같이 밝았다. 이 과정에서 프리아모스 왕은 아킬

레우스의 아들에게 죽임을 당했고, 헥토르의 어린 아들은 그리스 군사들에게 목숨을 잃었다. 실로 무자비한 광경이 아닐 수 없었다.

그렇게 트로이아는 어떻게 손써 볼 겨를도 없이 한순간에 함락되어 잿더미가 되고 말았다. 이로써 10년에 걸친 트로이아 전쟁은 그리스군의 승리로 막을 내렸다.

신의 벌을 치르며 고향으로 귀향하다

드디어 트로이아를 함락시킨 그리스군은 막대한 전리품을 챙겨 고국 그리스로 향했다. 하지만 승리의 영광 뒤에 숨어 있는 수많은 불행과 고난이 그들 앞에 기다리고 있었다.

항해 도중에 익사한 자도 있었고, 항로를 잘못 들어서 결국 고국으로 돌아가지 못한 자들도 많았다. 포세이돈이 그리스군의 잔혹한 약탈과 살육을 벌하기 위해 폭풍을 일으키는 등 바닷길을 거칠게 했던 것이다.

총사령관 아가멤논은 미케나이에 무사히 도착하지만 귀국 후 얼마 지나지 않아 아내에게 살해당한다. 트로이아 함락의 공로자 오디세우스는 항해 도중에 해신 포세이돈의 분노를 사 10년 동안이나 표류를 계속하기도 했다(호메로스의 『오디세이아』는 귀국 도중의 항해와 고난을 그린 이야기다). 결국 오디세우스는 고난의 여정 끝에 가장 늦게 귀환한 사람이 되었다.

반면 전쟁의 원인이 되었던 헬레네는 메넬라오스 곁으로 무사히 귀환하여 다시 왕비로 군림하면서 만년을 행복하게 보냈다고 한다.

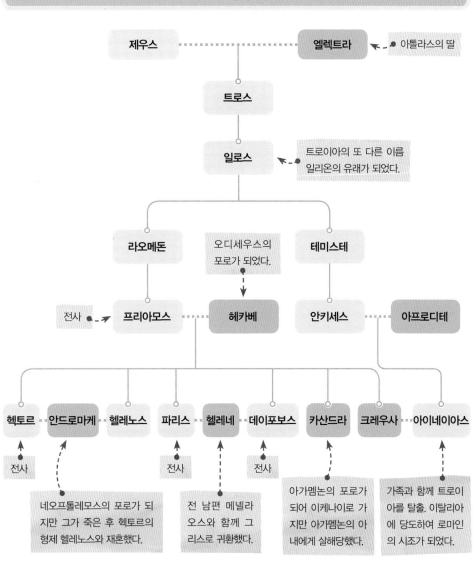

트로이아 왕가의 말로

제우스 ┄┄┄ 엘렉트라 ◀┄ 아틀라스의 딸

트로스

일로스 ◀┄ 트로이아의 또 다른 이름 일리온의 유래가 되었다.

라오메돈 ── 오디세우스의 포로가 되었다. ── 테미스테

전사 ┄▶ 프리아모스 ── 헤카베 ── 안키세스 ── 아프로디테

헥토르 | 안드로마케 | 헬레노스 | 파리스 | 헬레네 | 데이포보스 | 카산드라 | 크레우사 | 아이네이아스

전사

전사

전사

네오프톨레모스의 포로가 되지만 그가 죽은 후 헥토르의 형제 헬레노스와 재혼했다.

전 남편 메넬라오스와 함께 그리스로 귀환했다.

아가멤논의 포로가 되어 이케나이로 가지만 아가멤논의 아내에게 살해당했다.

가족과 함께 트로이아를 탈출. 이탈리아에 당도하여 로마인의 시조가 되었다.

미노스 문명과
미케나이(미케네) 문명

그리스 신화의 영웅 이야기는 미노스 문명과 미케나이(미케네) 문명이 번영했던 시대를 반영한 것이라고 한다. 물론 허구적 이야기도 많지만, 슐리만과 에번스의 발굴로 증명된 것처럼 그리스 신화와 역사는 밀접한 관계가 있다. 그 증거로 미노스 문명의 중심지인 크레타 섬과 미케나이 문명권의 유력 도시였던 미케나이와 테바이, 그리고 아테나이 등지에는 수많은 신화가 남겨져 있다.

에번스가 발견한 미노스 문명은 BC 2000년경 에게해 남쪽의 크레타 섬에서 일어난 문명이었다. 크레타 섬은 지중해 동쪽에 위치하여 일찍부터 오리엔트 세계와 교류하였고 궁전 건축과 도기, 석제 용기 등에서 예술성이 풍부한 문명을 이룩했다. 또한 면적이 넓고 평야가 많아 문명이 꽃피울 조건을 구비하였다. 한편, 미노스 문명이 전성기를 맞이했던 BC 1600년경 그리스 본토에서는 미케나이 문명이 번성하고 있었다. 미케나이 문명은 크레타 섬의 영향을 받아 전투와 수렵을 주제로 그린 도기나 금속 제품과 같은 공예품이 크게 발달했다. 궁전 건축도 성벽과 성호城壕가 없었던 크레타 궁전과는 달리 견고한 성채의 모습으로 발전했다.

BC 1400년경에는 크레타 대신 본토의 그리스인들이 에게해 지역의 패권을 쥐었고, 또한 지중해 일대까지 진출했다. 미케나이 문명의 절정기에 도달한 것이다. BC 1200년경에는 미케나이 왕의 총지휘 아래 트로이아 원정을 나갔다. 하지만 트로이아 전쟁에서 빛나는 승리를 거둔 지 얼마 되지 않아 미케나이의 여러 왕궁은 파괴되었고 문명도 붕괴했다. 그 원인은 도리스인과 해양 민족의 침략 등 여러 설이 있으며, 지금도 여전히 학자들의 논쟁 대상이 되고 있다.

13장

오디세우스의 항해

귀국을 저지당하는
오디세우스

정신을 마비시키는 '로토스'를 먹다

트로이아 전쟁의 영웅 오디세우스는 포상으로 받은 여러 가지 전리품
을 12척의 배에 싣고 부하들과 함께 고향 이타케를 향해 항해하고 있었
다. 오디세우스 일행은 먼저 트로이아와 동맹을 맺었던 키코네스족을 약
탈하기 위해 그들이 살고 있는 이스마로스로 갔다. 그곳에 상륙한 오디
세우스는 키코네스족들과 격렬한 싸움을 하다가 몇몇 부하들을 잃고 말
았다. 그러나 떠나오면서 아폴론 신궁의 사제 마론으로부터 포도주 등
많은 선물을 받았다.

이스마로스에서 출항한 후 일행은 폭풍을 만나 아흐레 동안 표류한 끝
에 로토파고이인들의 땅에 닿았다. 로토파고이는 '로토스를 먹는 사람'이
라는 뜻이다. 그곳을 정찰하라고 보낸 오디세우스의 부하 몇 명은 주민
들이 환대하면서 내놓은 '로토스'를 먹었다. 그런데 이 식물을 먹으면 정

신이 몽롱해져 모든 생각을 잊고 한 곳에 머물고 싶어했다. 오디세우스는 떠나지 않으려는 부하들을 억지로 끌고 나와 다시 배에 태웠다.

키클롭스족의 나라에 닻을 내리다

항해를 계속하던 일행은 어느 날 배를 정박시키기에 좋은 항구가 있고 열매가 풍부한 땅에 닻을 내렸다. 오디세우스는 12명의 부하를 데리고 정찰을 하기 위해 배에서 내렸다. 그들은 얼마 동안 걸어다니다 커다란 동굴을 발견했다. 그 속에는 여러 마리의 양과 염소가 있었고, 치즈가 가득 담겨 있는 단지도 놓여 있었다. 오디세우스 일행은 마음대로 들어가서 연회를 열고 있었는데 때마침 외출했다 돌아온 집 주인을 보고 그만 공포에 질리고 말았다.

그 주인은 외눈박이 거인 키클롭스족의 폴리페모스였던 것이다. 이 야만스러운 거인은 오

🌀 **폴리페모스**
오딜롱 르동의 작품. 오디세우스 일행이 커다란 동굴을 발견하고 그 안에 들어가서 음식을 즐기고 있는데 거대한 괴물 폴리페모스가 나타난다. 오디세우스는 거인의 하나밖에 없는 눈을 찔러 탈출하는 데 성공한다.

디세우스의 부하 둘을 순식간에 먹어 치웠다.

폴리페모스를 장님으로 만들다

다음 날 아침 폴리페모스는 밖에서 동굴 입구를 바위로 막아 일행을 가두어 놓고 외출했다. 오디세우스는 외눈박이 거인을 물리치고 탈출할 방법을 궁리했다. 그리고는 즉시 부하들에게 동굴 안에 있던 통나무 끝을 깎아서 뾰족하게 만들고, 그 끝을 뜨겁게 달구어 놓으라고 명했다. 이 거대한 말뚝으로 폴리페모스의 눈을 찔러 그를 장님으로 만들려 한 것이다.

그날 밤, 오디세우스는 외출에서 돌아온 폴리페모스에게 이스마로스에서 얻어 온 포도주를 먹여 잔뜩 취하게 만들었다. 기분이 좋아진 폴리페모스가 이름을 묻자 오디세우스는 우티스(아무것도 아니라는 뜻)라고 답했다.

이윽고 폴리페모스가 잠에 곯아떨어지자 오디세우스 일행은 불에 달군 말뚝으로 거인의 하나밖에 없는 눈을 찔렀다. 격렬한 통증을 느낀 폴리페모스가 엄청난 비명을 지르자 그 소리를 들은 다른 키클롭스들이 달려와 누가 그런 짓을 했냐고 물었다.

하지만 폴리페모스가 "나에게 이런 짓을 한 건 우티스야!"라고

🕐 **폴리페모스의 눈을 멀게 함**
알레산드로 알로리의 작품. 지혜로운 오디세우스는 폴리페모스에게 포도주를 퍼먹이고 마침내 외눈박이 거인 폴리페모스의 눈을 찔러 장님으로 만든다.

말했기 때문에 키클롭스들은 그가 헛소리를 한다고 생각하고 그냥 돌아가 버렸다.

날이 밝자 오디세우스 일행은 장님이 된 폴리페모스의 허점을 틈타 탈출에 성공했다. 동굴에 있던 양떼에 풀을 뜯기기 위해 동굴 입구의 바위를 열었을 때 오디세우스와 부하들은 양의 배 밑에 매달려 밖으로 나갔다. 폴리페모스는 혹시 오디세우스 일행이 도망칠까 양떼를 손으로 더듬었지만 찾아낼 수 없었다.

이렇게 해서 무사히 도망쳐 나왔지만, 폴리페모스는 해신 포세이돈의 아들이었다. 이 때문에 오디세우스는 포세이돈의 분노를 사 향후 귀국길에서 잇따른 시련을 겪게 된다.

 폴리페모스를 장님으로 만들기 위한 오디세우스의 책략

폴리페모스가 부재중일 때 동굴 안에 있는 통나무를
이용하여 거대한 말뚝을 만들었다.

돌아온 폴리페모스에게 술을 먹여 취하게 만들어서 잠들게 했다.
자신의 이름은 '아무것도 아니다'라는 뜻의 '우티스'라고 밝혔다.

자고 있는 폴리페모스의 눈에 거대한 말뚝을 찔러
그를 장님으로 만들었다.

다음날 아침 장님이 된 폴리페모스는 입구에 앉아서
오디세우스 일행이 도망치지 못하도록 밖으로 나가는 양떼를 손으로 더듬어서
확인했다. 하지만 일행은 양의 배 밑에 숨어서 탈출에 성공했다.

마녀 키르케

바람의 나라 아이올로스 섬에 도착하다

키클롭스족의 나라를 탈출한 일행은 다시 항해를 계속하다 아이올로스 섬에 도착했다. 이 섬의 왕은 바람의 신으로서, 마음먹은 대로 바람을 부릴 수 있는 힘을 제우스로부터 부여받고 있었다. 그는 오디세우스에게 후한 대접을 한 뒤 섬을 떠날 때 거칠고 위험한 바람을 모아 가죽자루에 담아 주면서 절대로 열어서는 안 된다고 당부했다. 그리고는 일행이 항해하는 방향으로 바람이 불도록 했다.

일행이 탄 배는 순조롭게 바다를 미끄러져 나아갔다. 이런 속도라면 금방 고향으로 돌아갈 수 있을 것만 같았다. 그런데 바람을 담은 가죽자루를 지키던 오디세우스가 잠들었을 때 그 속에 굉장한 보물이 들었을 거라고 생각한 부하들이 그만 그것을 열고 말았다. 그러자 곧바로 거기서 역풍이 불어나왔고, 배는 거꾸로 가서 다시 아이올로스 섬으로 되돌아오고 말았다. 오디세우스는 화를 내면서 그들의 어리석음을 질타했다. 이렇게 하여 오디세우스 일행은 같은 바닷길을 어렵사리 다시 되짚어 가게 되었다.

부하들이 라이스트리곤 섬의 식인족에게 잡아먹히다

일행의 배가 어느 섬에 이르렀을 때 오디세우스는 이상한 기운을 느꼈다. 그래서 부하들에게 그 섬의 상황을 살펴본 다음 오르자고 했다. 그러나 그 경고를 듣지 않은 나머지 배들은 그냥 섬에 들어갔고, 오디세우스가 탄 배만 경계하며 바다에 떠 있었다.

아니나 다를까 그 섬은 식인 거인 라이스트리곤이 사는 섬이었던 것이다. 라이스트리곤들은 섬에 들어온 배들을 공격하여 완전히 부수었다. 그리고 오디세우스의 부하들을 창으로 찔러 죽인 다음 잡아먹기 위해 가져갔다.

그렇게 해서 오디세우스의 배 한 척을 제외하고는 모든 배들이 침몰했고, 거기에 탄 부하들은 수장되거나 라이스트리곤의 먹이가 되었다. 오디세우스는 눈앞에 벌어진 사태에 아무런 저항도 하지 못하고 남은 배 한 척을 이끌고 재빨리 도망칠 수밖에 없었다.

🔊 **라이스트리곤**
거인 식인족으로 오디세우스의 함대가 입항했을 때 모두 잡아먹히고 배도 침몰당한 채 오디세우스만 간신히 도망쳐 나왔다.

인간을 사육하는 마녀 키르케의 대접을 받다

처음 12척에서 겨우 한 척의 배만 남은 오디세우스 일행은 마녀 키르케(태양신 헬리오스의 딸이자 크레타 섬의 왕비 파시파에의 자매다. 그리고 이아손의 아내가 된 마녀 메데이아의 숙모가 된다)가 사는 아이아이에 섬에 도착했다. 그러나 라이스트리곤 섬에서의 두려운 경험 때문에 섣불리 닻을 내릴 수 없었다. 오디세우스는 아이아이에 섬의 정찰을 부하들에게 맡기고 자신은 배에 남아 있었다.

그런데 부하들은 좀처럼 돌아오지 않았다. 얼마 후 정찰을 나갔던 부하 에우리로코스가 숨을 헐떡이며 뛰어왔다. 그의 보고에 따르면 다른 부하들은 키르케 궁전에 초대되어 융숭한 대접을 받았는데, 그녀가 따라주는 술을 마신 후에 모두 동물로 변했다는 것이다.

부하들을 구하려고 키르케의 궁전으로 향한 오디세우스는 도중에 헤르메스 신을 만나 마법을 피하는 약초를 받았다. 궁전에 가까이 다가가자 갖가지 짐승들이 있었는데 모두 키르케의 마법에 걸린 사람들이었다.

오디세우스가 궁전으로 오자 키르케는 갖가지 산해진미와 술을 내놓았다. 그러나 헤르메스가 준 약

🔺 키르케
라이트 바커의 작품. 바다의 마녀로 태양신의 딸이다. 많은 인간들을 짐승으로 만들어서 사육했지만, 오디세우스에게만은 마법이 통하지 않았다.

초 덕분에 오디세우스에게는 키르케의 마법이 걸리지 않았다. 오디세우스가 크게 호통을 치자 그녀는 용서를 빌었다.

오디세우스에게 반해 버린 키르케는 그의 말대로 부하들을 원래의 모습으로 되돌려 주었다. 그리고 정성을 다해 오디세우스를 대접했다. 오디세우스는 한동안 키르케 섬에 머물렀다. 키르케는 이후 오디세우스가 겪게 될 여정을 내다보고 큰 도움이 되는 조언들을 해 주었다.

 오디세우스의 귀환 항로

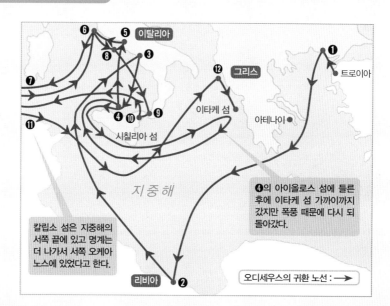

❶ 키코네스족의 나라
❷ 로토파고이인의 나라
❸ 외눈박이 거인 키클롭스족의 나라
❹ 바람의 신 아이올로스의 섬
❺ 식인 거인 라이스트리곤족의 나라
❻ 마녀 키르케의 섬
❼ 명계(타르타로스)
❽ 세이렌의 섬
❾ 바다 괴물 스킬라와 소용돌이를 일으키는 카리브디스(이탈리아와 시칠리아 섬 사이의 메시나 해협이라고 한다)
❿ 태양신 헬리오스의 섬
⓫ 칼립소 섬
⓬ 파이아케스인들의 나라

세이렌의 유혹

테이레시아스의 예언을 듣다

🔔 **테이레시아스**
예언가 테이레시아스. 19세기 고전 사전의 삽화.

키르케의 궁전에서 지낸 지 1년이 지났다. 키르케 섬에서의 생활은 쾌적했지만, 고향에 대한 그리움은 점점 커져만 갔다. 결국 오디세우스는 키르케에게 작별을 고하기로 했다. 키르케는 이를 승낙하면서 그전에 명계에 가서 예언자 테이레시아스(오이디푸스 왕의 이야기에도 등장하는 테바이의 유명한 예언가)의 이야기를 들어야 한다고 충고했다.

오디세우스는 '명계'라는 말에 두려움을 느꼈지만 키르케가 명계로 가는 방법을 자세하게 알려 주었기 때문에 무사히 명계로 가서 예언을 들을 수 있었다. 테이레시아스의 망령은 오디세우스에게 항해는 매우 험난하겠지만 반드시 귀국할 수 있을 것이라고 일렀다. 그렇지만 부하들을 모두 잃게 될 것이라고 덧붙였다.

달콤한 세이렌의 유혹을 물리치다

키르케는 오디세우스 일행이 섬을 떠날 때 앞으로 가야 할 길과 위험을 극복할 방법에 대해 알려 주었다. 일행은 이제 곧 그 위험한 '세이렌의 섬'을 통과할 예정이었다.

인간 여성의 머리에 새의 몸을 가진 세이렌은 아름다운 노랫소리로 뱃길에 오른 사람들을 죽음으로 몰아넣는 무시무시한 괴물이었다. 세이렌의 노래에 홀려 섬에 상륙한 자는 죽을 때까지 그곳에서 계속 노래를 들어야 했다. 다른 이야기에 의하면 노래에 홀린 자는 바닷속으로 스스로 뛰어들려는 충동을 강하게 느낀다고 한다.

오디세우스는 키르케의 충고대로 부하들에게는 밀랍으로 된 귀마개를 착용하게 하고, 자신만은 노래를 들어보려고 돛대에 몸을 단단히 묶게 했다. 그리고 섬을 다 통과해

🜁 **세이렌**
존 윌리엄 워터하우스의 작품. 물처럼 부드러우면서 차갑고 형체가 없는 매혹적인 존재 세이렌. 그녀는 바다를 항해하는 남자들을 배 밖으로 유혹해 익사시키는 신비로운 요부다. 세이렌의 노래에 홀린 순간 남자들은 자신의 모든 것을 버리고 바다에 투신한다.

지나갈 때까지는 무슨 일이 있더라도 풀어 주지 말라고 일렀다. 이윽고 세이렌의 섬에 접근하자 노랫소리가 들려오기 시작했다. 그녀들의 목소리에 매료된 오디세우스는 몸부림치면서 "오랏줄을 풀어라!"라고 소리쳤다. 하지만 밀랍으로 귀를 막은 부하들에게 그 소리가 들릴 리가 없었다.

🕐 **오디세우스와 세이렌**
존 윌리엄 워터하우스의 작품. 부드럽게 철썩이는 파도처럼 감미롭고 투명한 목소리, 사람의 영혼을 깊숙이 빨아들이는 세이렌의 신비한 목소리를 듣고 오디세우스는 선원들에게 밧줄을 풀라고 명령했다. 하지만 미리 대비한 방책 덕분에 죽음의 위험에서 벗어날 수 있었다.

스킬라와 카리브디스 괴물과 맞서다

그렇게 세이렌 섬을 별 탈 없이 통과했지만, 일행의 앞길에는 또 다른 위험이 기다리고 있었다. 그것은 바다 괴물 스킬라와 소용돌이를 일으키는 카리브디스였다.

스킬라는 인간 여성의 하체에 6마리의 뱀으로 된 머리와 날카로운 이를 가진 괴물이었다. 그녀는 자신이 사는 동굴 앞을 지나가는 배에 탄 사람들을 닥치는 대로 잡아먹고 있었다. 카리브디스는 스킬라 맞은 편에 사는 커다란 괴물로 바닷물을 마신 다음 다시 토해 낼 때마다 커다란 소용돌이를 일으키고 있었다. 이 때문에 그 주위를 지나가는 배들이 숱하게 침몰했다. 이들은 이탈리아와 시칠리아 사이의 메시나 해협에 있었다고 전해진다.

문제는 그곳을 지날 때 두 괴물을 한꺼번에 피하기가 매우 어렵다는

것이었다. 특히 카리브디스가 소용돌이를 일으킬 때 나는 큰 소리에 신경을 쏟다 보면, 스킬라가 언제 어디서 공격해 올지 알 수 없었다. 오디세우스 일행도 소용돌이를 경계하는 동안 갑자기 스킬라가 나타나 부하 여섯을 잃고 말았다.

🔵 인어

존 윌리엄 워터하우스의 작품. 서양의 전설에 의하면 인어는 바다 한가운데서 떠올라 지나가는 배를 향해 노래를 부른다고 한다. 이 노랫소리를 듣는 항해사들은 모두 넋이 나가 배를 버리고 바닷속으로 뛰어들어 익사하고 만다고 전해진다.

 세이렌(Seiren)은 사이렌(Siren; 경적)의 어원이 되었다.

칼립소와 나우시카

태양신 헬리오스의 섬에 상륙하다

이후 일행은 바람을 타고 트리나키아 섬 쪽으로 흘러들었다. 이곳에는 태양신 헬리오스가 기르는 보기 좋게 살찐 소와 양이 많이 있었다. 그럼에도 이 땅은 키르케와 테이레시아스가 피해 가라고 한 장소였기 때문에 오디세우스는 바로 배를 되돌리려고 했다.

하지만 부하들이 적어도 하루 정도만 상륙하여 쉬고 싶다고 간청하는 바람에 오디세우스는 할 수 없이 승낙했다. 단 가축들한테는 절대 손을 대지 말라고 신신당부를 했다. 그런데 다음 날부터 바람이 딱 멈추어 일행은 한 달간 이 섬에 발이 묶이게 되었다. 머지않아 배에 있던 식량도 바닥이 나고 매우 굶주리게 되었다. 결국 배고픔을 견디지 못한 부하들은 소를 잡아먹고 말았다.

이 불경한 행동이 그들을 파멸로 몰아넣었다. 간신히 항해를 다시 할 수 있게 되어 일행이 섬을 출발하자, 화가 난 헬리오스의 부탁을 받은 제우스가 폭풍우를 일으키고 천둥과 번개를 배에 내리쳤다. 이렇게 해서 마지막 남은 한 척의 배도 부서지고, 부하들은 모두 뿔뿔이 흩어져 버렸다.

칼립소의 연인으로 7년의 세월을 보내다

오디세우스는 부서진 배의 돛대에 필사적으로 매달려 9일 동안이나 표류했다. 그러다 간신히 오기기아 섬에 도착하여 칼립소에게 구조되었다. 그 후 오디세우스는 그녀의 애인이 되어 이 섬에서 7년의 세월을 보냈다. 그러나 고향에 있는 아내를 잊은 것은 아니었다.

그 무렵 올림포스의 신들 사이에서는 오디세우스에 대한 동정의 소리

🌑 **오디세우스와 칼립소가 있는 환상적인 동굴**
얀 브뤼겔의 작품. 칼립소의 유혹이 얼마나 달콤했는지 그림을 통해 알 수 있다. 그러나 시간이 지날수록 오디세우스는 고향과 아내를 그리워한다.

가 높아지고 있었다. 특히 아테나가 그를 동정하여 아버지 제우스에게 '오디세우스를 고향으로 돌려보내 주었으면 좋겠다'고 간청할 정도였다. 제우스는 사랑하는 딸의 소원을 받아들이기로 하고, 헤르메스를 칼립소에게 보내 신의 결정을 전달했다.

칼립소는 매우 섭섭했지만 제우스의 뜻을 거역할 수는 없었다. 그래서 마침내 정들었던 오디세우스를 뗏목에 태워 보낸다. 하지만 포세이돈만은 아직 오디세우스를 용서하지 않고 있었다. 포세이돈은 큰 폭풍을 일으켜 뗏목을 부수고 그를 다시 바닷속으로 내던져 버리고 말았다.

🜨 **오디세우스와 칼립소**
아르놀트 뵈클린의 작품. 칼립소의 시선은 오디세우스를 향해 있지만 오디세우스는 고향 이타케 섬을 그리워하며 등을 보이고 있다. 두 남녀의 사랑이 끝났음을, 마음이 아파도 보내줘야 할 시점임을 극명하게 보여주고 있다.

친절한 파이아케스인들의 환대를 받다

오디세우스가 구사일생으로 파도에 밀려 도착한 곳은 파이아케스인들의 나라였다. 알몸으로 해변에 밀려온 오디세우스는 그곳의 공주 나우시카의 도움을 받아 왕궁으로 간다. 오디세우스는 신의 저주를 받은 자신의 이름을 밝히지 않았지만, 알키노오스 왕은 관대한 태도로 그를 맞이하고 귀국할 준비도 해 주었다.

그리고 알키노오스 왕은 귀국하기 전에 경기 대회와 연회를 열 테니 참가해 주었으면 좋겠다는 제안을 했다. 연회 석상에서는 음유 시인 데모도코스가 트로이아 전쟁의 영웅 이야기를 읊었다. 이를 들었을 때 오디세우스는 그만 눈물을 흘리고 신분을 밝혔다. 그리고 그간의 여정과 고난을 모두 얘기했다.

다음 날 저녁, 오디세우스는 파이아케스인들의 배를 타고 고국 이타케 섬으로 향했다. 배는 순조롭게 나가서 새벽녘에는 이타케 섬에 도착할 수 있었다. 파이아케스인들은 잠들어 있는 오디세우스를 살며시 모래사장에 내려놓고 자신들의 나라로 돌아갔다.

포세이돈은 오디세우스가 무사히 귀향한 것에 화가 나 파이아케스인들의 배를 바위로 변하게 만들었다고 한다.

 용기 있고 친절한 공주 나우시카는 일본 미야자키 하야오 감독의 애니메이션 '바람 계곡의 나우시카'의 모델이 되었다.

오디세우스의 귀향

20년 만에 드디어 고향으로 돌아오다

🕐 **천을 푸는 페넬로페이아**

존 윌리엄 워터하우스의 작품. 페넬로페이아는 남편 오디세우스가 살아올 것을 절대적으로 믿으며 시아버지의 수의가 완성되면 청혼을 받아들이겠다고 20년이나 구혼자들을 물리쳤다. 그녀는 낮에는 베를 짜고 밤이면 다시 풀어 시간을 벌었다.

눈을 뜬 오디세우스는 처음에는 그곳이 어디인지도 몰랐다. 그러나 곧 자신이 고향에 돌아온 것을 알고 감개무량했다. 그러나 그것도 잠시 그의 앞에 아테나 여신이 나타나 지금 바로 왕궁으로 가는 것은 위험하다는 충고를 했다. 여신의 이야기에 따르면 오디세우스의 아내 페넬로페이아에게 수많은 구혼자들이 몰려와서 왕궁에 손님으로 눌러앉아 재산과 식량을 축내고 있다는 것이다. 그래서 오디세우스가 갑자기 나타나면 그들이 해치려 들 것이라고 했다.

페넬로페이아는 오디세우스가 트로이아 전쟁으로부터 귀국길의 모험을 하는 20년 동안 한결같은 마음으로 오직 그만을 기다리고 있었다. 구혼자들이 계속 괴롭히자 그녀는 궁리 끝에 구혼자들에게 "오디세우스의 아버지 라에르테스의 수의를 다 짤 때까지 기다려 주세요"라는 말을 했다. 그러고는 낮에는 부지런히 베를 짜고 밤이 되면 몰래 풀어 시간을 벌고

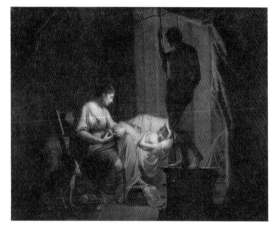

🕐 **페넬로페이아**
조지프 라이트의 작품. 페넬로페이아는 한결같은 마음으로 오디세우스를 기다리며 천을 잣다가 풀고, 잣다가 풀었다. 20년 만에 마침내 남편 오디세우스와 만나게 된다.

있었다. 하지만 3년째가 되었을 때 이 속임수가 들통나 버려 그녀는 대답을 더 이상 미룰 수 없는 상황으로 내몰렸다.

아들과의 눈물겨운 재회가 이루어지다

오디세우스가 돌아온 것은 이러한 상황이 벌어지고 있을 때였다. 그는 구혼자들의 횡포에 분개해 즉시 그들을 없애고 싶었다. 그러나 아테나의 도움 아래 구혼자들에게 복수할 기회를 기다리기로 했다.

오디세우스는 우선 옛날 자신에게 충성을 다했던 돼지치기 에우마이오스의 오두막을 찾았다. 그러나 에우마이오스도 처음에는 그를 알아보지 못했다. 그때 오디세우스의 아들 텔레마코스가 에우마이오스의 오두막으로 왔다. 그래서 드디어 오디세우스는 자신의 신분을 밝혔다. 그렇게 아들과 충성스러운 부하와의 재회가 이루어진 것이다.

그러나 그의 귀향을 아직 모두에게 알릴 단계는 아니었다. 오디세우스는 아테나 여신의 계획에 따라 늙은 거지로 변신하여 왕궁으로 향했다. 페넬로페이아는 이 거지가 오디세우스인 줄은 꿈에도 몰랐다. 그녀는 다만 손님인 줄로만 알고 그를 받아들여 융숭한 대접을 해 주었다.

사랑하는 아내 페넬로페이아를 만나다

다음날 페넬로페이아는 활쏘기 경기 대회를 열었다. 그러면서 그녀는 출정을 하기 전 오디세우스가 쓰던 강궁(탄력이 센 활)에 활시위를 걸어, 표적으로 삼은 12개 도끼머리의 구멍을 꿰뚫는 자에게 시집을 가겠다고 선언했다. 하지만 이는 시집을 가지 않겠다고 말한 거나 다름없었다. 도전자들은 표적을 쏘기는커녕 활이 너무나도 강하여 애초에 화살을 당길 수도 없었던 것이다.

단 한 사람 거지 차림의 오디세우스만이 활시위를 맬 수 있었다. 그리고 오디세우스는 뛰어난 솜씨로 12개의 도끼머리 구멍을 꿰뚫었다. 그뿐 아니라 구혼자들이 뭔가를 생각할 겨를도 주지 않고, 아들과 함께 구혼자들을 향해서 거침없이 활을 쏘아 그들을 모두 쓰러뜨렸다.

마침내 오디세우스는 그토록 고대하던 순간을 맞이하게 된다. 그는 가
장 사랑하는 아내 페넬로페이아 앞에서 정체를 드러내고, 20년 만에 감
격의 재회를 나누었다.

🕐 **오디세우스**
오디세우스가 페넬로페이아의 구혼자들에게 활을 겨누고 있다.

 오디세우스의 로마 이름은 울릭세스(Ulixes)로 이것을 영어로 바꾸면 율리시스(Ulysses)가 된다.
제임스 조이스의 장편 소설 『율리시스』는 어느 남자의 더블린에서의 하루 일을 그린 것이지만, 구성은
호메로스의 『오디세이아』와 비슷하다.

고대 7대 불가사의

현대의 불가사의라고 하면 우주인과 UFO, 과학으로 설명할 수 없는 초자연 현상 혹은 네스 호의 괴물 네시(Nessie)나 히말라야의 설인 등 미확인 생물들을 들 수 있을 것이다. 하지만 고대의 불가사의로는 오로지 경이적인 건축물들만이 거론되어 왔다.

최초로 '세계 7대 불가사의'를 발표한 사람은 BC 2세기경 비잔티움(현재의 이스탄불)의 필론이다. 그가 선정한 7대 불가사의 중에는 그리스 신들과 관련된 것도 몇 가지 있다. 올림피아의 제우스 상, 에페소스의 아르테미스 신전, 로도스 섬의 헬리오스 상 등이 그것이다.

그중 로도스 섬의 헬리오스(태양신) 상은 전체 길이가 36m나 된다고 한다(뉴욕 자유의 여신상의 전체 길이가 46m). 하지만 이 거상은 BC 227년에 일어난 지진으로 파괴되었다.

 필론이 선정한 세계 7대 불가사의

기자의 피라미드 (이집트)	기자 대지臺地에 있는 쿠푸 왕을 비롯한 세 왕의 무덤이다. BC 2500년경에 세워졌고, 7대 불가사의 중에서 유일하게 현존하는 건조물이다.
바빌론의 공중 정원 (이라크)	7층 계단식의 테라스 정원으로 고도한 기술의 급수 시스템을 설치해 테라스 위에는 식수가 무성하게 자랐다.
알렉산드리아 등대 (이집트)	전체 높이는 120m나 되었다고 한다. 포세이돈과 트리톤 상도 놓여 있었다.
로도스 섬의 **헬리오스 상**(그리스)	전체 길이 36m로 이 거상은 항구의 입구를 건너는 자세로 알려졌지만, 실제로는 대좌臺座 위에 서 있었다고 한다.
올림피아의 **제우스 상**(그리스)	전체 길이 12m의 좌상으로 신전에 안치되어 있었다. 파르테논 신전의 총지휘를 맡았던 거장 페이디아스가 제작했다.
에페소스의 **아르테미스 신전**(터키)	파르테논 신전의 2배에 가까운 규모를 자랑했다고 한다. 하지만 현재는 기둥 하나만 남아 있다.
할리카르나소스의 **영묘**(터키)	카리아 왕국의 왕과 여왕의 장대한 무덤으로 영묘의 높이가 42m나 되었다고 한다.

14장

불가사의한
사랑 이야기

나르키소스와
에코

수다쟁이 에코에게 헤라가 벌을 내리다

에코는 산속 깊은 숲에서 사는 아름다운 님프였다. 에코는 원래 수다떠는 것을 좋아했는데 그만 수다가 지나쳐 화를 불러오기도 했다.

🕊 **에코와 나르키소스**
니콜라 푸생의 작품. 나르키소스를 사랑하는 에코와 자기 자신을 사랑하는 나르키소스의 모습이다.

에코는 제우스가 바람피우는 것을 도우려다 헤라에게 들켜 자유롭게 이야기할 수 있는 능력을 빼앗기고 말았다. 제우스가 님프에게 수작을 걸고 있는 동안 에코가 헤라에게 계속 말을 걸어 주위를 딴 데로 돌리려 했기 때문이다. 이를 안 헤라는 에코에게 먼저 말을 건네지 못하고 다른 사람의 말만 따라하도록 하는 벌을 내렸다.

이렇게 해서 에코는 상대의 이야기가 끝나면 일부분을 되풀이하면서 따라만 할 수 있고, 자신이 먼저 이야기를 거는 것은 일절 할 수 없게 되었다.

나르키소스와의 비련의 사랑이 시작되다

그런 에코가 사랑한 상대가 아름다운 청년 나르키소스였다. 나르키소스는 강의 신 케피소스와 님프 리리오페의 자식이었다. 나르키소스가 태어났을 때 어머니 리리오페는 예언자 테이레시아스로부터 아들의 운명에 관해 이상한 말을 들었다. "자기 자신을 모르는 한 오래 살 것이다." 그러나 아무도 이 말의 뜻을 알 수 없었다. 나르키소스가 성장하자 그의 아름다운 외모에 반한 많은 여성들이 사랑을 속삭이며 다가왔다. 하지만 그는 자만심이 강하고 거만하여 자신에게 말을 걸어오는 아가씨와 님프들을 차갑게 대했다.

🕐 **나르키소스**
미켈란젤로 메리시 다 카라바조의 작품. 알베르티는 나르키소스를 회화의 상징이라고까지 했다. 회화는 하나의 재현 예술로 나르키소스는 자신의 물에 비친 모습을 예술로 승화시켜 사랑하는 모습에 있어서 회화의 순교자라는 이름을 듣게 되었다.

에코는 사랑에 빠져 그를 쫓아다녔지만 먼저 말을 건넬 수 없었다. 어느 날 숲 속에서 사냥을 하던 나르키소스 앞에 모습을 드러냈지만 그의 말을 따라할 수 있을 뿐이었다. 갑자기 나타난 에코에게 놀라고 화가 난 나르키소스는 그녀에게 심한 말을 하고 곧 자리를 떠나 버렸다.

절망한 에코는 숲의 동굴 속으로 몸을 숨겼다. 하지만 나르키소스를 향한 그리움은 시간이 가도 지울 수가 없었다. 밤에도 잠을 이룰 수 없을 정도로 괴로워하던 그녀는 점점 야위어서 몸이 없어지고 말았다. 그리고 목소리만 남아 숲 속을 오가는 사람들의 말끝만을 되풀이하면서 따라하게 되었다. 메아리로 남게 된 것이다.

자신을 사랑한 나르키소스, 꽃으로 피어나다

에코의 괴로움을 전혀 모르는 나르키소스는 어느 날 사냥 도중 목이 말라 맑은 샘물로 다가갔다. 몸을 숙여 물을 마시려고 할 때 그의 가슴에는 지금까지 느껴본 적 없는 뜨거운 감정이 북받쳐 올랐다. 수면에 비친 자신의 모습에 매료되어 사랑에 빠져 버린 것이다.

나르키소스는 그것을 샘에 살고 있는 아름다운 요정이라고 생각했다. 그는 수면에 비친 얼굴에 입을 맞추려고 했지만 당연히 입술이 닿을 리 없었다. 팔로 껴안으려고 하자 상대는 이내 사라져 버렸다. 다시 수면이 잔잔해질 때까지 기다리는 수밖에 없었다.

자신의 얼굴인 줄도 모르고 나르키소스는 자꾸 피하기만 하는 상대에 애가 탔다. 나르키소스는 다음날도 그 다음날도 또 그 다음날도 수면에 비친 자신의 모습만을 계속 바라보았다. 결국 그는 가슴만 태우다 머지 않아 에코처럼 야위어서 죽고 말았다.

  님프들은 그의 죽음을 슬퍼했다. 에코는 그녀들의 슬픔 섞인 말을 숲 속에 메아리쳐 울리게 했다. 머지않아 나르키소스의 사체는 샘물 근처에서 사라지고, 그 장소에는 하얀 꽃잎으로 에워싸인 한 송이 노란 꽃이 피어났다. 이후 이 꽃을 그의 이름을 따 수선화(나르키소스)라 불렀다.

🕐 **에코와 나르키소스**
존 윌리엄 워터하우스의 작품. 나르키소스는 샘물에 비친 자신의 모습을 보고 사랑에 빠졌다. 그는 이루어 질 리 없는 그 사랑 때문에 자신의 몸을 돌보지 않아서 머지않아 죽게 되었고 그 자리에서 수선화가 피어났다. 그리스어로 수선화를 나르키소스라 하는데, 이 이야기에서 나르시스트, 자만심, 프라이드, 고결이라는 꽃말이 생겨났다.

에코(Echo)는 메아리, 산울림, 음의 반향이란 뜻으로 사용되고 있다. 정신 분석의 창시자 프로이트는 나르키소스(Narkissos)의 이야기에서 배타적이고 자만심 강한 자기도취 증상을 나르시시즘(Narcissism), 그러한 경향이 있는 사람을 나르시스트(Narcissist)라고 이름 지었다.

에오스와 셀레네의 사랑 이야기

에오스, 아프로디테의 저주를 받다

새벽의 여신 에오스는 태양신 히페리온과 테이아 사이에서 태어난 딸이었다. 아름다운 그녀는 아프로디테에 버금갈 정도로 많은 사랑을 한 여신이었다.

그러나 에오스의 사랑은 원래 아프로디테가 내린 저주에 의한 것이라고 한다. 에오스는 아프로디테의 애인 아레스에게 구애를 받았는데 이것

💫 에오스

에오스는 군신軍神 아레스를 사랑하다 아프로디테의 분노를 샀다. 에오스는 티토노스와의 사이에서 멤논을 낳았는데 멤논은 헥토르가 죽은 뒤 트로이아 전쟁에 참여해 아킬레우스와 싸우다 죽었다.

이 불행의 시작이었다. 이를 질투한 아프로디테가 그녀를 저주하여 '불행한 사랑에 애태우는 운명'을 내렸다고 한다. 에오스는 여러 남성들과 사랑을 나누었지만 결말은 항상 비극적이었다.

에오스의 사랑 티토노스, 매미가 되다

'많은 사랑에 방황하게 된 여신' 에오스가 특히 열을 올린 상대는 티토노스였다. 티토노스는 트로이아 왕 라오메돈의 아들로 프리아모스 왕과 형제간이었다. 에오스는 이 젊고 아름다운 청년과 언제까지나 연인으로 남고 싶었다. 그래서 제우스를 찾아가 그에게 영원한 생명을 불어넣어 달라고 간청했다. 이 소원은 이루어져 둘은 깊은 사랑을 나누며 행복한 나날을 보냈다.

그러나 '영원한 젊음'까지는 부탁하지 않았기 때문에 티토노스는 점점 나이가 들어 늙기 시작했다. 반면 에오스는 신이기 때문에 젊음을 계속 유지하고 있었다. 티토노스는 애인과 달리 점점 쇠약해지고 병마에 시달리며 긴 세월을 보내게 되었다.

이윽고 티토노스는 스스로 움직일 수도 없게 된 자신의 추한 모습을 견딜 수 없어 차라리 죽고 싶어 했다. 하지만 불사의 생명을 얻었기 때문에 죽고 싶다는 소원마저 이루어지지 않았다. 차마 두고 볼 수가 없었던 에오스는 그를 방에 가두어 놓고 열쇠를 채웠다.

티토노스는 방 안에서 목소리만 낼 수 있게 되었고, 한참의 시간이 흐른 후 결국에는 매미가 되었다고 한다.

셀레네와 엔디미온

에오스와 자매간인 달의 여신 셀레네는 조용하고 차분해서 적극적으로 연애를 하는 성격이 아니었다. 하지만 어느 날 밤 인간 세상을 내려다보던 그녀는 엔디미온이라고 하는 아름다운 청년에게 깊은 사랑을 느끼게 되었다. 셀레네의 마음에도 봄날이 온 것이다.

엔디미온은 산에서 양을 치는 청년이었다. 일설에는 제우스의 자식이라고도 하는데, 모든 인간 중에서 가장 아름다운 남성이었다고 한다. 셀레네와 엔디미온은 사랑에 빠져 밤마다 남들 모르게 잦은 밀회를 가졌다.

그러나 엔디미온은 생로병사의 운명을 타고난 인간이었다. 셀레네는 그의 아름다움이 나이가 들면서 쇠락해 가는 것을 곁에서 보고만 있을 수 없었다. 그래서 제우스에게 엔디미온을 불로불사不老不死의 몸으로 만들어 달라고 간청했다. 제우스는 이를 받아들였으나 그 대가로 엔디미온은 영원히 잠들어 있게 되었다. 셀레네는 밤마다 잠들어 있는 연인을 찾아와 그를 한없이 바라만 본다고 한다.

● 달의 여신 셀레네
티탄 여신으로 아르테미스 이전의 달의 여신이다. 셀레네는 그리스어로 달을 의미하며 보통 이마에 초승달을 이고 있는, 가냘프다 못해 창백한 여인으로 묘사된다.

잠자는 엔디미온

앙느 루이 지로데의 작품. 엔디미
온의 이야기는 예술가들의 상상
력을 자극해 그것을 소재로 한 많
은 작품들이 남아 있다. 그림에서
는 엔디미온 위로 달빛(셀레네를
암시)이 쏟아지고 있다.

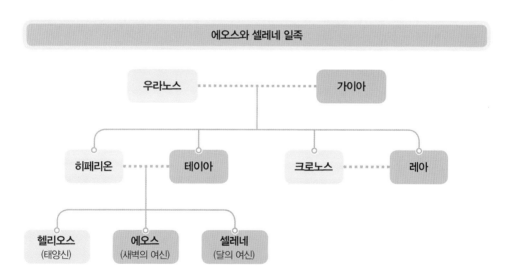

에오스와 셀레네 일족

우라노스 ····· 가이아

히페리온 ····· 테이아　　크로노스 ····· 레아

헬리오스　　　에오스　　　셀레네
(태양신)　　(새벽의 여신)　　(달의 여신)

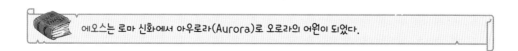

에오스는 로마 신화에서 아우로라(Aurora)로 오로라의 어원이 되었다.

아름다운 남자
오리온의 이야기

아르테미스 여신과 사랑에 빠지다

🌙 **목욕하는 아르테미스**

프랑수아 부셰의 작품. 목욕하는 아르테미스의 관능적인 모습을 묘사하고 있다. 머리띠의 초승달은 달의 여신으로서 아르테미스의 신분을 보여 준다.

별자리 이름으로 유명한 오리온은 해신 포세이돈의 아들이라고도 하고 혹은 대지 가이아로부터 태어났다고도 한다. 누구의 아들이든 그는 신의 자식에 걸맞은 품격을 지니고 있었다. 오리온은 바닷물이 어깨밖에 닿지 않는 거인이면서 미남이었고, 또 사냥의 명수이기도 했다. 성격이 다소 거칠었지만 매력적인 면이 많아 뭇 여성들이 사랑에 빠졌다.

오리온과 사랑을 한 상대로는 처녀신 아르테미스의 이름도 올라 있다. 아르테미스는 여느 때라면 남자들을 전혀 거들떠보지 않았는데, 자신과 마찬가지로 사냥의 명수인 오리온은 마음에 두게 되었다. 그 둘의 만남도 멧돼지 사냥을 계기로 이루어져 이후 둘은 행동을 같이 하게 되었다.

둘이 사랑에 빠졌다는 사실은 곧 주위에 알려졌고, 올림포스 신들 사이에서는 곧 결혼할 것이라는 소문까지 나돌았다.

아폴론의 흉계로 연인을 화살로 쏘다

이를 알고 놀란 이가 있었으니 바로 아르테미스의 쌍둥이 오빠 아폴론이었다. 그는 이 둘의 만남을 매우 못마땅하게 생각했다. 아르테미스에게 만남을 그만두라고 야단쳤지만 아무 소용이 없었다. 깊이 사랑에 빠진 아르테미스에게 오빠의 말이 들릴 리 없었다.

어떻게 해서든 둘 사이를 떼어놓으려고 결심한 아폴론은 결국 오리온을 없애기로 마음먹었다. 어느 날 아폴론은 바다를 건너는 오리온의 모습을 발견하고 흉계를 꾸몄다. "바다에 떠 있는 저 검은 그림자를 과녁으로 삼아 활솜씨를 한번 겨뤄 보자"라고 아르테미

◐ 오리온자리

오리온자리는 겨울을 대표하는 별자리다. 중앙에 나란히 늘어서 있는 3개의 별은 오리온의 허리띠에 해당한다.

스를 부추긴 것이다. 아르테미스는 그것이 자신이 사랑하는 오리온의 머리라고는 상상도 하지 못한 채 힘껏 활을 쏘아 명중시켜 버렸다.

곧이어 진상을 알게 된 아르테미스는 처음이자 마지막이었던 연인의 죽음을 한탄하며 슬퍼했다. 그리고 오리온을 하늘로 올려 보내 별들의 무리에 넣어주었다. 이때 오리온이 사냥할 때 쓰던 활도 별자리에 포함되었다고 한다.

일설에 따르면 아르테미스는 오리온을 되살리기 위해 그리스 최고의 의사 아스클레피오스를 찾았으나, 그도 이미 제우스에 의해 죽은 후였다고 한다.

전갈자리에서 도망가는 오리온자리

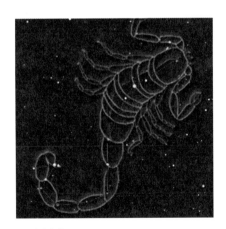

🌀 **전갈자리**
하늘로 올라간 전갈은 지금도 오리온의 발뒤꿈치를 노리며 집게 달린 발을 휘두르고 있다. 그래서 오리온은 전갈과는 같은 하늘에 절대 나타나지 않는다.

여름의 밤하늘을 화려하게 장식하는 전갈자리도 오리온 신화와 관계가 있다. 오리온의 죽음에 대한 또 다른 설이 있는데, 그가 "지상의 모든 짐승을 모조리 활로 잡아 주마"라며 큰소리치자 이에 분노한 대지의 신 가이아가 큰 전갈 한 마리를 보내 죽였다고 한다. 혹은 아르테미스 여신을 강제로 덮치려 했기 때문에 분노한 여신이 전갈을 보냈다고도 하고, 아폴론이 오리온을 죽이기 위해 전갈을 보냈다고도 한다.

이유야 어떻든 오리온은 하늘에 올라가서도 전갈을 두려워하여, 전갈자리가 동쪽 하늘에 뜰 때쯤이면 밤하늘에서 모습을 감추어 버린다.

그 밖의 별자리

🔮 **거문고(Lyra)자리**

거문고는 헤르메스가 거북 등껍질과 양의 창자로 만들어서 아폴론에게 선물한 하프이다. 아폴론은 아들 오르페우스에게 하프를 주는데 후에 아내를 잃은 오르페우스가 실의에 빠져 죽자, 제우스가 별자리를 만들어 주었다.

🔮 **헤라클레스자리**

아내의 질투로 인해 네수스의 피를 바르게 되어 죽음에 이른 아들 헤라클레스를 보고 제우스가 하늘에서 내려와 헤라클레스의 몸을 하늘에 올려 별 사이에 놓았다.

🔮 **고래자리(케투스)**

케투스가 안드로메다를 해치려는 순간 페르세우스는 메두사의 머리를 케투스에게 내밀어 그를 돌로 변하게 만든다. 포세이돈은 맡은 일을 열심히 한 케투스의 공로를 높이 사 별자리로 만들어 주었다.

피그말리온과
갈라테이아

지상의 대장장이 피그말리온, 독신을 고집하다

키프로스에 사는 조각가 피그말리온은 여성들을 몹시 혐오하여 독신을 고집하며 살고 있었다. 그는 키프로스 섬의 왕이라고도 한다. 그가 여성들을 혐오하게 된 이유는 키프로스의 여자들이 여행자들에게 못되게 구는 것을 본 아프로디테가 저주를 내려 그녀들을 창녀로 만들었기 때문이라고 한다. 혹은 그녀들이 아프로디테를 숭배하지 않았기 때문에 아프로디테의 저주가 내린 것이라고도 한다.

피그말리온은 '지상의 대장장이 신 헤파이스토스'라 불릴 정도로 매우 뛰어난 조각가였다. 그는 난잡한 여자들을 비롯해 세상사에 관심을 끊고 오직 조각에만 몰두했다.

자신이 만든 조각상을 사랑하게 되다

혼자 묵묵히 조각상을 만드는 일에 열중하던 그는 어느 날 마침내 절대
신의 경지에 이르는 작품을 완성시킨다. 상아로 만든 이 조각상은 살아있
는 여성이 도저히 닿을 수 없는 아름다움을 갖고 있었다. 또한 사람과 비
슷한 크기로 매우 정교하게 만들었기 때문에 당장이라도 살아서 움직일
것만 같았다.

그것은 인간 여자의 결
점을 조금도 갖고 있지 않
은 완벽한 여성 조각상이었
다. 피그말리온은 날마다
자신의 작품을 넋을 잃고
바라보다가 그만 그 조각상
을 사랑하게 되고 말았다.
피그말리온은 마치 사람에
게 하듯 그 조각상에 입을
맞추기도 하고 품에 안아
보기도 했다. 그리고 옷과
보석으로 치장하고 꽃을 선
물하기도 했지만 당연히 반
응은 없었다.

🕐 **피그말리온과 갈라테이아**
아뇰로 브론치노의 작품. 피그말리온은 보다 이상적인 아름다움을 표현하기
위해 이상적인 것들을 조합해 예술 작품을 만들었다. 그리고 가장 이상적인
조각품을 놓고 생명을 얻게 해 달라고 간절히 기도했다.

조각상에 생명을 불어넣어 결혼에 이르다

그러던 중 아프로디테 여신의 축제날이 다가왔다. 섬 사람들은 여신에게 제물을 바치면서 각자 소원을 빌었다. 여신에게 봉헌을 끝낸 피그말리온도 향을 태운 제단 앞에서 간절하게 기도를 드렸다.

"아무쪼록 상아로 만든 조각상과 같은 여성을 제 아내로 주십시오!"

집으로 돌아온 피그말리온은 언제나처럼 가장 먼저 처녀상에게로 가서 부드럽게 껴안았다.

그런데 이번에는 조각상이 자신의 손길에 반응하는 것이 아닌가. 차가웠던 조각상이 마치 따뜻하고 살아 있는 여인처럼 포근하게 느껴졌다. 피그말리온의 소원을 받아들인 아프로디테 여신이 조각상에 생명을 불어넣은 것이었다.

피그말리온은 가슴 벅

🕐 **피그말리온과 갈라테이아**
장레옹 제롬의 작품. 피그말리온은 조각상에 사랑을 속삭이면서 선물을 준비하고 입을 맞추었다. 이러한 피그말리온의 극진한 사랑에 감복한 여신 아프로디테는 조각상을 아름다운 여인으로 변하게 한다. 그 둘 사이의 사랑으로 태어난 파포스는 키프로스 섬의 마을 이름의 유래가 되었다.

찬 심정으로 이제 인간이 된 그녀의 살아 있는 입술에 자신의 입술을 갖다 대었다. 그러자 그 처녀는 얼굴을 붉히며 부끄러워했다. 피그말리온은 그녀에게 갈라테이아이리는 이름을 지어 주었다. 이후 둘은 결혼하여 파포스라고 하는 아이도 낳았다고 한다.

피그말리온의 이야기는 버나드 쇼의 희곡 『피그말리온』의 소재가 되었다. 버나드 쇼는 이 이야기를 현대적으로 해석하여, 음성학자인 한 중년 남성이 시골에서 자란 꽃 파는 아가씨를 '숙녀'로 만들어 간다는 이야기로 각색하였다. 이 희곡은 '마이 페어 레이디(My Fair Lady)'라는 뮤지컬과 영화의 원작이 되었다.

미국의 교육심리학자 로젠탈 박사는 '인간은 칭찬과 기대를 받으면 그 기대대로 된다'는 이론을 제창하고 이것을 피그말리온 효과라고 이름 지었다.

오르페우스와 에우리디케

오르페우스, 아내를 되찾기 위해 명계로 내려가다

천재 음악가 오르페우스는 아폴론과 음악의 여신 무사이 중 하나인 칼리오페 사이에서 태어난 아들이었다. 부모의 성격을 고스란히 물려받은 그는 어려서부터 음악에 탁월한 재능을 보였다. 특히 아폴론으로부터 받은 수금 연주는 모든 사람들을 감동시켰다.

그런데 오르페우스는 결혼을 하자마자 아내 에우리디케를 사고로 잃었다. 어떤 남자에게 쫓겨 도망가던 에우리디케가 독사에게 발목을 물려 그 자리에서 숨졌던 것이다. 너무나 사랑했던 아내를 잊지 못한 오르페우스는 그녀를 다시 찾기 위해 명계로 갈 것을 결심한다. 그렇지만 명계는 신들조차 자유롭게 출입할 수 없는 금기의 땅이었다. 그곳에 한 번 발을 들여놓으면 살아서 돌아올 가능성은 거의 없었다.

그러나 오르페우스에게는 음악의 힘이 있었다. 그의 노랫소리와 수금 연주는 명계의 파수꾼들마저 매료시켰다. 그들은 음악에 심취한 나머지 해야 할 일을 잊고 오르페우스를 순순히 통과시키고 말았다. 저승의 강을 건네 주는 뱃사공 카론은 통행료 받는 것을 잊어버렸고, 무시무시한 파수견 케르베로스는 짖지도 않고 명계의 문을 열어 주었다. 또한 탄탈로스와 시시포스를 비롯한 명계의 망령들도 그 아름다운 선율에 감동하여 눈물을 흘렸다고 한다.

절대 뒤를 돌아보지 말 것!

마침내 오르페우스는 명계의 왕 하데스 앞으로 나아갔다. 하데스와 왕비 페르세포네도 오르페우스의 애절한 수금 가락에 마음을 움직였다. 그리하여 하데스는 에우리디케를 지상으로 데리고 가는 것을 허락했다. 다만 명계를 완전히 빠져나가 지상에 올라갈 때까지 절대로 뒤를

● **오르페우스와 에우리디케**
에드먼드 뒬락의 작품. 오르페우스의 어머니는 학예의 여신 무사이(뮤즈) 중 하나인 칼리오페로 '칼리오페'라는 이름은 서정시를 상징한다. 아버지는 아폴론 신으로 일설에는 트라키아 왕 오이아그로스라는 설도 있는데, 오르페우스의 수금(리라)은 아폴론 신의 선물이라고 한다.

🔥 **지하 세계로 다시 끌려들어가는 에우리디케**

명계로 들어가 사랑하는 아내를 데리고 나오던 오르페우스는 뒤를 돌아보지 말라는 금기를 깨고 만다. 그렇게 사랑하던 아내를 다시 지하 세계로 보내야만 하는 서글픈 모습을 묘사하고 있다.

돌아보아서는 안 된다는 조건을 붙였다.

오르페우스는 어둡고 험한 명계의 비탈길을 올라갔다. 한참을 가던 오르페우스는 불안해졌다. 뒤에는 사랑하는 아내가 있는 것이 분명한데 아무 소리도 들리지 않았다. 정말 에우리디케는 잘 따라오고 있는 것일까? 지상으로 나가는 출구에 다다르자마자 불안을 못 견딘 그는 그만 뒤를 돌아보고 말았다. 에우리디케는 거기 있었지만 아직 명계를 빠져 나오기 전이었다. 그녀는 눈 깜짝할 사이에 암흑 속으로 다시 끌려가고 말았다.

오르페우스는 후회에 가슴을 치며 다시 명계로 내려가려 했으나 이번에는 허락되지 않았다.

사랑을 외면한 오르페우스, 처절한 죽음을 맞다

지상으로 돌아온 오르페우스는 자신의 실수를 탓하며, 일절 다른 여성을 가까이 하지 않고 은둔 생활로 일관했다(일설에서는 저승에서 알게 된 비밀을 바탕으로 오르페우스교를 창시했다고도 한다). 그에게 구혼을 한 처녀들은 모두 거절당했다. 이러한 완고한 태도는 여자들의 분노를 샀다. 결국 오르페우스는 디오니소스 축제에 참석한 여자들에게 갈기갈기 찢겨 수금과 함께 강에 버려졌다. 이는 자신에 대한 숭배를 게을리한 그에게 화가 난 디오니소스가 벌을 내린 것이라고도 한다.

이윽고 오르페우스의 사체는 에게해로 흘러들었고, 머리와 수금은 레스보스 섬에 닿았다. 그의 머리는 떠내려가면서도 계속 노래를 부르고 있었다고 한다. 레스보스 섬 사람들은 그의 머리를 묻고 그 위에 제단을 세웠다. 그 후 오르페우스의 영혼은 영원한 안식처 엘리시온에서 에우리디케를 다시 만났다고 한다. 한편 그의 수금은 하늘로 올라가 별자리(거문고자리)가 되었다고 한다.

이 슬픈 사랑 이야기는 수많은 예술 작품의 소재가 되었다. 영화로는 장 콕토 감독의 '오르페(1950)'와 마르셀 카뮈 감독의 '흑인 오르페(1959)' 등이 있다.

🕐 **사포**

오르페우스의 연고지 레스보스 섬은 그리스 시대 여류시인 사포 (BC 6세기경)와 음악가 아리온 같은 후세에 이름을 남긴 많은 예술가들을 낳았다. 사포는 젊은 여자들을 가르치기도 했는데, 여자 제자들에게 정열적인 사랑의 시를 남긴 데서 레즈비언(레스보스 섬의 사랑)이라는 말이 생겨났다.

그리스 로마 신화는
서양 문화와 역사의 키워드

고대를 살아가는 인간 세상에 비추어 볼 때 그리스 로마 신화는 믿기 힘들고 황당무계한 느낌을 지울 수가 없다. 패륜을 넘어서 상상조차 할 수 없는 잔혹함이 신화 면면에서 묻어난다. 정의로움보다는 힘과 힘의 대결, 사랑에 대한 맹목적 쟁취, 그에 따른 질투와 복수 등 인간 세상에서 일어날 수 있는 가능성을 훌쩍 넘어서고 있다. 이러한 이야기들이 현재와 어떻게 이어지고 있는지 짚어 보자.

우선 그리스 로마 신화는 서구 사람들과 서양의 문화를 이해하는 데 있어서 반드시 읽어야 할 만큼 그들의 문화와 역사에 지대한 영향을 끼쳤다. 서구의 여러 문학 작품이나 미술 작품 등의 예술 분야에는 그리스 로마 신화의 내용이 자주 등장하여 신화에 대한 기본적인 지식 없이는 문화에 대한 깊이 있는 이해는 아예 불가능하다고 해도 과언이 아니다.

또한 그리스 로마 신화는 우리 생활과도 밀접하게 연관되어 있다. 연설이나 신문, 대화 등에서 비유로 자주 등장하는데, 판도라의 상자나 나르키소스의 수선화, 이카로스의 날개, 페르세포네 때문에 생긴 4계절 등은 자주 회자되는 말들이며 아테나, 에로스, 에코, 디오니소스 등 신들의 이름도 자주 인용되고 있다. 또한 그리스 로마 신화의 현실과 초자연의 세계를 오가는 무수한 사건들은 풍부한 상상력과 창조력의 원천이 되고 있다.

이렇듯 그리스 로마 신화는 서구 문화와 역사와 깊은 관련을 갖고 있어 그 근원을 거슬러 올라가다 보면 신화에서 뿌리를 찾을 수 있다. 기원전 9~0세기부터 기원후 3~4세기에 걸쳐 그리스어를 사용하는 여러 지방에 널리 퍼져 있던 불가사의한 설화와 전설의 세계가 오늘날의 세계에 그대로 침투되어 같이 숨 쉬고 있는 것이다.

부록

그리스와 로마의 신들과 영웅들의 이름 비교

	그리스 신화 이름	로마 신화 이름	영어 이름
신 들	제우스(Zeus)	유피테르(Jupiter)	쥬피터(Jupiter)
	헤라(Hera)	유노(Juno)	쥬노(Juno)
	포세이돈(Poseidon)	넵투누스(Neptunus)	넵튠(Neptune)
	헤스티아(Hestia)	베스타(Vesta)	베스타(Vesta)
	데메테르(Demeter)	케레스(Ceres)	세레스(Ceres)
	아프로디테(Aphrodite)	베누스(Venus)	비너스(Venus)
	헤파이스토스(Hephaestos)	불카누스(Vulcanus)	벌컨(Vulcan)
	아레스(Ares)	마르스(Mars)	마스(Mars)
	아테나(Athena)	미네르바(Minerva)	미네르바(Minerva)
	아폴론(Apollon)	아폴로(Apollo)	아폴로(Apollo)
	아르테미스(Artemis)	디아나(Diana)	다이아나(Diana)
	헤르메스(Hermes)	메르쿠리우스(Mercurius)	머큐리(Mercury)
	디오니소스(Dionisos)	바쿠스(Bacchos)	바카스(Bacchrs)
	크로노스(Kronos)	사투르누스(Saturnus)	새턴(Saturn)
	하데스(Hades)	플루토(Pluto)	플루토(Pluto)
	페르세포네(Persephone)	리베라(Libera)	프로세르피나(Proserpine)
	에로스(Eros)	쿠피도(Cupid)	큐피드(Cupid)
	헬리오스(Helios)	솔(Sol)	선(Sun)
	셀레네(Selene)	루나(Luna)	문(Moon)
	니케(Nike)	빅토리아(Victoria)	나이키(Nike)
	오케아노스(Okeanos)	오케아누스(Oceanus)	오션(Ocean)
	프시케(Psyche)	프시케(Psyche)	프시치(Psyche)
	무사(Musa: 복수는 무사이(Musai))	무사(Musa)	뮤즈(Muse)
영 웅 들	헤라클레스(Herakles)	허르쿨리스(Hercules)	허큘리스(Hercules)
	이아손(Iason)	이아손(Iason)	제이슨(Jason)
	오디세우스(Odysseus)	울릭세스(Ulixes)	울리세스(Ulysses)

그리스 신화의 연대별 주요 사건과 관련 문학

연대		주요 사건	그리스 신화 관련(문학 작품 등)
미노스·미케나이시대	BC 2000년경	• 크레타 섬에서 미노스 문명이 번성한다. • 인도·유럽 어족의 일파가 그리스에 침입. 현재 그리스인의 시조가 된다.	• 이 시대 영웅들의 활약이 그리스 신화 이야기의 밑바탕이 되었다.
	BC 1700년경	• 크레타에서 크로노스 궁전이 재건된다(신궁전).	
	BC 1650년경	• 그리스 본토에서 미케나이 문명이 번성한다.	
	BC 1400년경	• 미케나이 문명의 전성기	
	BC 1250년경	• 트로이아 전쟁	
	BC 1200년경	• 미케나이 문명의 붕괴	
암흑시대	BC 1200년경	• 도리스인이 그리스 침입	
	BC 1000년경	• 소아시아의 서쪽 해안에 그리스인의 식민 도시가 건설된다.	
아르카이크시대	BC 800년경	• 폴리스 사회 형성	• 서사시의 성립 – 호메로스(BC 9세기경) 『일리아스』, 『오디세이아』 – 헤시오도스(BC 8세기경) 『신통기』, 『노동과 나날』
	BC 776년	• 제1회 올림피아 경기 대회	
	BC 750년경	• 페니키아의 알파벳을 개량하여 그리스 문자가 만들어진다.	
	BC 750년경	• 그리스인이 지중해와 흑해 일대에 식민 활동 개시	
	BC 508년경	• 클레이스테네스의 개혁. 아테나이에서 민주정의 기반이 구축된다.	
고전시대	BC 490년경	• 제1차 페르시아 전쟁. 마라톤 전투에서 아테나이 승리	• 서정시의 발달 – 핀다로스(BC 518~BC 442년경) 『올림피아 축승가(祝勝歌)』 • 비극의 발달 – 아이스킬로스(BC 525~BC 456) 『아가멤논』 등 – 소포클레스(BC 496~BC 406) 『오이디푸스 왕』 등 – 에우리피데스(BC 485년경~BC 406) 『메데이아』 등
	BC 480년경	• 제2차 페르시아 전쟁. 살라미스 해전에서 그리스 승리	
	BC 469년경	• 철학자 소크라테스 탄생	
	BC 450년경	• 아테나이 전성기	
	BC 438년경	• 파르테논 신전 완성	
	BC 431년경	• 아테나이와 스파르타 간의 펠로폰네소스 전쟁 발발. 404년 아테나이가 스파르타에 항복	
	BC 427년경	• 철학자 플라톤 탄생	
	BC 338년경	• 카이로네이아 전투. 마케도니아가 그리스에 승리	

연대		주요 사건	그리스 신화 관련(문학 작품 등)
헬레니즘시대	BC 338년	• 마케도니아의 지배 시작	• 알렉산드리아파의 활약 – 로도스의 아폴로니오스(BC 3세기경)『아르고나우티카』
	BC 300년경	• 델로스 섬, 노예 매매 항구로 번영	
	BC 146년	• 그리스, 로마의 속주가 된다.	• 로마 시인의 활약 – 베르길리우스(BC 70~BC 19)『아이네이스』 – 오비디우스(BC 43~17)『변신 이야기』 – 아플레이우스(BC 125~190)『변신 이야기(황금 나귀)』
	BC 30년	• 로마에 의한 지중해 통일 완성	
로마시대	67년	• 로마 황제 네로가 올림피아 경기 대회에서 각 종목 우승	
	313년	• 로마, 그리스도 교인 공인	• 그리스 신화를 체계적으로 정리한 작품 등장 – 아폴로도로스(BC 1~2)『그리스 신화』(이 작품은 그리스인 연구 학자에 의한 것임)
	393년	• 올림피아 경기 대회 폐지	
	395년	• 로마 제국, 동서로 분열	
비잔틴제국시대	395년	• 비잔틴(동로마) 제국의 지배 시작	• 15세기경, 이탈리아에서 르네상스 운동이 시작되어 많은 예술 작품의 주제로 그리스 신화가 언급된다.
	1453년	• 오스만 제국이 콘스탄티노플 점령. 비잔틴 제국 멸망	
오스만투르크시대	1453년	• 투르크인이 지배 시작	• 그리스 신화가 세계적으로 확대 – BC 15~16세기경 오비디우스의『변신 이야기』가 영어 번역본으로 출판 – 1611년, 호메로스의『일리아스』가 영어 번역본으로 출판 – 1855년, 미국에서 토마스 불핀치의『그리스 신화본』,『전설의 시대』 출판 – 1913년, 상기『전설의 시대』 번역본 출판
	1687년	• 파르테논 신전이 베네치아 군의 포탄에 맞고 파괴된다.	
	1821년	• 그리스 독립 전쟁 시작	
	1830년	• 독립 승인	
현대	1833년	• 그리스 왕국 성립	
	1870년	• 슐리만이 유적 발굴 활동 개시(트로이아, 미케나이 등)	
	1896년	• 제1회 근대 올림픽, 아테나이에서 개최	
	1900년	• 에번스가 크노소스 발굴 개시	
	1914년	• 제1차 세계 대전 발발	
	1939년	• 제2차 세계 대전 발발	
	1973년	• 왕정 폐지. 그리스 공화국 성립	

티탄 신족과 올림포스 신족의 계보

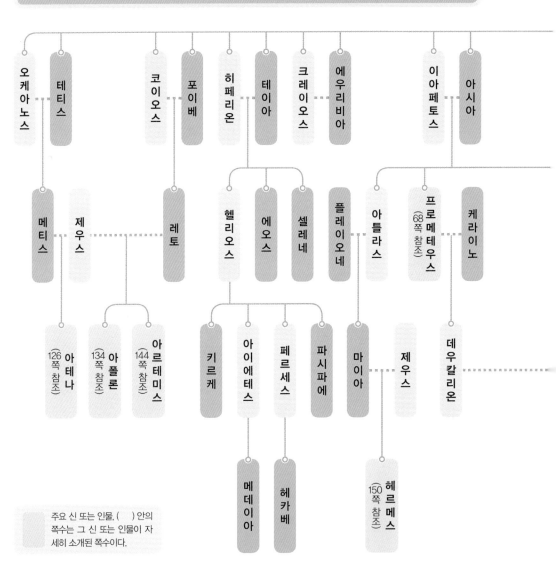

오케아노스 — 테티스

코이오스 — 포이베

히페리온 — 테이아

크레이오스 — 에우리비아

이아페토스 — 아시아

메티스 — 제우스 — 레토

헬리오스 — 에오스 — 셀레네

플레이오네 — 아틀라스

프로메테우스 (68쪽 참조) — 케라이노

아테나 (126쪽 참조)

아폴론 (134쪽 참조)

아르테미스 (144쪽 참조)

키르케

아이에테스

페르세스

파시파에

마이아 — 제우스

데우칼리온

메데이아

헤카베

헤르메스 (150쪽 참조)

주요 신 또는 인물. ( ) 안의 쪽수는 그 신 또는 인물이 자세히 소개된 쪽수이다.

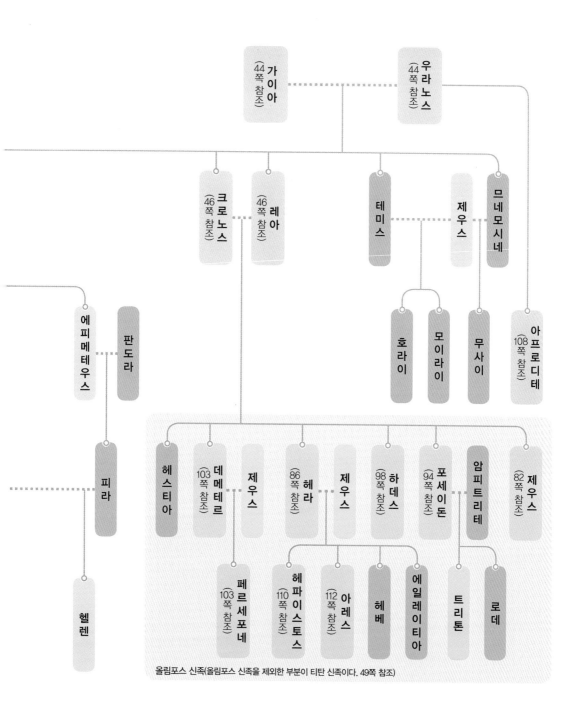

올림포스 신족(올림포스 신족을 제외한 부분이 티탄 신족이다. 49쪽 참조)

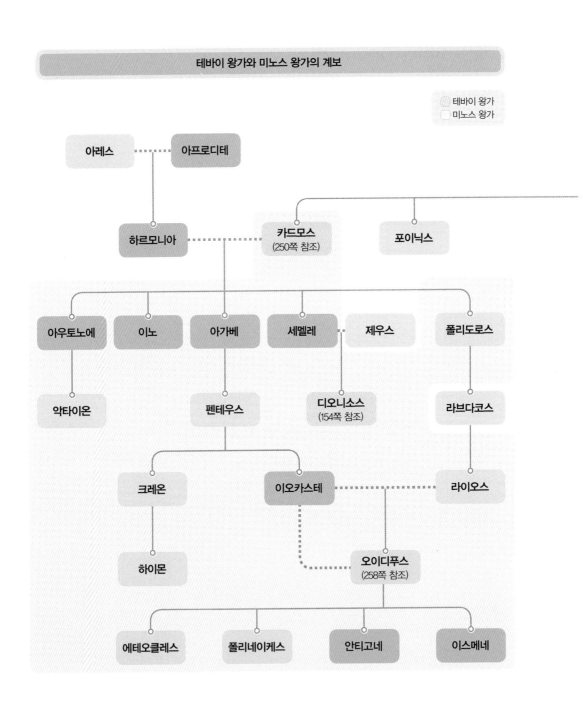

테바이 왕가와 미노스 왕가의 계보

- 테바이 왕가
- 미노스 왕가

아레스 ········ 아프로디테

하르모니아 ········ 카드모스 (250쪽 참조)   포이닉스

아우토노에   이노   아가베   세멜레   제우스   폴리도로스

악타이온   펜테우스   디오니소스 (154쪽 참조)   라브다코스

크레온   이오카스테 ········ 라이오스

하이몬   오이디푸스 (258쪽 참조)

에테오클레스   폴리네이케스   안티고네   이스메네

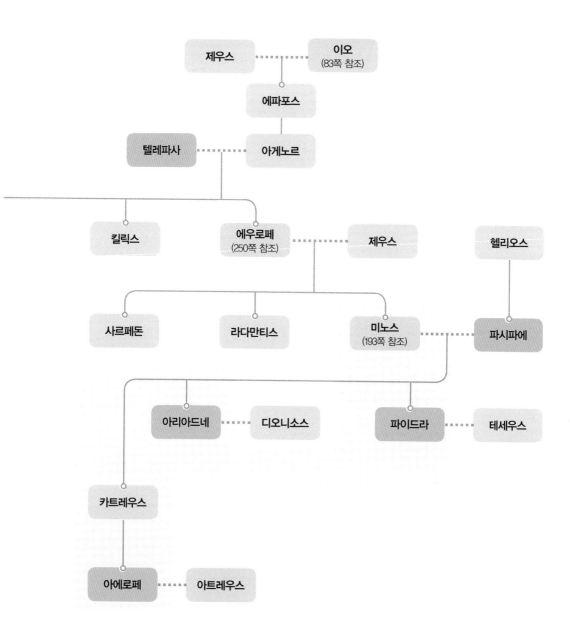

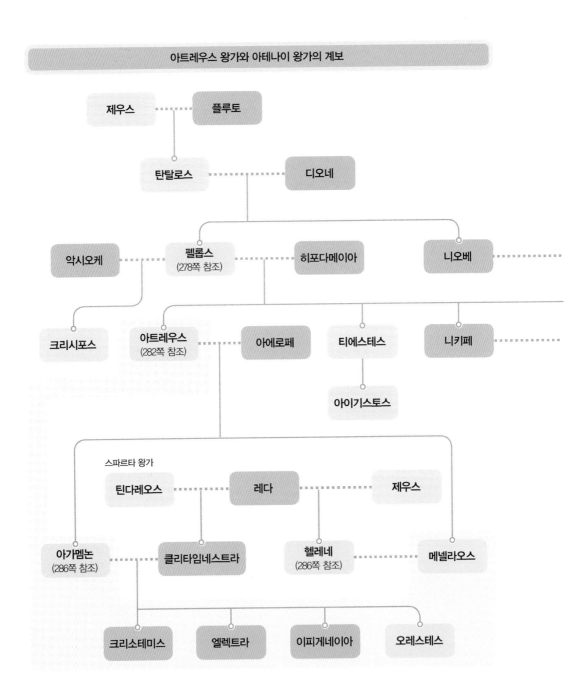

아트레우스 왕가와 아테나이 왕가의 계보

제우스 ······ 플루토

탄탈로스 ······ 디오네

악시오케 ······ 펠롭스
(278쪽 참조) ······ 히포다메이아 ······ 니오베

크리시포스 ······ 아트레우스
(282쪽 참조) ······ 아에로페 ······ 티에스테스 ······ 니키페

아이기스토스

스파르타 왕가

틴다레오스 ······ 레다 ······ 제우스

아가멤논
(286쪽 참조) ······ 클리타임네스트라 ······ 헬레네
(286쪽 참조) ······ 메넬라오스

크리소테미스 ······ 엘렉트라 ······ 이피게네이아 ······ 오레스테스

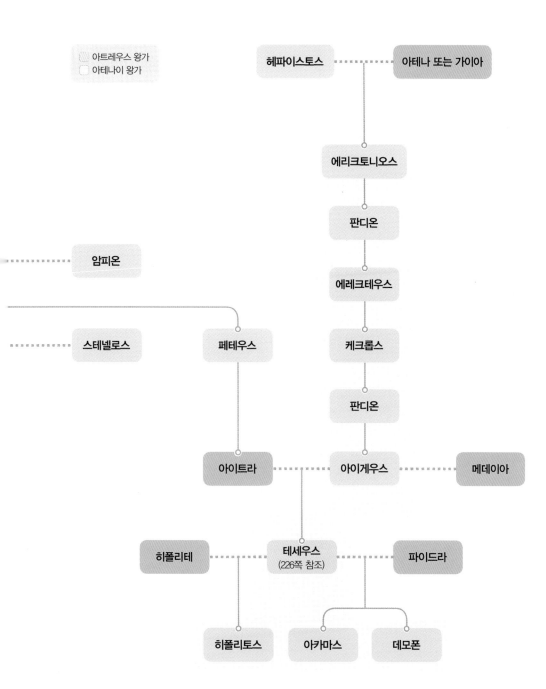

아트레우스 왕가
아테나이 왕가

헤파이스토스 ⋯⋯⋯ 아테나 또는 가이아

에리크토니오스

판디온

암피온

에레크테우스

스테넬로스　　페테우스

케크롭스

판디온

아이트라 ⋯⋯⋯ 아이게우스 ⋯⋯⋯ 메데이아

히폴리테 ⋯⋯⋯ 테세우스
(226쪽 참조) ⋯⋯⋯ 파이드라

히폴리토스　　아카마스　　데모폰

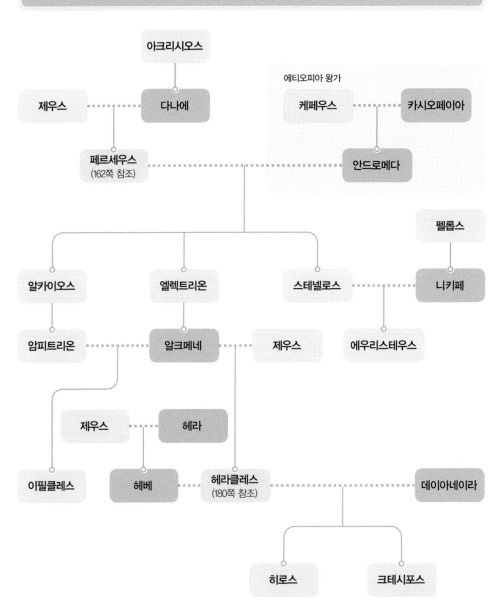

페르세우스와 헤라클레스 계보

아크리시오스

제우스 ⋯⋯ 다나에

에티오피아 왕가

케페우스 ⋯⋯ 카시오페이아

안드로메다

페르세우스
(162쪽 참조)

펠롭스

알카이오스　엘렉트리온　스테넬로스 ⋯⋯ 니키페

암피트리온 ⋯⋯ 알크메네　제우스　에우리스테우스

제우스 ⋯⋯ 헤라

이피클레스　헤베 ⋯⋯ 헤라클레스
(180쪽 참조)　데이아네이라

히로스　크테시포스

이아손과 오디세우스 계보

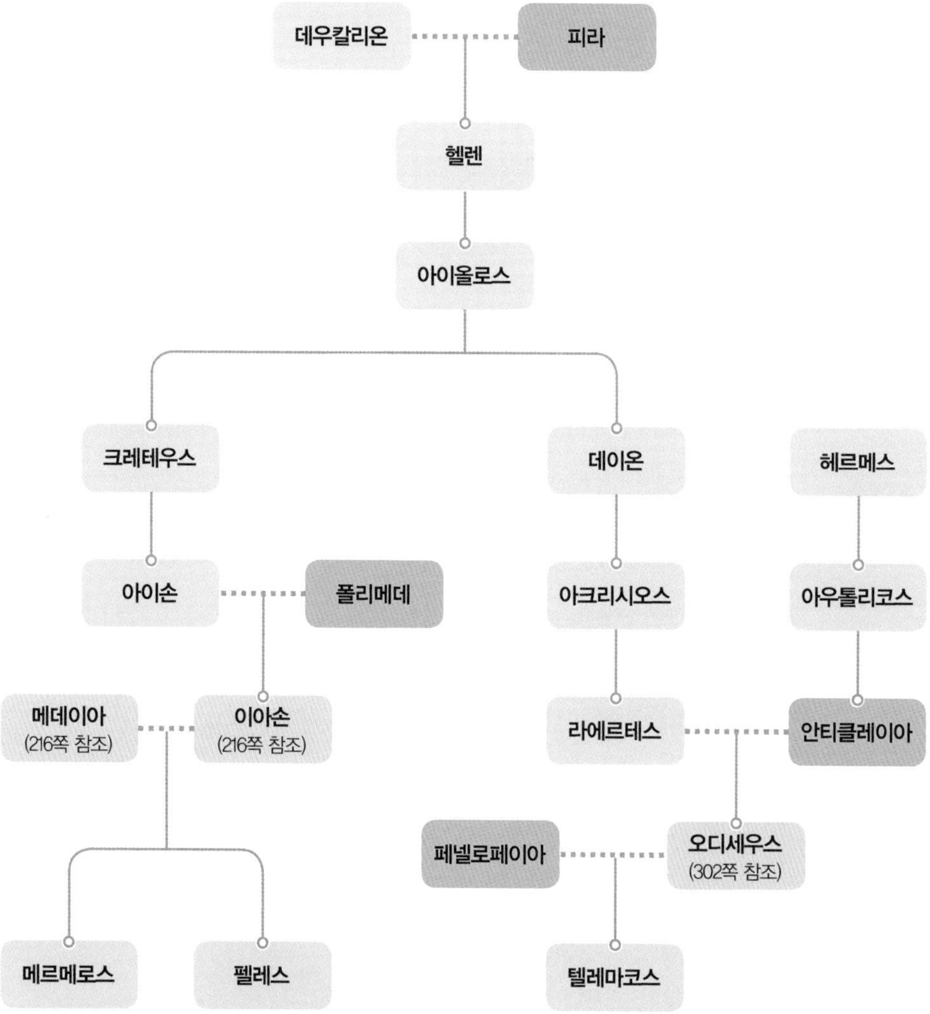

데우칼리온 ···· 피라

헬렌

아이올로스

크레테우스   데이온   헤르메스

아이손 ···· 폴리메데   아크리시오스   아우톨리코스

메데이아
(216쪽 참조) ···· 이아손
(216쪽 참조)   라에르테스 ···· 안티클레이아

페넬로페이아 ···· 오디세우스
(302쪽 참조)

메르메로스   펠레스   텔레마코스

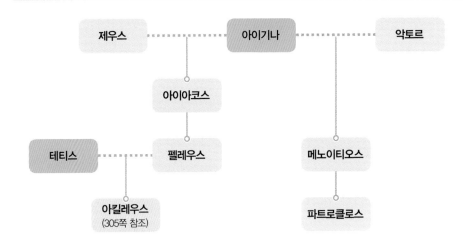

아킬레우스 계보

제우스 ····· 아이기나 ····· 악토르

아이아코스

테티스 ····· 펠레우스

메노이티오스

아킬레우스
(305쪽 참조)

파트로클로스

죽어 가는 아킬레우스

책 속 의 책

Travel Book

in Book

그리스로 떠나는 신화 여행

· 그리스 여행 지도
· 한눈에 보는 그리스 정보
· 한눈에 보는 그리스 도시

아테네 / 수니온곶 / 델피 / 산토리니

그리스 전체 지도

마케도니아
불가리아
알바니아
데살로니키
터키
메테오라
그리스
델피
마라톤
코린도스
올림피아
미케네
아테네
수니온
미코노스
스파르타
산토리니
크레타 섬
크노소스

신타그마 광장
신타그마 역
에반겔리스모스 역
국립미술관
국회의사당
비잔틴 박물관
전쟁박물관
X95 공항버스 정류장
국립정원
대통령궁
자피온
하드리안의 문
제우스 신전
근대올림픽 경기장
아테네 제1 국립묘지

신타그마 광장
Sintagma Square

🗹 국기

하얀색과 파란색은 그리스를 상징하는 색으로
바다와 하늘을 상징한다. 섬의 건물색이 주로 하얀
색과 파란색으로 칠해져 있는 이유도 여기 있다.
국기의 가로줄은 모두 9줄로 이것은 '자유가 아니
면 죽음'이라는 말을 그리스어로 옮기면 9음절이 되는데 이 9음절을 뜻
한다.

🗹 기본 정보

정식 명칭은 그리스공화국(Hellenic Republic)이다. 면적은 약 13만
2,000㎢, 인구는 약 1,042만 명(수도 아테네의 인구는 약 400만 명), 국교는
그리스 정교(Greek Orthodox Church)로 인구의 약 98%가 믿고 있다. 관
광 산업과 해운업이 발달하였고, 국민성이 낙천적이고 인종에 대한 편견
없이 외국인에게 친절하고 온순한 편이다.

🗹 지리

유럽 남동부 발칸반도의 남단에 있으며, 반도의 본토와 그 주변에 산
재하는 섬들로 이루어져 있다. 전 국토의 80%가 산지와 구릉으로 이루
어져 있고, 연중 비가 적게 오는 지중해성 기후로 양의 방목과 더불어 농
업은 올리브, 포도, 밀, 담배, 면화를 주로 생산하고 있다.

🗒️ 시차

한국과 그리스는 약 7시간의 시차가 난다. 한국이 아침 7시면 그리스는 이보다 7시간이 늦은, 밤 12시(자정)이다. 여름에는 서머 타임(summer time)이 실시되어 그리스가 한국보다 6시간 느리다.

🗒️ 기후

지중해성 기후로 대략 사계절로 나뉘지만 실제로는 여름과 겨울의 두 계절에 가깝다.

봄과 늦가을이 여행하기에 가장 좋은 시기이며, 여름철인 5월 말부터 9월까지는 햇살은 강하지만 습기가 없고 바람이 불면 시원하지만, 우리나라보다는 훨씬 덥다. 최고 30~40℃까지 기온이 올라간다. 11월부터 3월까지는 우리나라의 늦가을~초겨울 날씨에 해당한다.

🗒️ 여행 시 옷차림

5~9월 여행의 경우, 태양을 막을 수 있는 가벼운 옷차림이 적당하고, 밤에는 얇은 스웨터가 필요하다. 여름에는 모자와 선글라스가 필수이고, 일교차가 심하기 때문에 간단한 외투나 스웨터 등이 필요하다. 교회나 수도원 같은 곳에서는 소매가 있는 긴 팔과 치마를 입는 것을 원칙으로 하고 있으며 남성의 반바지 입장도 허용되지 않는다.

📝 통화와 환전

2002년 1월부터 유로(Euro)로 화폐가 변경되었다. 그리스 현지에서는 한국 돈을 환전하기 힘드니 출발 전 유로화로 환전해서 가도록 한다.

📝 공휴일과 축제

그리스의 공휴일에는 상점이나 교통 등이 모두 휴업이거나 절반만 영업하니 반드시 여행 기간에 이런 날짜가 있는지 체크해야 한다. 특히 노동자의 날(5월 1일)이 매우 심하다.

1월 1일	신년
1월 6일	예수 공현 대축일. 크리스마스로부터 12일째 되는 날로 주현절(epiphany)이라고 하는데 이 말은 '보임, 드러남, 나타남, 명백하게 됨'을 의미한다. 예수 공현 축일은 예수께서 온 세상에 사람의 모습으로 명백히 드러나심을 찬미하는 날이다.
2월 11일	치크노 벰티. '치크노'라는 말의 뜻은 고기를 굽는 연기 냄새를 뜻하며, '벰티'는 목요일을 뜻한다. 이날은 양고기, 소고기, 닭고기 등을 먹는다. 신화에 나오는 12명의 신들이 고기 굽는 냄새를 즐겨 하므로 국민들이 이 음식을 먹으며 신들을 즐겁게 한다는 날이다.
3월 25일	독립기념일, 성모 영보 대축일
4월 11일	부활절(Easter Day). 예수의 부활을 기념하는 날이다. 매년 날짜는 달라지며 4월 셋째 주 일요일이다.
5월 1일	노동절(Labor Day). 우리나라의 근로자의 날과 같은 날이다.
8월 15일	성모 승천일(Assumption Day). 성모 마리아의 승천을 기념하는 날이다.
10월 28일	국가기념일(오히데이, Ohi Day). 제2차 세계 대전 당시 이탈리아의 영토 통과를 거부한 날을 기념하는 날이다.
12월 25일	크리스마스
12월 26일	복싱 데이(Boxing Day). 크리스마스 다음 날로 어려운 사람들을 돕고 주변 이웃들에게 감사와 사랑을 전하는 날이다. 박스에 소박한 선물과 성금을 넣어 전달했다고 해서 이런 이름이 붙었다.

✍️ 습관

그리스인들은 스페인 등의 지중해 국가처럼 '시에스타'라고 불리는 낮잠을 자는 오랜 관습이 있다. 이 오후 낮잠 시간은 거의 불문율에 가깝다. 집안은 물론이고 거리도 조용하다. 오후 2시 ~5시까지로 대부분의 관

청과 사무실, 상가들은 문을 닫거나 열려 있어도 영업을 하지 않는다. 이 시간에는 급한 용무가 아니면 다른 사람의 가정에 방문하거나 전화하는 것은 실례에 속한다.

특별한 인사법은 없고 그냥 사람을 만나면 편하게 악수한다. 친구 사이에는 어깨너비로 손을 벌려 서로 상대의 손을 두드리는 약식 인사를 한다. 영어의 하이(Hi!)에 해당하는 말은 야사스(Ashas!)이다. 아침 인사는 '칼리메라!(Kali Mera!)'이다. 여행하면서 현지인과 인사한다면 당황하지 말고 이 말을 건네 보자.

한국에서는 YES라고 할 때 고개를 아래위로 끄떡이지만, 여기서 이렇게 하는 것은 반대로 NO라는 뜻이다. 또 부정하는 몸짓은 눈을 가만히 감거나 머리나 눈썹을 치켜들며 '체'하고 혀를 차기도 한다. 긍정을 나타

낼 때는 머리를 한쪽으로 기울이거나 좌우로 흔든다.

물건 흥정은 여행의 필수 노하우다. 그런데 그리스에서 만일 상인이 집게손가락을 꼿꼿하게 세우고 코앞에서 까딱 까딱 흔들면서 고개를 위로 쳐들 때는 한 푼도 깎아 주지 못하겠다는 뜻이다. 깎기를 포기하는 편이 좋다.

대부분의 나라에서 헤어질 때 하는 손을 흔드는 행동은 그리스에서는 욕이다. 더 정확히는 손가락을 펴고 손바닥을 상대편을 향해 보이는 행동은 상대에게 노욕을 주는 행위이고, 그 상태에서 앞으로 강하게 내보이면 더 심한 표현이 된다. 두 손을 모두 그렇게 하면 굉장한 욕이다.

🖉 치안

아테네 같은 관광객이 많은 곳, 특히 오모니아 광장이나 신타그마 광장 같은 곳에서는 소매치기와 날치기, 도난 같은 사고가 가끔 발생하니 주의하도록 한다. 공항이나 은행 부근에서의 절도나 날치기 사고도 주의하여 현금이나 귀중품을 잘 관리하도록 하자.

그리스에는 관광 경찰이 있어 관광객들을 위한 긴급 출동에 대기하고 있으니, 만일 긴급한 상황이 생기면 요청하도록 하자. 영어로 도와달라는 'Help me'에 해당하는 그리스어는 '보에티아(vo-EE-thee-a)'이다. 참고로 그리스는 크고 작은 시위가 많은 곳이다. 주로 광장, 대표적으로 오모니아 광장과 신타그마 광장에서 이루어진다. 과격 시위로 이어지면 다칠 수 있으니 가급적 이런 시위 현장은 피하도록 하자.

✏️ 언어

관광국이라 영어를 할 줄 아는 그리스인(특히 젊은이)들이 많아 여행하는 데 별 어려움은 없다. 하지만 여행하다 보면 지명이 영어와 같이 표기되어 있는 곳도 있고, 그렇지 않은 경우(그리스 알파벳)도 많다. 이럴 땐 읽는 데 어려움이 크다. 최소한 그리스 알파벳 표라도 스마트폰으로 찍어서 항상 보면서 지명이나 위치를 파악해 보자.

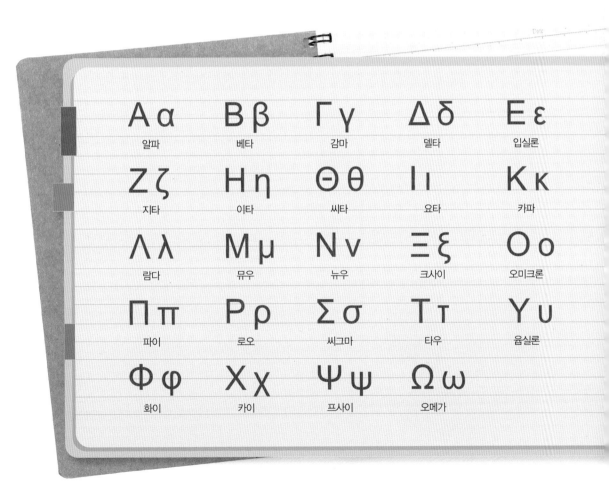

Αα	Ββ	Γγ	Δδ	Εε
알파	베타	감마	델타	입실론
Ζζ	Ηη	Θθ	Ιι	Κκ
지타	이타	씨타	요타	카파
Λλ	Μμ	Νν	Ξξ	Οο
람다	뮤우	뉴우	크사이	오미크론
Ππ	Ρρ	Σσ	Ττ	Υυ
파이	로오	씨그마	타우	윱실론
Φφ	Χχ	Ψψ	Ωω	
화이	카이	프사이	오메가	

📝 요리와 음식

그리스 요리는 유럽과 중동 요리의 영향을 모두 받은 지중해 요리이다. 올리브오일, 채소, 허브, 유제품, 빵, 생선, 고기 등 다양한 음식 재료를 이용한다. 또한 그리스인들에게 외식은 삶의 일부분이다. 그리스에서 식당을 지칭하는 단어는 타베르나(Taberna:Ταβερνα)다. 타베르나는 우리나라의 대중 식당과 비슷하지만 전통 유럽 카페처럼 노천 테이블

☑ 수블라키(Souvlaki)

아테네를 관광하다 보면 우리나라의 닭꼬치와 같은 음식들을 진열해 놓은 식당을 발견할 수 있다. 우리나라 산적같이 돼지고기나 닭고기를 채소와 함께 하나씩 번갈아가며 꼬치에 끼워 소금과 후추로 양념을 하여 숯불에 구운 후, 약간의 양념을 한 올리브오일에 담갔다가 먹는 음식인 수블라키다. 고기와 채소가 상당히 큼직하기 때문에 보통 수블라키 한 꼬치와 밥 또는 빵이 함께 제공되어 1인분이다. 수블라키라는 말 자체가 '숯불에 굽다'라는 뜻을 가지고 있어 이런 음식류의 총칭에 가깝다.

- 수블라키 케밥(양고기를 재료로 피타 빵을 깔고 위에 고기와 토마토 등이 얹혀 나옴)
- 수블라키 기로스 삐따(피타 빵에 요구르트와 오이, 양파를 믹스한 짜지끼(Tzatziki)와 양고기, 돼지고기, 닭고기 등을 넣어 둘둘 말아 주는 것)
- 수블라키 깔라마끼(양고기나 돼지고기, 닭고기를 꼬챙이에 꽂아 향신료를 바르고 구운 꼬치)

🕐 수블라키

에 앉아 지나가는 사람들을 보면서 수블라키와 포도주를 천천히 먹으면서 대화를 나누는 공간을 말한다. 일상적으로 저녁 식사(여름철 기준)는 밤 10시에서 새벽 1시까지로 늦은 시간에, 그리고 길게 즐기는 편이다. 그리스의 가장 유명한 음식은 수블라키이며, 올리브와 치즈, 요구르트를 이용한 요리들도 유명하다.

⊙ 피타 🔊 피타(Pitta)

피타는 지중해 지역에서 쉽게 볼 수 있는 음식의 형태로 구운 밀가루 빵을 말한다. 수블라키 피타는 피타 안에 요구르트와 양파, 레몬 같은 것들을 넣고 섞어서 만든 샌드위치를 말한다.

⊙ 무사카(Moussaka)

다진 고기와 각종 채소를 올리브오일로 볶은 다음 치즈를 곁들여서 층을 쌓아 올린 다음 오븐에 구운 음식이다.

🔊 무사카

⊙ 칼라마리

오징어를 올리브오일에 튀긴 음식이다. 그리스의 식당에서 가장 흔히 볼 수 있고 어디서든 간편하게 시킬 수 있는 요리로 간식이나 술안주로 제격이다.

🔊 칼라마리

📝 입국 면세 범위

그리스 입국 시 면세로 가능한 양은 담배 1보루, 소형 시가 100개비, 가루 궐련초 250g, 술 1L, 와인 4L 정도이며, 1,000유로 이상의 현금은 신고하는 것이 좋다. 전기 제품과 정밀 기기, 스포츠 용품은 같은 종류의 물건 1개만 허용하며 귀국 시 휴대해야 한다.

📝 팁 문화

유럽의 영향으로 팁 문화가 존재한다. 택시나 레스토랑에서는 봉사료가 포함되어 있지만 여기에 요금의 5~10% 정도는 팁을 따로 주기도 한다. 호텔에서도 룸서비스나 짐을 들어 주는 등의 도움을 받았다면 1유로 정도를 주는 게 팁 문화다.

📝 식수

그리스는 섬은 물론 내륙 쪽에서도 수돗물을 식수로 사용하기엔 부적합하다. 그래서 가급적 생수를 사서 마시는 것을 권한다.

📝 전기 사용

한국은 220v/60hz이고, 그리스는 220v/50hz로 약간의 차이는 있지만 그대로 사용 가능하다. 플러그도 220v용 둥근 구멍 2개 모양이다.

한눈에 보는 그리스 도시

도시 관광
아 테 네

✏️ 교통 정보

노란색의 아테네 택시를 쉽게 발견할 수 있지만 유명한 바가지요금 때문에 장거리 이용은 권하지 않는다. 택시 기본요금은 0.75유로이고, 최저 요금(Minimum Charge)이 존재해서 일단 타면 1.60유로 이상의 요금을 지급하게 되어 있다. 만일 10kg 이상의 짐을 소지하고 있다면 3유로의 추가 요금이 붙는다. 야간(24~05시)에는 이용 요금이 2배로 할증된다. 오모니아 광장에서 신타그마 광장을 오가는 비교적 짧은 시내거리를 이동할 때는 약 3유로(4,500원 내외)가 소요된다는 점을 참고하자.

교통이 혼잡한 아테네에서 지하철은 매우 효율적인 교통수단이다. 피레우스 항구와 아테네 공항은 물론 아크로폴리스 등의 대표적인 아테네 관광지도 쉽게 접근할 수 있다. 이 밖에도 2004년 올림픽을 기념하여 만들어진 노면 전차인 트램은 신타그마 광장을 중심으로 약 네 정거장 정도를 운행하니 참고하자.

☑ 아테네 공항 정보

2001년 3월에 신축된 아테네 공항은 규모는 작지만, 깔끔하게 정돈되어 있다. 연간 1,500만 명 규모의 인원이 이용하고 있으며, 국내선과 국제선을 같은 터미널에서 이용할 수 있는데, 서쪽은 국내선 항공 전용이고, 동쪽은 외국 항공사(국제선)가 사용하고 있다.

아테네 공항의 가장 큰 특징은 별도의 입국 심사가 필요하지 않다는 것이다. 입국 심사대는 EU와 그리스 국내인용과 외국인용으로 나뉘어 입장할 뿐이다. 입국 심사 때문에 낭비하는 시간이 없다. 일단 아테네 공항에 도착하게 되면, 수화물(Baggage Claim)을 거쳐 입국장을 빠져나가기만 하면 공항의 모든 수속은 끝난다.

입국장을 빠져나오면 정면에 위치한 Information 센터가 보이는데, 이곳에서 아테네 지도 등의 정보와 자료를 얻은 후 5번 출구(Exit 5)로 빠져나가면, 아테네 시내로 가는 버스 정류장을 발견할 수 있다. 정류장 옆에 티켓을 구입하는 티켓오피스가 있다. 아테네 시내까지 이동 시 가장 효율적인 수단은 X95번 버스다(보통 15분마다 운행). 5번 출구로 나오면 오른쪽에 티켓을 구입할 수 있는 곳이 있다. X95번 버스는 아테네 시내의 중심인 신타그마 광장(공항에서 편도 50분 소요)까지 연결되어 있다.

그 밖에도 E93번, E94번, E95번, E96번 등 24시간 운행되는 대중교통 수단이 아테네 시내는 물론 페리와 연결되는 피레우스 항구(Pireaus Port)로도 운행되고 있다.

지하철로 아테네 시내까지 이동하려면 1층 출국장 A번 출구 건너편에 공항 지하철역이 있다. 에고레오(Egoleo)행 3번 라인(파란색) 열차를 타도록 한다.

아테네에는 24시간권이 있으며 버스, 지하철 등을 처음 탑승하기 전 펀칭하면 개표 시간이 표시되고 개표 시간으로부터 24시간 동안 아테네의 모든 대중교통을 무제한 이용할 수 있다(단, 공항-시내 간 교통은 제외).

아테네 주요 지하철역과 연계 관광지

SUBURBAN RAILWAY

Kifissia

KAT

Maroussi

Neratziotissa

Iraklio   Irini   Kifisias

Nea Ionia

Pefkakia   Pentelis

Perissos

Ano Patissia   Doukissis Plakentias

Aghios Eleftherios

Kato Patissia   Halandri   Pallini

Aghios Nikolaos   Paiania · Kantza

빅토리아 역
아테네 국립
고고학 박물관

오모니아 역
신타그마 광장과
함께 아테네의 중심지,
저렴한 숙소 밀집,
오모니아 광장,
우범지역

Aghios Antonios

Sepolia

Attiki

Egaleo

Larissa Station

Metaxourghio

Eleonas

Kerameikos

Victoria

Omonia

Panepistimio

Ethniki Amyna

Katehaki

Panormou

Ambelokipi

Megaro Moussikis

파네피스티미
광장역
아테네 박물관,
국립 역사박물관,
아테네 대학

Syntagma   Evangelismos

Monastiraki

Thission

Akropoli

Petralona

Sygrou–Fix

Tavros

Neos Kosmos

Kallithea

Moschato

Aghios Ioannis

Faliro

Dafni

Piraeus

Koropi

ATHENS Int. Airport

모나스티라키 역
고대 아고라(시장),
모나스트라키 광장,
티세이온 신전,
아그리파 음악당,
아탈로스 주랑박물관

피레우스 항구역
산토리니행
페리를 타는 곳

아크로폴리스 역
아크로폴리스 박물관,
파르테논 신전,
아크로폴리스 박물관,
음악당, 제우스 신전,
아드리아누스의 문,
올림픽경기장

신타그마 광장역
국회의사당,
무명전사의 묘,
대통령궁, 아테네
관광의 중심지

에반겔리스모스역
리카비토스 언덕
오르는 기점,
비잔틴 박물관,
전쟁 박물관, 국립
박물관, 콜로나키 광장,
일명 부자 신동네

Aghios Dimitrios · Alexandros Panagoulis

ISAP LINE 1
METRO LINE 2
METRO LINE 3
SUBURBAN RAILWAY
NATIONAL RAILWAY STATION

☑ 피레우스 항구

한국에서 그리스의 섬을 보기 위해 오는 여행객(패키지 포함) 대부분은 모 회사의 이온음료 광고로 유명한 산토리니 섬을 구경하기 위해 주로 피레우스항에서 출발하는 배를 이용한다.

아테네 시내에서 가려면 지하철 M1(빨간색) 노선 피레우스역(종점)에 내리면 된다. 아테네에서 항구로 갈 때는 지하철이 가장 편하다. 그 밖에 버스로 간다면 신타그마 광장에서 c40번을 이용한다.

☑ 아테네에서 대중교통 투어

시티 사이트싱 아테네(City Sightseeing Athens) — 아테네의 유명 관광지를 둘러보는 빨간색 2층 버스이다. 탑승 장소는 신타그마 광장의 맥도날드 매장 앞이나 혹은 우체국에서 매 30분마다 출발하며 소요 시간은 90분 정도이다. 더위를 감안하더라도 탁 트인 시야로 아테네의 도심을 보고 싶은 사람에게 추천한다.

(참고 사이트: www.citysightseeing.gr)

☑ **미니 관광 코끼리 열차**

아테네 시내의 좁은 골목길 곳곳을 탐험하는 재미가 있다. 두 종류의 코끼리 열차를 운행하고 있다. 해피 트레인은 에르무 거리(신타그마 광장 맥도날드 매장 옆)에서 출발하고, 선샤인 익스프레스 트레인은 로만 아고라 광장의 이드리아 레스토랑 앞에서 출발한다. 참고로 골목길에서 해피 트레인을 발견하면 세우는 것도 가능하다.

📝 아크로폴리스 주변 관광지

파르테논 신전, 에렉티온 신전, 아테나 니케 신전, 프로필레아, 디오니소스 극장 등으로 구성된 아크로폴리스는 여행자들이 아테네를 찾은 이유의 절반에는 해당할 정도로 그리스 여행의 백미이자 상징적인 공간이다. 아크로폴리스는 희랍어의 아크로스(acros: 높은 장소, 꼭대기)와 폴리스(polis: 도시)의 두 단어가

☑ 파르테논 신전

지혜의 여신이며, 아테네를 수호했던 아테나 여신에게 제물을 바쳤던 곳이다. 기원전 4세기에 완성되었다. 파르테논 신전은 고대 그리스의 문명과 특징을 지니고 있는 도리스식 신전의 극치를 나타내는 걸작으로 아테네인들이 아테네의 수호 여신인 아테나 파르테노스(Athena Parthenos, 처녀신 아

합쳐져서 만들어진 것으로 '높은 곳에 위치한 도시'라는 뜻이다.

고대 그리스의 각 도시 국가들(미케네, 스파르타, 테베)의 아크로폴리스가 유명했다. 세월이 지나면서 모두 사라지고 현재 말하는 아크로폴리스는 아테네의 아크로폴리스를 의미한다.

신타그마나 아크로폴리스 역에서 출발해서 둘러보는 데 도보로 6~7시간 정도 걸리는 공간이다.

테나라는 뜻)에게 바친 것이다. 파르테논 신전의 기둥은 유럽 곳곳의 박물관에 보관되고 있기도 하다. 아크로폴리스의 가장 중심에 자리하고 있으며, 1687년 아크로폴리스를 공격했던 베네치아 공국의 폭탄 하나가 파르테논에 터지면서 신전의 본전이 파괴되었고 아직도 복구 중이다. 그런 심한 파손에도 불구하고 여전히 아테네의 상징물이기도 하다.

☑ 프로필레아

그리스어로 '대문' 혹은 '정문'이라는 뜻이며, BC 437~432년에 건축되었으며 미완성인 상태로 남아 있다. 건축물 바깥쪽은 도리아 양식의 모양이고 안쪽은 이오니아 기둥을 세운 것이 특징이다. 도리스 양식의 중후함과 이오니아 양식의 우아함이 아름다운 조화를 이루는 고대 건축물이다. 약 20m 정도 길을 따라 문을 통과하면 아크로폴리스 내부로 들어갈 수 있다. 문을 통과해서 들어가면 다섯 개의 기둥이 마치 사람의 손가락처럼 보인다고 해서 '손가락 양식'이라고 부르기도 한다.

☑ 아테나 니케 신전

현재 아크로폴리스 입구로 사용되는 문인 '불레의 문'을 지나 프로필레아로 오르기 직전 우측에 보이는 건물이다. BC 427~424년에 칼리크라테스가 페르시아와의 승전을 기념하기 위해 세웠다고 전해진다. 그리스 신화에서 아테네 왕인 아이게우스가 미노타우로스를 죽이러 크레타 섬으로 간 아들 테세우스에게 "성공하여 돌아올 때는 배에 흰 돛을 달고, 실패했을 때는 검은 돛을 달고 오라."라고 당부했다. 그러나 미노타우로스를 처치한 테세우스는 그만 아버지와의 약속을 깜빡 잊고 검은 돛을 단 채 항구로 들어왔고 아이게우스는 아들에게 변고가 생겼다고 오인하여 절망한 끝에 바다에 빠져 죽었다. 그 뒤부터 이 바다를 왕의 이름을 따서 아이가이해라고 부르게 되었는데 이것이 바로 지금의 에게해다. 그리고 왕의 자식이 죽은 줄 알고 투신 자살한 장소라고 알려진 곳이 바로 아테나 니케 신전이다.

☑ 디오니소스 극장

반원형의 전통적인 극장 모양을 하고 있으며 아크로폴리스 언덕 아래편에 위치하고 있어, 아크로폴리스에 오르면 한눈에 디오니소스 극장의 전경을 내려다볼 수가 있다. 현재에도 음아 연주회장으로 쓰이며 보통 7월에서 9월 말까지 세계적인 가수나 오케스트라의 공연이 열린다.

☑ 아레스의 언덕

아고라와 아크로폴리스 사이에 흰색의 대리석 언덕이 있는데, 이곳이 고대 그리스 최고의 법정이 열렸다고 전해지는 아레스의 언덕, 즉 아레오 파고스(Arios Pagos)다. 아레오파고스는 아크로폴리스 서쪽에 자리하고 있다. 모나스티라키 역에서 아크로폴리스로 올라가는 길의 오른쪽이 아레스의 언덕이고 왼쪽이 아크로폴리스로 가는 길이다. 그리스 신화에 의하면 제우스신의 아들 아레스(Ares)가 자신의 딸을 겁탈한 사촌 형제를 살해한 일로 다른 신들 앞에서 재판을 받게 되는데 재판 결과, 정당한 복수여서 무죄 판정을 받는다. 그후로 아레스가 재판을 받은 곳이라 하여, 이곳은 아레스의 언덕, 곧 아레오파고스라 불리게 되었다고 한다. 현재 그리스의 대법원 명칭도 여기서 유래한 말인 '아레오파고스'이다. 언덕 위에 있는 바위는 미끄러우니 주의해야 한다.

☑ 에렉티온 신전

BC 420~393년에 지어진 것으로 추정되는 신전으로 그리스 신화에 의하면 이곳에 도시가 처음 세워졌을 때, 아테나(Athena) 여신과 포세이돈(Poseidon) 해신 둘 사이에 이 도시의 지배권을 놓고 경쟁했는데, 누가 이 도시를 위해 유용한 선물을 가져오느냐로 승부를 결판 짓게 되었다. 지혜의 여신 아테네가 가져온 올리브 나무를 시민들이 택해서 이 도시의 이름이 아테네가 되었고, 그 자리에

바다의 신 포세이돈이 삼지창을 내려쳐 우물을 만들었다고 한다. 전설의 왕인 에렉토니우스의 이름을 붙여 지은 신전이다. 에렉티온 신전이 유명한 이유는 2m 남짓한 높이로 조각된 6명의 소녀상으로 신전의 기둥을 만들었기 때문이다. 마치 손으로 그린 듯 서로 다른 소녀들의 머리 모양과 장신구, 복장까지 입체적으로 묘사되어 있다. 현재 기둥은 모두 모조품이며 진품 중 일부는 파괴되거나 대영박물관에 있고, 나머지는 신 아크로폴리스 박물관에 전시되어 있다.

☑ 고대 아고라

아크로폴리스 언덕의 남서쪽으로 펼쳐져 있는 폐허가 바로 고대 아고라 (Ancient Agora) 자리다. 고대 아고라를 관람하려면 아크로폴리스를 먼저 둘러보고, 아레스 언덕을 거친 다음 가는 방법과 반대로 모나스티라키역에서 시작해 먼저 아고라를 보고 아레스 언덕을 지나 신 아크로폴리스 박물관으로 가는 방법이 있다.

아고라는 고대 아테네의 시장 터를 말한다. 고대 아테네인들은 남자들이 장을 봤는데, 아침에 노예를 데리고 아고라로 가서 장을 보고 노예에게 물건을 들려서 집으로 보내고는 자신들은 아고라에 남아 사람들과 어울리며 정치, 사회, 문화, 종교 등 관심사를 논했다고 한다.

소크라테스와 소피스트들이 제자들과 만나 토론을 하던 곳도, 플라톤이 시민들을 모아놓고 연설을 한 곳도 바로 이곳이다. 지금은 폐허가 된 채 남아 있으며 헤파이토스 신전과 아탈로스 스토아만이 복원되어 있다.

☑ 신타그마 광장

아테네의 중심에 위치하고 있으며, 전국
으로 뻗은 도로의 기점이다. 국회 의사당
과 아테네 최고의 쇼핑거리, 여행사, 은행
등의 편의시설이 갖추어져 있으며 아테네
에서 가장 번화한 곳이다. 지하철을 이
용하면 바로 찾아갈 수 있으며, 아테네
공항에서 X95번 버스를 타면 내리는
곳이기도 하다.

☑ 제우스 신전

그리스 최고의 신인 제우스에
게 제사를 지내던 이곳은 그리
스 최대 규모의 건축물로 완공
까지 무려 650년이 넘게 걸린
건물이라고 한다. 하지만 4세
기경에 고트족의 침입으로 파
괴되었다. 원래 104개의 기둥
이 있었는데 지금은 15개의
기둥만 남겨진 채 초라한 모습을 하고 있다.

신타그마 광장 역에서 도보로 약 10분 거리에 위치하고 있으며 자피온의
맞은편에 있다.

☑ 올림픽 스타디움

1896년 쿠베르탱에 의해 최초의 근대 올림픽이 열렸던 곳이기도 하다. 운동장은 말굽처럼 생겼으며 좌석은 모두 대리석으로 만들어져 있다. 하지만 이 경기장이 최초에 만들어졌던 것은 기원전 3세기라고 한다. 현재의 경기장은 알렉산드리아의 부호 아베로프의 후원으로 근대 올림픽이 열리기 전에 복원된 것이다. 말발굽 모양의 경기장 한편이 개방된 특이한 구조로 되어 있으며 관중석이 대리석으로 되어 있다. 트롤리버스 4번이나 11번을 타고 스타디오 정류소에 하차하거나 신타그마 역에서 도보로 약 20분 정도 걸린다.

☑ 리카비도스 언덕

도시 중심부의 우뚝 솟아 있는 높이 295m의 돌산으로 여기에 오르면 아크로폴리스는 물론 아테네 시내와 에게해까지 한눈에 파노라마로 펼쳐진다. 신화에 의하면 아테나 여신이 자신의 신전을 세우기 위해 큰 바위를 옮기려고 할 때 두 마리의 검정 새가 다가와 나쁜 소식을 전하자 불안해진 아테나가 바위를 떨어뜨렸는데, 그 자리가 지금의 리카비도스 언덕이라 한다. '늑대의 언덕'이란 뜻이 있다. 리카비도스 언덕을 가는 방법은 에반겔리스모스 역에서 내려 플루타르우 (Ploutarhou) 거리를 올라가서 케이블카를 타고 올라가거나 아니면 걸어서 올라갈 수 있다.

🖊️ 아테네 쇼핑 가이드

유럽 국가들처럼 아테네 역시 백화점과 크고 작은 가게들이 여름철(7월 중순~8월 말)과 겨울철(12월 말~2월 초)에 70%까지 세일을 한다. 주의할 점은 쇼핑 시간이 보통 오전 9시부터 오후 3시까지라는 점이다. 그리고 저녁에는 다시 오후 5시부터 오후 10시까지 문을 여니 이 시간대를 잘 기억하고 시간대를 맞춰 쇼핑하기 바란다.

☑ 모나스티라키 벼룩시장

아테네의 소규모 시장과 마찬가지로 일요일 오전 7시부터 오후 3시까지 열린다. 노점상인들이 좌판을 펼쳐놓고 물건을 진열, 판매하고 있다. 싸게 파는 물건이나 개인 소장품, 잡동사니는 물론 골동품들도 찾을 수 있다.

☑ 아테네 중앙시장

오모니아 역에서 도보로 5분 정도 거리에 있는, 아테네에서 가장 큰 식품 시장이다. 올리브, 양념, 치즈, 정육점과 어류 시장 등으로 이어지고 건너편에는 과일과 채소 시장이, 주변에는 보석 상점과 오래된 식당들이 있다.

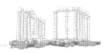

　아테네에서 남동쪽으로 70㎞ 떨어진 곳에 위치한 그리스 본토 끝에 위치하고 있다. 이곳은 높이 약 60m의 절벽 위에 세워진 포세이돈 신전으로 유명하다. 수니온 곶의 동쪽으로는 에게해가, 서쪽으로는 이오니아해가 펼쳐져 있다.

　이곳까지 가려면 아테네 신타그마 광장 인근 필레리온(Filelinon) 거리에서 시외버스를 타면 된다. 약 1시간 30분이 걸린다. 따라서 관람하는 시간을 포함하면 왕복 5시간 정도를 생각하고 움직이는 것이 낫다. 버스는 포세이돈 신전의 매표소 근처에 멈춘다. 아테네로 다시 돌아올 때는 차에서 내린 곳에서 다시 타면 된다. 수니온 곶으로 가는 버스는 우리나라 시골의 시외버스를 생각하면 된다. 표를 미리 구입할 필요는 없으며, 타고 가면서 표 파는 분에게 돈을 지불하고 영수증을 받아 두면 된다. 내륙으로 가는 코스와 해안을 통과해서 가는 코스가 있는데, 해안 코스를 추천한다.

델피는 그리스인들이 세계의 중심지라고 믿었던 성스러운 신탁의 장소다. 아테네에서 북서쪽으로 약 180㎞ 떨어진 지점에 위치한 이곳은 제우스에 의해 세계의 중심을 찾으라는 사명을 가진 두 마리의 독수리가 만난 지점으로 그리스인들이 세계의 중심, 즉 '옴파로스(대지의 배꼽)'라고 믿었던 곳이다. 그리스에서 가장 역사적인 도시 중 하나이며 세계에서 가장 중요한 고고학적 유적지 중 하나로 델포이의 신탁으로 유명하다. 아테네의 리오시온 버스 터미널(터미널B)에서 하루에 6번 운행한다(07:30~20:00). 약 3시간이 걸린다. 델피의 유적지는 모두 버스 정류장에서 도보로 15분 이내에 위치하고 있다.

☑ 에코 트레인(Eco Train)

마을에서 자체적으로 운영하는 무료 미니 관광 열차. 박물관, 유적지, 카스탈리아 우물, 마을 등을 둘러볼 수 있게 해 준다. 매일 5번 운행하며(월요일은 3번), 간혹 운행하지 않을 때도 있다.

☑ 아테네인의 보고寶庫(The Treasury of the Athenians)

거의 완벽한 상태로 복원되어 있는 유물이다. 1906년 프랑스의 고고학자에 의해 복원된 이 건물은 델피에서 가장 유명한 보고였다. 가로 9.6m, 세로 6.6m 크기의 아름다운 보고 입구에는 두 개의 도리아식 기둥이 서 있고, 지붕 아래의 사각 벽면에는 30여 개의 조각이 새겨져 있다. 정면의 여섯 조각은 전설의 여성 전사인 아마조네스의 모습이, 남쪽의 아홉 조각은 아테네의 영웅 테세우스의 모습이, 북쪽의 아홉 조각에는 헤라클레스의 임무가, 서쪽의 여섯 조각에는 신화 속의 머리 셋 가진 괴물인 게리온의 소를 헤라클레스가 훔치는 장면을 묘사한 그림이 새겨져 있다. 이 중 24개의 조각이 델피 박물관에 보관되어 있다.

☑ 아폴론 신전

아폴론을 모시는 신전. 델피 성역에서 가장 중요한 건물로 신탁이 행해지던 곳이다. 신전 앞에는 높이 3m의 커다란 제단이 있다. 신탁을 받을 때 이 제단 위에 희생물을 바쳤다고 한다. 신전은 길이 60m, 폭 23m 크기로 38개의 도리아식 기둥이 떠받치고 있었는데, 현재는 부분적으로 복원된 6개의 기둥만 남아 있다. 신전의 벽면에는 후일 소크라테스에 의

해서 널리 알려진 '너 자신을 알라. 무엇이든 지나침이 없어야 한다.'는 격언이 적혀 있다.

☑ 델피 박물관

델피 유적에서 발굴된 유물들이 전시되어 있다. 빼놓지 말고 꼭

보아야 할 유물로는 대지의 배꼽, 즉 세계의 중심이라고 하는 델피의 상징인 신탁이 행해진 돌인 옴파로스(Omphalos)와 낙소스 섬에서 만들어져 델피 성역에 바쳐진 나시안 스핑크스(the Sphinx of the Naxians)를 들수 있다. 나시안 스핑크스는 높이 12m로 이오니아식 기단 위에 스핑크스 자체의 크기만 2.3m에 달한다. 또

한 실물 크기의 청동 마부상(Charioteer)은 박물관에서 가장 유명한 작품이다. 일명 '이니호오스'라고 하는 네 마리의 말이 끄는 전차를 모는 마부상인데 왼쪽 팔이 떨어져 나갔을 뿐 거의 완벽한 상태로 보존되어 있다. 델피 성역으로 올라가는 입구에 보다 가까우니 먼저 박물관을 보고 성역쪽으로 올라가는 것이 좋다.

☑ 극장

아폴론 신전을 보고 계단을 따라 올라가면 기원전 4세기에 만들어진 고대 극장(Ancient Theartre)이 보인다. 원형을 알아볼 수 있을 만큼 보존 상태가 좋은 극장 위로 올라가면 성역이 한눈에 내려다보인다. 델피의 각종 축제 때 아폴론 신을 찬양하던 공연이 열리던

곳이기도 하다. 참고로 원래 델피는 땅의 여신인 가이아의 아들이자 뱀인 피톤이 지배하고 있었는데 아폴론이 화살을 쏘아 죽였다. 극장을 보고 산길을 따라 10분 정도 더 걸어가면 고대 경기장이 나온다.

이 밖에도 스타디움, 김나지움, 그리고 대리석으로 기둥을 세운 원형 건물인 톨로스(tholos)로 아테네와 그리스에서 판매하는 그림엽서에 빠짐없이 등장하는 아테나 프로나에아 신전(Sanctuary of Athena Pronaea) 등을 볼 수 있다.

도시 관광
산토리니

☑ 아테네-산토리니 항공 이용

아테네에서 항공으로 이동하는 데 걸리는 시간은 50분, 항공사는 올림픽항공과 에게안항공을 이용한 그리스 국내선이 이용 가능하다. 두 항공사가 비슷한 시간대에 운항하며 연중무휴다.

비수기에는 하루 한 편부터 성수기에는 최대 5편까지 운항되며 최대 100여 명이 탑승하는 소형 항공기가 운항되기 때문에 성수기의 경우 좌석 예약이 어려울 수 있다. 올림픽항공은 국내에서도 발권이 가능하며, 산토리니를 여행하려고 계획을 세웠다면 좌석을 반드시 예약하길 바란다.

산토리니 공항에서 피라 마을까지는 8㎞ 떨어져 있으며, 호텔을 경유하는 공항버스나 출국장 앞에 있는 버스 정류소에서 로컬버스를 타면 된다. 피라 시내까지 약 25분 정도 소요된다.

☑ 올림픽항공[OA]

아테네 → 산토리니			산토리니 → 아테네		
편명	출발	도착	편명	출발	도착
OA 550	05:55	06:45	OA 551	07:10	08:00
OA 552	08:50	09:40	OA 553	10:05	10:55
OA 556	15:10	16:00	OA 557	16:25	17:15
OA 558	18:05	18:55	OA 559	19:20	20:10
OA 560	21:35	22:25	OA 561	22:50	23:40

☑ 에게안항공[A3]

아테네 → 산토리니			산토리니 → 아테네		
편명	출발	도착	편명	출발	도착
A3 350	06:05	06:50	A3 351	07:25	08:10
A3 356	10:20	11:05	A3 357	11:45	12:30
A3 358	17:45	18:30	A3 359	19:05	19:50
A3 360	20:20	21:05	A3 361	21:45	22:30

☑ 아테네-산토리니 페리 이용

페리를 이용하면 다소 저렴한 요금에 이용이 가능하다. 하지만 고속

페리라고 해도 4시간가량 소요되니 배 멀미를 하는 사람은 꺼릴 수 있다. 산토리니의 항구는 구항구와 신항구로 나뉘는데 대부분의 여객 페리는 피라에서 남쪽으로 15분 거리에 있는 신항구인 아티니오스(Athinios) 항구에 도착한다(페리 예약: www.danae.gr).

항구에 도착하면 호텔 직원이나 렌터카 직원이 호객 행위를 하니 만약 숙소를 정하지 않았거나 렌터카를 빌려야 한다면 이곳에서 흥정을 하는 것도 가능하다. 페리로 산토리니를 왕복할 때에는 항구에서 렌터카를 빌리는 것도 나쁘지 않은 선택이다. 항구에서 대여한 렌터카는 다시 항구에서 반납이 가능하기 때문에 피라 마을에 가서 대여하는 것보다 효율적으로 이용이 가능하다. 거기다 섬 내에 버스가 많지 않고 배차 간격이 1시간 정도 되기 때문에 불편하며 비용도 만만치 않다. 택시 역시도 그 수가 많지 않아 이용하기에 불편하기도 하고, 비용도 비싼 편이다.

렌터카의 경우, 국내 운전면허증으로도 대여가 가능하며, 교통량이 많지 않기 때문에 운전이 어렵지는 않다. 주차의 경우 주정차 금지구역을 피하고 다른 차량에 방해만 주지 않는다면 무료로 이용할 수 있고, 섬의 규모가 제주도의 1/4 정도임에도 불구하고 주유소도 넉넉해서 연료 불안도 없다.

☑ 호텔 예약

산토리니의 호텔들은 대부분 소규모 럭셔리 호텔이다. 객실 수가 워낙 적기 때문에 성수기에는 금방 예약이 마감된다. 따라서 성수기에 갈 경우에는 몇 개월 전에 예약을 해야 원하는 호텔에 숙박할 수 있다. 대체로 비싼 호텔들은 절벽에 있고, 저가의 호텔들은 대부분 내륙에 있다고 보면 된다. 호텔의 오버부킹, 각종 트러블 등을 생각하면 현지 사무소에 한국인 직원이 근무하는 곳을 권하게 된다(참고 사이트: http://www. hotelthira.com, http://santorini.ios.co.kr).

☑ 산토리니 여행 시기

산토리니 여행 시즌은 4월초에서 10월말까지라고 볼 수 있다. 그 외의 기간은 산토리니의 상점이나 호텔들이 대부분 문을 닫고 아테네로 돌아가거나 휴가를 간다. 실제 성수기는 5월~9월이니, 사실상 산토리니는 여름 섬이라고 보아도 좋다. 6~9월에는 모든 호텔과 상점, 그리스 레스토랑인 타베르나, 카페, 클럽, 바, 해변 곳곳이 밤새도록 영업한다. 물가도 가장 높다. 이 시기를 피해서 4~5월경, 10월경에 가는 것도 권할 만하다.

☑ 화산섬 투어

산토리니의 또 다른 상징인 화산섬. 산토리니의 아기 섬 같은 곳이다. 피라 마을에서 바다를 보면 검정색의 화산섬을 볼 수 있고, 또 관광 상품이 있어서 현지 여행사를 통해 이용할 수 있다. 피라 마을 아래에 위치한 구항구에서 페리를 타고 출발하게 된다. 투어 출발 시간은 보통 오전 9시에서 9시 반이며, 반나절 투어와 해가 질 때까지 하는 1 Day Tour가 있다. 요금은 포함 사항 등에 따라 조금씩 차이가 있지만, 평균 25유로 내외로 수영복을 미리 준비해서 안에 입고 가면 된다. 투어 예약은 호텔 프런트나 피라 마을 곳곳에 위치한 여행사에서 할 수 있으며 요금 차이는 거의 없다.

☑ 피라 마을

산토리니의 중심 마을로 피라(Fira) 혹은 페라(Phera)라고도 한다. 화산 분화구 가장자리 오른편에 위치해 있는데, 절벽을 따라 원형 경기장과 같은 형태로 세워져 있다. 항구에서는 약 20분 정도 소요되며, 이아 마을까지는 약 20분 정도 걸린다. 대부분의 숙소가 이 피라 마을 중심에 자리 잡고 있다. 마을을 도보로 걸어가면 약 30분이면 갈 수 있는 서울의 동 단위 크기이다.

이곳에는 숙박하는 곳과 카

폐 등에서 경관을 즐길 만한 곳이 많다. 절벽 가장자리에 있는 좁은 골목을 산책할 수도 있고, 수많은 전통적인 또는 현대적인 상점에서 쇼핑을 할 수도 있다. 그러나 무엇보다도 가장 큰 볼거리는 산토리니의 상징인 하얀 벽과 하늘색 지붕의 건물들이다. 성수기에는 불야성이란 말을 그대로 써도 될 만큼 화려하고 잠들지 않는 마을이 된다.

☑ 이아 마을

산토리니에 온 이유 중 절반은 바로 이 마을을 보기 위해서인지도 모른다. 산토리니에 왔다면 꼭 가봐야 하는 곳인 이아 마을은 저녁에 지는 석양으로 유명한 곳이고, 그 이전에 한국인에게는 이온음료의 CF 촬영지로 유명한 마을이다. 바다와 접한 낭떠러지에는 흰색과 파란색이 조화를 이룬 멋진 집들이 자리 잡고 있고, 작고 아기자기한 상점들은 카메라를 들이대면 바로 작품이 되는 곳이다. 마을은 피라 마을에 비해 규모는 작지만, 피라 마을과는 다르게 조용하고 차분한 매력을 발산한다.

이아 마을은 산토리니 섬에서 가장 아름다운 석양을 볼 수 있는 곳으로 유명하다. 석양을 보기 위해 찾아오는 여행자들로 해질녘이면 걷기도 힘들 정도로 복잡하다. 석양을 보기에 가장 좋은 장소는 마을 끝의 풍차가 있는 곳이다. 노을 지는 시간이 되면 산토리니의 모든 관광객들이 이아 마을로 몰리므로 좋은 자리를 잡고 싶다면 조금 서둘러야 한다.

그리고 만일 렌터카가 아닌 버스를 이용해서 석양을 구경하러 갈 경우 돌아오는 버스 막차 시간을 확인하고 빠져나올 때도 서둘러 나오도록 한다. 석양이 지고 난 다음에는 피라 마을로 돌아가려는 사람들이 한꺼번에 몰리기 때문이다. 피라 마을에서 버스가 1시간 간격으로 운행한다. 피라 마을에서 자동차로 약 30분 거리에 있으며, 카마리 비치 등의 산토

리니 해변까지는 50분 정도 소요된다.

☑ 산토리니의 비치

산토리니의 비치들은 화산 작용의 영향으로 검은색이거나 물에 뜨는 속돌인 부석(浮石)으로 이루어져 있다. 대표적으로 검은 모래가 깔린 카마리 비치, 붉은 자갈과 모래로 된 레드 비치가 그것이다.

모든 산토리니의 비치는 공용 해변으로 입장료가 따로 없다. 주요 비치로 가는 로컬버스가 피라 센터에서 운행하고 있다.

그중에서도 카마리 비치(Kamari beach)는 여행자에게 가장 인기 있는 곳으로 검은 화산재 모래로 된 해변이 끝없이 펼쳐져 있는 곳이다. 수영을 하는 사람들보다는 토플리스 차림으로 일광욕을 즐기는 사람들이 더 많다. 해변 뒤로는 타베르나, 카페, 호텔 등이 밀집되어 있다.

상식으로 꼭 알아야 할

그리스 로마 신화

초판 13쇄 발행   2012년 7월 10일
2판 3쇄 발행   2014년 2월 5일
개정판 8쇄 발행   2021년 10월 15일

편   저 ┊ 김성대
발 행 인 ┊ 신재석
발 행 처 ┊ (주)삼양미디어
등록번호 ┊ 제 10-2285호
주   소 ┊ 서울시 마포구 양화로 6길 9-28
전   화 ┊ 02 335 3030
팩   스 ┊ 02 335 2070
홈페이지 ┊ www.samyang**M**.com

ISBN ┊ 978-89-5897-289-1(03210)

* 이 책은 저작권법에 따라 보호받는 저작물이므로 무단전재와 복제를 금합니다.
* 이 책의 전부 또는 일부를 이용하려면 반드시 (주)삼양미디어의 동의를 받아야 합니다.
* 잘못된 책은 구입하신 서점에서 바꾸어 드립니다.

이탈리아

일리리아

도나우 강

코르시카 섬

로마

티베르 강

아드리아해

마케도니아

사르디니아 섬

올림포스 산 ▲

그리스

에

아테나이

미케네

시칠리아 섬

이오니아해

세리누스

펠로폰네소스 반도

스파르타

크레타 섬

지

중

키레네

리비아

카우카소스 산 ▲

콜키스

파시스 강

흑 해

트라키아

보스포루스 해협

비티니아

비잔티움

키지코스

프리기아

트로이아

미시아

리디아

게 해

카리아

팜필리아

킬리키아

리키아

시리아

로도스 섬

키프로스 섬   ● 살라미스

파포스

비블로스 ●

페니키아

해

시돈 ●

티로스 ●

알렉산드리아 ●

나일 강

이집트